Das Microservices-Praxisbuch

D1725203

Eberhard Wolff arbeitet seit mehr als fünfzehn Jahren als Architekt und Berater – oft an der Schnittstelle zwischen Business und Technologie. Er ist Fellow bei der innoQ. Als Autor hat er über hundert Artikel und Bücher geschrieben – u.a. über Continuous Delivery – und als Sprecher auf internationalen Konferenzen vorgetragen. Sein technologischer Schwerpunkt liegt auf modernen Architekturansätzen – Cloud, Continuous Delivery, DevOps, Microservices oder NoSQL spielen oft eine Rolle.

Eberhard Wolff

Das Microservices-Praxisbuch

Grundlagen, Konzepte und Rezepte

 dpunkt.verlag

Eberhard Wolff

eberhard.wolff@gmail.com

Lektorat: René Schönfeldt

Projektmanagement: Miriam Metsch

Copy-Editing: Petra Kienle, Fürstenfeldbruck

Satz: III-satz, www.drei-satz.de

Herstellung: Susanne Bröckelmann

Umschlaggestaltung: Helmut Kraus, www.exclam.de

Druck und Bindung: M.P. Media-Print Informationstechnologie GmbH, 33100 Paderborn

Bibliografische Information der Deutschen Nationalbibliothek

Die Deutsche Nationalbibliothek verzeichnet diese Publikation in der Deutschen Nationalbibliografie;
detaillierte bibliografische Daten sind im Internet über http://dnb.d-nb.de abrufbar.

ISBN:

Buch   978-3-86490-526-1

PDF   978-3-96088-461-3

ePub   978-3-96088-462-0

mobi   978-3-96088-463-7

1. Auflage 2018

Copyright © 2018 dpunkt.verlag GmbH

Wieblinger Weg 17

69123 Heidelberg

5 4 3 2 1 0

Inhaltsübersicht

Teil III   Betrieb   253

Anhang

Inhaltsverzeichnis

Einleitung

Microservices sind einer der wichtigsten Software-Architektur-Trends, grundlegende Werke über Microservices gibt es schon. Unter anderem auch das Microservices-Buch (*http://microservices-buch.de*)[1] vom Autor dieses Werks. Warum noch ein weiteres Buch über Microservices?

Es ist eine Sache, eine Architektur zu definieren. Sie umzusetzen, ist eine ganz andere Sache. Dieses Buch stellt technologische Ansätze für die Umsetzung von Microservices vor und zeigt die jeweiligen Vor- und Nachteile.

Dabei geht es um Technologien für ein Microservices-System als Ganzes. Jeder Microservice kann anders implementiert werden. Daher sind die technologischen Entscheidungen für die Frameworks innerhalb der Microservices nicht so wichtig wie die Entscheidungen für das gesamte System. Die Entscheidung für ein Framework kann in jedem Microservice revidiert werden. Technologien für das Gesamtsystem sind kaum änderbar.

Grundlagen

Um Microservices zu verstehen, ist eine Einführung in die Architektur, ihre Vor- und Nachteile und Spielweisen unerlässlich. Die Grundlagen sind in dem Buch soweit erläutert, wie sie für das Verständnis der praktischen Umsetzungen notwendig sind.

Konzepte

Microservices benötigen Lösungen für verschiedene Herausforderungen. Dazu zählen Konzepte zur Integration (*Frontend-Integration, synchrone und asynchrone* Microservices) und zum Betrieb (*Monitoring, Log-Analyse, Tracing*). Microservices-Plattformen wie *PaaS* oder *Kubernetes* stellen vollständige Lösungen für den Betrieb von Microservices dar.

---

1. Eberhard Wolff: Microservices: Grundlagen flexibler Softwarearchitekturen, dpunkt.verlag, 2015, ISBN 978-3-86490-313-7

Rezepte

Das Buch nutzt Rezepte als Metapher für die Technologien, mit denen die Konzepte umgesetzt werden können. Jeder Ansatz hat viel mit einem Rezept gemeinsam:

▓ Jedes Rezept ist *praktisch* beschrieben, einschließlich einer technischen Implementierung als Beispiel. Bei den Beispielen liegt der Fokus auf *Einfachheit*. Jedes Beispiel kann leicht nachvollzogen, erweitert und modifiziert werden.

▓ Das Buch bietet dem Leser eine *Vielzahl von Rezepten*. Der Leser muss aus diesen Rezepten für sein Projekt *eine Auswahl* treffen, so wie ein Koch es für sein Menü tut. Das Buch zeigt verschiedene Optionen. In der Praxis muss fast jedes Projekt anders angegangen werden. Dazu bieten die Rezepte die Basis.

▓ Zu jedem Rezept gibt es *Rezept-Variationen*. Schließlich kann ein Rezept auf viele verschiedene Arten und Weisen umgesetzt werden. Das gilt auch für die Technologien in diesem Buch. Manchmal sind die Variationen so einfach, dass sie direkt als *Experiment* in dem ablauffähigen Beispiel umgesetzt werden können.

Für jedes Rezept gibt es ein *ablauffähiges Beispiel* mit der konkreten Technologie. Die Beispiele sind einzeln ablauffähig und bauen nicht aufeinander auf. So kann der Leser sich mit den für ihn interessantesten Rezepten und Beispielen beschäftigen, ohne sich dabei mit anderen Beispielen befassen zu müssen.

So liefert das Buch einen *Einstieg*, um einen *Überblick* über die Technologien zu bekommen und einen Technologie-Stack auszuwählen. Danach kann der Leser sich anhand der im Buch enthaltenen Links weiter in die relevanten Technologien vertiefen.

Aufbau des Buchs

Dieses Buch besteht aus drei Teilen.

Teil I – Architektur-Grundlagen

Teil I gibt eine Einführung in die Architektur-Grundlagen, die mit Kapitel 1 beginnt.

▓ Kapitel 1 klärt den Begriff »Microservice« und Kapitel 3 erläutert Self-contained Systems als besonders praktikablen Ansatz für Microservices.

▓ In einem Microservices-System gibt es die Ebenen der Mikro- und Makro-Architektur, die globale und lokale Entscheidungen darstellen (Kapitel 2).

▓ Oft sollen alte Systeme in Microservices migriert werden (Kapitel 4).

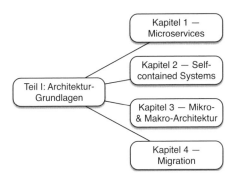

Abb. 1   *Überblick über Teil I*

Teil II – Technologie-Stacks

Technologie-Stacks stehen im Mittelpunkt von Teil II, der mit Kapitel 5 beginnt.

▨ *Docker* ist die Basis vieler Microservices-Architekturen (Kapitel 5). Es erleichtert das Ausrollen von Software und den Betrieb der Services.

▨ Die *technische Mikro-Architektur* (Kapitel 6) beschreibt Technologien, die zur Implementierung eines Microservice genutzt werden können.

▨ Eine Möglichkeit zur Integration ist das Konzept zur *Integration am Web-Frontend* (Kapitel 7). Die Frontend-Integration führt zu einer losen Kopplung der Microservices und einer hohen Flexibilität.

• Das Rezept aus Kapitel 8 setzt für die Web-Frontend-Integration auf *Links* und auf *JavaScript* für das dynamische Nachladen von Inhalten. Dieser Ansatz ist einfach realisierbar und nutzt gängige Web-Technologien.

• Auf dem Server kann die Integration mit *ESI (Edge Side Includes)* erfolgen (Kapitel 9). ESI ist in Caches implementiert, sodass das System eine höhere Performance und Zuverlässigkeit erreichen kann.

▨ Das Konzept der *asynchronen Kommunikation* steht im Mittelpunkt von Kapitel 10. Asynchrone Kommunikation verbessert die Zuverlässigkeit und entkoppelt das Systems.

• Eine asynchrone Technologie ist *Apache Kafka* (Kapitel 11), mit der Messages verschickt werden können. Kafka speichert die Nachrichten dauerhaft ab und erlaubt so die Rekonstruktion des Zustands eines Microservices aus den Nachrichten.

• Die Alternative für asynchrone Kommunikation ist *Atom* (Kapitel 12), ein HTTP- und REST-basiertes Protokoll. Atom nutzt eine REST-Infrastruktur und kann daher sehr einfach umgesetzt werden.

▨ Kapitel 13 stellt vor, wie das Konzept *synchroner Microservices* umgesetzt werden kann. Die synchrone Kommunikation zwischen Microservices wird in der Praxis sehr häufig genutzt, obwohl dieser Ansatz bei Antwortzeiten und Zuverlässigkeit Herausforderungen bereithalten kann.

- Der *Netflix-Stack* (Kapitel 14) bietet Eureka für Service Discovery, Ribbon für Load Balancing, Hystrix für Resilience und Zuul für Routing. Netflix wird vor allem in der Java Community breit genutzt.
- *Consul* (Kapitel 15) ist eine Alternative für Service Discovery. Consul hat sehr viele Features und kann mit einer breiten Palette an Technologien genutzt werden.

Kapitel 16 erläutert das Konzept der *Microservices-Plattformen*, die den Betrieb und die Kommunikation der Microservices unterstützen.

- *Kubernetes* (Kapitel 17) ist eine Microservices-Plattform, die Docker Container ausführen kann, aber auch Service Discovery und Load Balancing löst. Der Microservice bleibt von dieser Infrastruktur unabhängig.
- *PaaS (Platform as a Service)* ist eine weitere Microservices-Plattform (Kapitel 18), die am Beispiel Cloud Foundry erläutert wird. Cloud Foundry ist sehr flexibel und kann auch im eigenen Rechenzentrum betrieben werden.

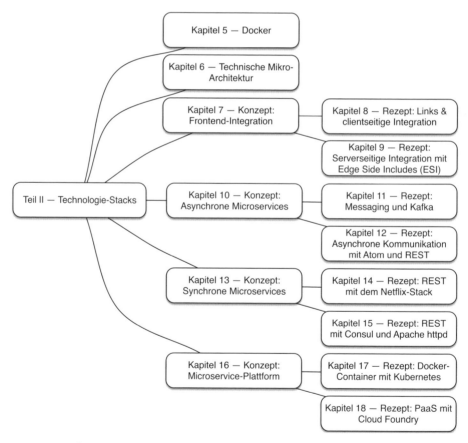

Abb. 2   *Überblick über Teil II*

Teil III – Betrieb

Den *Betrieb* einer Vielzahl von Microservices sicherzustellen, ist eine große Herausforderung. Teil III (ab Kapitel 19) diskutiert mögliche Rezepte zur Lösung.

 Das Kapitel 19 erläutert *Grundlagen*, und warum der Betrieb von Microservices so schwierig ist.

 Im Kapitel 20 geht es um *Monitoring* und das Werkzeug Prometheus. Prometheus unterstützt multidimensionale Datenstrukturen und kann die Monitoring-Werte auch von vielen Microservice-Instanzen analysieren.

 Die *Analyse von Log-Daten* steht im Mittelpunkt von Kapitel 21. Als Werkzeug zeigt das Kapitel den Elastic Stack. Dieser Stack ist sehr weit verbreitet und stellt eine gute Basis für die Analyse auch großer Log-Datenmengen dar.

 Tracing verfolgt Aufrufe zwischen Microservices (Kapitel 22). Dazu kommt Zipkin zum Einsatz. Zipkin unterstützt verschiedene Plattformen und stellt einen De-facto-Standard für Tracing dar.

Abb. 3   *Überblick über Teil III*

Abschluss und Anhänge

Abschließend bietet das Kapitel 23 noch einen *Ausblick*.

Die Anhänge erklären die Installation der Software (Anhang A), die Benutzung des Build-Werkzeugs Maven (Anhang B) sowie Docker und Docker Compose (Anhang C), mit denen die Umgebungen für die Beispiele betrieben werden.

Zielgruppe

Das Buch erläutert Grundlagen und technische Aspekte von Microservices. Es ist für verschiedene Zielgruppen interessant:

 Entwicklern bietet Teil II eine Hilfe bei der Auswahl eines geeigneten Technologie-Stacks. Die Beispielprojekte dienen als Basis für das Einarbeiten in die Technologien. Die Microservices in den Beispielprojekten sind in Java mit dem Spring-Framework geschrieben, aber die Technologien in den Beispielen dienen zur Integration von Microservices, sodass weitere Microservices in anderen Sprachen ergänzt werden können. Teil III rundet das Buch in Rich-

tung Betrieb ab, der für Entwickler immer wichtiger wird, und Teil I erläutert
die grundlegenden Architektur-Konzepte.

■ *Architekten* vermittelt Teil I das grundlegende Wissen über Microservices.
Teil II und Teil III zeigen praktische Rezepte und Technologien, um die Architekturen umzusetzen. Damit geht das Buch weiter als ein reines Microser-
vices-Architektur-Buch.

■ Für Experten aus den Bereichen *DevOps* und *Betrieb* stellen die Rezepte in
Teil III eine Basis für eine Technologie-Bewertung von Betriebsaspekten wie
Log-Analyse, Monitoring und Tracing von Microservices dar. Teil II zeigt
Technologien für Deployment wie Docker, Kubernetes oder Cloud Foundry.
Teil I beschreibt als Hintergrund die Konzepte hinter dem Microservices-
Architektur-Ansatz.

■ *Manager* bekommen in Teil I einen Überblick über die Vorteile des Architektur-Ansatzes und die besonderen Herausforderungen. Sie können bei Interesse
an technischen Details Teil II und Teil III lesen.

Vorwissen

Das Buch setzt grundlegendes Wissen über Software-Architektur und Software-
Entwicklung voraus. Die praktischen Beispiele sind so dokumentiert, dass sie mit
wenig Vorwissen ausgeführt werden können. Das Buch fokussiert auf Technologien, die für Microservices in verschiedenen Programmiersprachen genutzt werden können. Die Beispiele sind in Java mit den Frameworks Spring Boot und
Spring Cloud geschrieben, sodass für Änderungen an dem Code Java-Kentnisse
notwendig sind.

Quick Start

Das Buch vermittelt vor allem Technologien. Zu jeder Technologie in jedem Kapitel gibt es ein Beispiel. Um schnell praktische Erfahrungen mit den Technologien zu
sammeln und anhand der Beispiele nachzuvollziehen, gibt es einen Quick Start:

■ Zunächst muss auf dem Rechner die notwendige Software *installiert* sein. Die
Installation beschreibt Anhang A.

■ Der Build der Beispiele erfolgt mit *Maven*. Den Umgang mit Maven erläutert
Anhang B.

■ Die Beispiele setzen alle auf *Docker* und *Docker Compose* auf. Das Anhang C
beschreibt die wichtigsten Befehle für Docker und Docker Compose.

Sowohl für den Build mit Maven als auch für Docker und Docker Compose enthalten die Kapitel Anleitungen zum Troubeshooting.
Die Beispiele sind in folgenden Abschnitten erläutert:

Konzept	Rezept	Abschnitt
Frontend-Integration	Links & clientseitige Integration	8.2
Frontend-Integration	Edge Side Includes (ESI)	9.2
Asynchrone Microservices	Kafka	11.4
Asynchrone Microservices	REST & Atom	12.2
Synchrone Microservices	Netflix-Stack	14.1
Synchrone Microservices	Consul & Apache httpd	15.1
Microservices-Plattform	Kubernetes	17.3
Microservices-Plattform	Cloud Foundry	18.3
Betrieb	Monitoring mit Prometheus	20.4
Betrieb	Log-Analyse mit Elastic Stack	21.3
Betrieb	Tracing mit Zipkin	22.2

Die Projekte sind alle auf GitHub verfügbar. In den Projekten gibt es jeweils eine Datei WIE-LAUFEN.md mit einer Schritt-für-Schritt-Anleitung, wie die Demos installiert und gestartet werden können.

Die Beispiele bauen nicht aufeinander auf. Dadurch ist es möglich, mit einem beliebigen Beispiel loszulegen.

Danksagung

Ich möchte allen danken, mit denen ich über Microservices diskutiert habe, die mir Fragen gestellt oder mit mir zusammengearbeitet haben. Es sind viel zu viele, um sie alle zu nennen. Der Dialog hilft sehr und macht Spaß!

Viele der Ideen und auch die Umsetzungen sind ohne meine Kollegen bei der innoQ nicht denkbar. Insbesondere möchte ich Alexander Heusingfeld, Christian Stettler, Christine Koppelt, Daniel Westheide, Gerald Preissler, Jörg Müller, Lucas Dohmen, Marc Giersch, Michael Simons, Michael Vitz, Philipp Neugebauer, Simon Kölsch, Sophie Kuna und Stefan Lauer danken.

Weiteres wichtiges Feedback kam von Merten Driemeyer und Olcay Tümce.

Schließlich habe ich meinen Freunden, Eltern und Verwandten zu danken, die ich für das Buch oft vernachlässigt habe – insbesondere meiner Frau.

Und natürlich gilt mein Dank all jenen, die an den in diesem Buch erwähnten Technologien gearbeitet und so die Grundlagen für Microservices gelegt haben.

Bei den Entwicklern der Werkzeuge von *https://www.softcover.io/* möchte ich mich ebenfalls bedanken.

Last but not least möchte ich dem dpunkt.verlag und René Schönfeldt danken, der mich sehr professionell bei der Erstellung des Buchs unterstützt hat.

Website

Die Website zum Buch ist *http://microservices-praxisbuch.de/*. Dort finden sich die Errata und Links zu den Beispielen.

Teil I

Architekturgrundlagen

Der erste Teil des Buchs stellt die grundlegenden Ideen der Microservices-Architektur vor.

Microservices

Das Kapitel 1 klärt die Grundlagen von *Microservices*: Was sind Microservices? Welche Vor- und Nachteile hat diese Architektur?

Self-contained Systems

Das Kapitel 3 beschreibt *Self-contained Systems*. Sie sind eine Sammlung von Best Practices für Microservices-Architekturen, bei der eine starke Unabhängigkeit und Web-Anwendungen im Mittelpunkt stehen. Neben Vor- und Nachteilen geht es um mögliche Variationen dieser Idee.

Mikro- und Makro-Architektur

Microservices bieten viele Freiheiten. Dennoch müssen einige Entscheidungen übergreifend über alle Microservices eines Systems getroffen werden. Das Kapitel 2 stellt das Konzept der *Mikro- und Makro-Architektur* vor. Die Mikro-Architektur umfasst alle Entscheidungen, die für jeden Microservice anders getroffen werden können. Die Makro-Architektur sind die Entscheidungen, die für alle Microservices gelten. Neben den Bestandteilen einer Mikro- und Makro-Architektur stellt das Kapitel auch vor, wer eine Makro-Architektur entwirft.

Migration

Die meisten Microservices-Projekte migrieren ein vorhandenes System in eine Microservices-Architektur. Daher stellt das Kapitel 4 mögliche Ziele einer *Migration* und verschiedene Migrationsstrategien vor.

1   Microservices

Dieses Kapitel bietet eine Einführung in das Thema »Microservices«. Das Studium dieses Kapitels vermittelt dem Leser:

- Vorteile (Abschnitt 1.2) und Nachteile (Abschnitt 1.3) von Microservices, um die Einsetzbarkeit dieses Architektur-Ansatzes in einem konkreten Projekt abschätzen zu können.
- Die Vorteile zeigen auf, welche Probleme Microservices lösen und wie der Architekturansatz für bestimmte Szenarien angepasst werden kann.
- Die Nachteile verdeutlichen, wo technische Risiken auftauchen können und wie man mit ihnen umgehen kann.
- Schließlich haben Vor- und Nachteile Einfluss auf Technologie- und Architektur-Entscheidungen, die Vorteile verstärken und Nachteile vermindern sollen.

1.1   Microservices: Definition

Leider gibt es für den Begriff »Microservice« keine allgemein anerkannte Definition. Im Rahmen dieses Buchs gilt folgende Definition:

Microservices sind unabhängig deploybare Module.

Beispielsweise kann ein E-Commerce-System in Module für den Bestellprozess, die Registrierung oder die Produktsuche aufgeteilt werden. Normalerweise wären alle diese Module gemeinsam in einer Anwendung implementiert. Dann kann eine Änderung in einem der Module nur in Produktion gebracht werden, indem eine neue Version der Anwendung und damit aller Module in Produktion gebracht wird. Wenn die Module aber als Microservices umgesetzt sind, kann der Bestellprozess nicht nur unabhängig von den anderen Modulen geändert werden, sondern er kann sogar unabhängig in Produktion gebracht werden.

Das beschleunigt das Deployment und verringert die Anzahl der notwendigen Tests, da nur ein Modul deployt wird. Im Extremfall wird durch die größere Entkopplung ein großes Projekt zu einer Menge kleinerer Projekte, die jeweils einen der Microservices verantworten.

Technisch ist es dazu notwendig, dass der Microservice ein eigener Prozess ist. Besser wäre eine eigene virtuelle Maschine oder ein Docker-Container, die Microservices noch stärker entkoppeln. Ein Deployment ersetzt dann den Docker-Container durch einen neuen Docker-Container, fährt die neue Version hoch und lässt dann die Request auf die Version umschwenken. Die anderen Microservices bleiben davon unbeeinflusst.

1.1.1   Vorteile der Microservices-Definition

Diese Definition von Microservices als unabhängig deploybare Module hat mehrere Vorteile:

- Sie ist sehr *kompakt*.
- Sie ist sehr *allgemein* und umfasst praktisch alle Arten von Systemen, die üblicherweise als Microservices bezeichnet werden.
- Die Definition beruft sich auf *Module* und damit auf ein altes, gut verstandenes Konzept. So können viele Ideen zur Modularisierung übernommen werden. Außerdem wird so deutlich, dass Microservices Teile eines größeren Systems sind und niemals für sich stehen können. Deswegen müssen Microservices zwangsläufig mit anderen Microservices integriert werden.
- Das unabhängige Deployment ist eine Eigenschaft, die zu vielen Vorteilen führt (siehe Abschnitt 1.2) und daher sehr wichtig ist. So zeigt die Definition trotz der Kürze, was die *wesentliche Eigenschaft* eines Microservices tatsächlich ist.

1.1.2   Deployment-Monolith

Ein System, das nicht aus Microservices besteht, kann nur als Ganzes deployt werden. Es ist ein *Deployment-Monolith*. Natürlich kann der Deployment-Monolith in Module aufgeteilt sein. Über den internen Aufbau sagt dieser Begriff nichts aus.

1.1.3   Größe eines Microservice

Die Definition von Microservices trifft keine Aussage über die Größe eines Microservice. Der Name »Microservice« legt den Verdacht nahe, dass es um besonders kleine Services geht. Aber in der Praxis findet man sehr unterschiedliche Größen von Microservices. Einige Microservices beschäftigen ein ganzes Team, während andere nur hundert Zeilen lang sind. Die Größe eignet sich also tatsächlich nicht als Teil der Definition.

1.2 Gründe für Microservices

Für die Nutzung von Microservices gibt es eine Vielzahl von Gründen.

1.2.1 Microservices zum Skalieren der Entwicklung

Ein Grund für den Einsatz von Microservices ist die Skalierung der Entwicklung. Große Teams sollen gemeinsam an einem komplexen Projekt arbeiten. Mithilfe von Microservices können die Teams weitgehend unabhängig arbeiten:

- Die meisten technischen Entscheidungen können die Teams allein treffen. Wenn die Microservices als Docker-Container ausgeliefert werden, muss jeder Docker-Container nur eine Schnittstelle für andere Container anbieten. Der interne Aufbau des Containers ist egal, solange die Schnittstelle vorhanden ist und korrekt funktioniert. Deswegen ist es beispielsweise egal, in welcher Programmiersprache der Microservice geschrieben wurde. Also kann das Team diese Entscheidung allein treffen. Natürlich kann die Wahl der Programmiersprache eingeschränkt werden, um Wildwuchs und zu große Komplexität zu vermeiden. Aber auch wenn die Wahl der Programmiersprache in einem Projekt eingeschränkt worden ist: Ein Bug Fix für eine Library kann ein Team immer noch unabhängig von den anderen Teams in einen Microservice einbauen.

- Wenn ein neues Feature nur Änderungen an einem Microservice benötigt, kann es nicht nur unabhängig entwickelt werden, sondern es kann auch unabhängig in Produktion gebracht werden. So können die Teams vollständig unabhängig an Features arbeiten und sind fachlich unabhängig.

Durch Microservices können die Teams somit fachlich und technisch unabhängig arbeiten. Das erlaubt es, auch große Projekte ohne großen Koordinierungsaufwand zu stemmen.

1.2.2 Legacy-Systeme ablösen

Die Wartung und Erweiterung eines Legacy-Systems ist eine Herausforderung, weil der Code meistens schlecht strukturiert ist und Änderungen oft nicht durch Tests abgesichert sind. Dazu kann noch eine veraltete technologische Basis kommen.

Microservices helfen bei der Arbeit mit Legacy-Systemen, weil der Code nicht unbedingt geändert werden muss. Stattdessen können neben das alte System neue Microservices gestellt werden. Dazu ist eine Integration zwischen dem alten System und den Microservices notwendig – beispielsweise per Datenreplikation, per REST, Messaging oder auf der UI-Ebene. Außerdem müssen Probleme wie ein einheitliches Single Sign On über das alte System und die neuen Microservices gelöst werden.

Dafür sind die Microservices dann praktisch ein Greenfield: Es gibt keine vorhandene Codebasis, auf die aufgesetzt werden muss. Ebenso kann ein komplett anderer Technologiestack genutzt werden. Das erleichtert die Arbeit gegenüber einer Modifikation des Legacy-Systems erheblich.

1.2.3 Nachhaltige Entwicklung

Microservices versprechen, dass Systeme auch langfristig wartbar bleiben.

Ein wichtiger Grund dafür ist die Ersetzbarkeit der Microservices. Wenn ein einzelner Microservice nicht mehr wartbar ist, kann er neu geschrieben werden. Das ist im Vergleich zu einem Deployment-Monolithen mit weniger Aufwand verbunden, weil die Microservices kleiner sind als ein Deployment-Monolith.

Allerdings ist es schwierig, einen Microservice zu ersetzen, von dem viele andere Microservices abhängen, weil Änderungen die anderen Microservices beeinflussen können. Also müssen für die Ersetzbarkeit auch die Abhängigkeiten zwischen den Microservices gemanagt werden.

Die Ersetzbarkeit ist eine wesentliche Stärke von Microservices. Viele Entwickler arbeiten daran, Legacy-Systeme zu ersetzen. Aber beim Entwurf eines neues Systems wird viel zu selten die Frage gestellt, wie das System abgelöst werden kann, wenn es zu einem Legacy-System geworden ist. Die Ersetzbarkeit von Microservices ist eine mögliche Antwort.

Für die Wartbarkeit müssen die Abhängigkeiten zwischen den Microservices langfristig gemanagt werden. Auf dieser Ebene haben klassische Architekturen oft Schwierigkeiten: Ein Entwickler schreibt Code und führt dabei unabsichtlich eine neue Abhängigkeit zwischen zwei Modulen ein, die eigentlich in der Architektur verboten war. Das merkt der Entwickler üblicherweise noch nicht einmal, weil er nicht die Architektur-Ebene, sondern nur die Code-Ebene des Systems im Blick hat. Aus welchem Modul die Klasse stammt, zu der er gerade eine Abhängigkeit einführt, ist oft nicht sofort zu erkennen. So entstehen mit der Zeit immer mehr Abhängigkeiten. Gegen die ursprüngliche Architektur mit den geplanten Abhängigkeiten wird immer mehr verstoßen und am Ende steht ein völlig unstrukturiertes System.

Microservices haben klare Grenzen durch ihre Schnittstelle – egal ob die Schnittstelle als REST-Schnittstelle oder durch Messaging implementiert ist. Wenn ein Entwickler eine neue Abhängigkeit zu einer solchen Schnittstelle einführt, merkt er das, weil die Schnittstelle entsprechend bedient werden muss. Aus diesem Grund ist es unwahrscheinlich, dass auf der Ebene der Abhängigkeiten zwischen den Microservices Architektur-Verstöße geschehen. Die Schnittstellen der Microservices sind sozusagen Architektur-Firewalls, weil sie Architektur-Verstöße aufhalten. Das Konzept einer Architektur-Firewall setzen auch Architektur-Managementwerkzeuge wie Sonargraph (*https://www.hello2morrow.com/products/sonargraph*), Structure101 (*http://structure101.com/*) oder jQAssistant (*https://jqassistant.org/*) um. Fortgeschrittene Modul-Konzepte können ebenfalls solche Firewalls erzeugen. In der Java-Welt beschränkt OSGi (*https://www.osgi.org/*) andere Module auf den Zugriff über die Schnittstelle. Der Zugriff kann sogar auf einzelne Packages oder Klassen eingeschränkt werden.

Also bleiben einzelne Microservices wartbar, weil sie ersetzt werden können, wenn sie nicht mehr wartbar sind. Die Architektur auf Ebene der Abhängigkeiten zwischen den Microservices bleibt ebenfalls wartbar, weil Entwickler Abhängigkeiten zwischen Microservices nicht mehr unbeabsichtigt einbauen können.

Daher können Microservices langfristig eine hohe Qualität der Architektur sicherstellen und damit eine nachhaltige Entwicklung, bei der die Änderungsgeschwindigkeit auch langfristig nicht abnimmt.

1.2.4 Continuous Delivery

Continuous Delivery[1] ist ein Ansatz, bei dem Software kontinuierlich in Produktion gebracht wird. Dazu wird eine Continuous-Delivery-Pipeline genutzt. Die Pipeline bringt die Software durch die verschiedenen Phasen in Produktion (siehe Abbildung 1–1).

Abb. 1–1   *Continuous-Delivery-Pipeline*

Typischerweise wird die Software in der Commit-Phase kompiliert, die Unit Tests und eine statische Code-Analyse werden durchgeführt. In der Akzeptanztestphase überprüfen automatisierte Tests die fachlich korrekte Funktion der Software. Die Kapazitätstests überprüfen die Performance für die zu erwartende Last. Explorative Tests dienen dazu, bisher noch nicht bedachte Tests durchzuführen oder neue Funktionalitäten zu testen. Die explorativen Tests können so Aspekte untersuchen, die automatisierte Tests noch nicht abdecken. Am Ende wird die Software in Produktion gebracht.

Microservices stellen unabhängig deploybare Module dar. Also hat jeder Microservice eine eigene Continuous-Delivery-Pipeline. Das erleichtert Continuous Delivery:

▦ Der Durchlauf durch die Continuous-Delivery-Pipelines ist wesentlich *schneller*, weil die Deployment-Einheiten kleiner sind. Daher ist das Deployment schneller und so können Tests schneller Umgebungen aufbauen. Auch die Tests sind schneller, da sie weniger Funktionalitäten testen müssen. Nur die Features im jeweiligen Microservice müssen getestet werden, während bei einem Deployment-Monolithen wegen möglicher Regressionen die gesamte Funktionalität getestet werden muss.

---

1. Eberhard Wolff: Continuous Delivery: Der pragmatische Einstieg, 2. Auflage, dpunkt.verlag, 2016, ISBN 978-3-86490-371-7

▒ Der Aufbau der Continuous-Delivery-Pipeline ist *einfacher*. Der Aufbau einer Umgebung für einen Deployment-Monolithen ist kompliziert. Meistens werden leistungsfähige Server benötigt. Ebenso sind oft Drittsysteme für Tests notwendig. Ein Microservice braucht weniger leistungsfähige Hardware. Es sind auch nicht so viele Drittsysteme in den Testumgebungen notwendig. Es kann allerdings notwendig sein, die Microservices zusammen in einem Integrationstest zu testen. Das kann diesen Vorteil zunichte machen.

▒ Das Deployment eines Microservice hat ein *geringeres Risiko* als das Deployment eines Deployment-Monolithen. Bei einem Deployment Monolithen wird das komplette System neu deployt, bei einem Microservice nur ein Modul. Dabei sind weniger Probleme zu erwarten, weil weniger Funktionalität geändert wird.

Microservices helfen also bei Continuous Delivery. Die bessere Unterstützung von Continuous Delivery alleine kann schon ein Grund für eine Migration eines Deployment-Monolithen zu Microservices sein.

Microservices-Architekturen können aber nur dann funktionieren, wenn das Deployment automatisiert ist. Microservices erhöhen die Anzahl der deploybaren Einheiten gegenüber einem Deployment-Monolithen erheblich. Das ist nur machbar, wenn die Deployment-Prozesse automatisiert werden.

Tatsächlich unabhängiges Deployment bedeutet, dass die Continuous-Delivery-Pipelines vollständig unabhängig sind. Integrationstests widersprechen dieser Unabhängigkeit: Sie führen Abhängigkeiten zwischen den Continuous-Delivery-Pipelines verschiedener Microservices ein. Also müssen die Integrationstests auf ein Minimum reduziert werden. Abhängig von der Kommunikationsart gibt es dafür unterschiedliche Ansätze (siehe Abschnitt 13.1 und Abschnitt 10.3).

1.2.5   Robustheit

Microservices-Systeme sind robuster. Wenn in einem Microservice ein Speicherleck existiert, stürzt nur dieser Microservice ab. Die anderen Microservices laufen weiter. Natürlich müssen die anderen Microservices den Ausfall eines Microservice kompensieren. Man spricht von Resilience (etwa Widerstandsfähigkeit). Microservices können dazu beispielsweise Werte cachen und diese Werte bei einem Ausfall nutzen. Oder es gibt einen Fallback mit einem vereinfachten Algorithmus.

Ohne Resilience kann die Verfügbarkeit eines Microservices-Systems problematisch sein. Dass irgendein Microservice ausfällt, ist recht wahrscheinlich. Durch die Aufteilung in mehrere Prozesse sind viel mehr Server an dem System beteiligt. Jeder dieser Server kann ausfallen. Die Kommunikation zwischen den Microservices verläuft über das Netzwerk. Das Netzwerk kann ebenfalls ausfallen. Also müssen die Microservices Resilience umsetzten, um Robustheit zu erreichen.

Der Abschnitt 14.5 zeigt, wie Resilience in einem synchronen Microservice-System konkret umgesetzt werden kann.

1.2.6   Unabhängige Skalierung

Jeder Microservice kann unabhängig skaliert werden: Es ist möglich, mehr Instanzen eines Microservices zu starten und die Last für den Microservice auf die Instanzen zu verteilen. Das kann die Skalierbarkeit eines Systems erheblich verbessern. Dazu müssen die Microservices natürlich entsprechende Voraussetzungen schaffen. So dürfen die Microservices keinen State enthalten. Sonst können Clients nicht auf eine andere Instanz umschwenken, die ja den State dann nicht hätte.

Mehr Instanzen eines Deployment-Monolithen zu starten, kann aufgrund der benötigten Hardware schwierig sein. Außerdem kann der Aufbau einer Umgebung für einen Deployment-Monolithen komplex sein: So können zusätzliche Dienste notwendig sein oder eine komplexe Infrastruktur mit Datenbanken und weiteren Software-Komponenten. Bei einem Microservice kann die Skalierung feingranularer erfolgen, sodass üblicherweise weniger zusätzliche Dienste notwendig sind und Rahmenbedingungen weniger komplex sind.

1.2.7   Technologiewahlfreiheit

Jeder Microservice kann mit einer eigenen Technologie umgesetzt werden. Das erleichtert die Migration auf eine neue Technologie, da man jeden Microservice einzeln migrieren kann. Ebenso ist es einfacher und risikoärmer, Erfahrungen mit neuen Technologien zu sammeln. Sie können zunächst nur für einen Microservice genutzt werden, bevor sie in mehreren Microservices zum Einsatz kommen.

1.2.8   Sicherheit

Microservices können untereinander isoliert werden. So ist es möglich, zwischen den Microservices Firewalls in die Kommunikation einzuführen. Außerdem kann die Kommunikation zwischen den Microservices abgesichert werden, um zu garantieren, dass die Kommunikation tatsächlich von einem anderen Microservice kommt und authentisch ist. So kann verhindert werden, dass bei einer Übernahme eines Microservices auch andere Microservices kompromittiert sind.

1.2.9   Allgemein: Isolation

Letztendlich lassen sich viele Vorteile der Microservices auf eine stärkere Isolation zurückführen.

Abb. 1–2   *Isolation als Quelle der Vorteile*

Microservices können isoliert deployt werden, was Continuous Delivery vereinfacht. Sie sind bezüglich Ausfällen isoliert, was der Robustheit zugute kommt.
Gleiches gilt für Skalierbarkeit: Jeder Microservice kann isoliert von anderen
Microservices skaliert werden. Die eingesetzten Technologien können isoliert für
einen Microservice bestimmt werden, was Technologiewahlfreiheit ermöglicht.
Die Microservices sind so isoliert, dass sie nur über das Netzwerk miteinander
kommunizieren. Die Kommunikation kann daher durch Firewalls abgesichert
werden, was der Sicherheit zugute kommt.

Weil dank der starken Isolation die Modulgrenzen kaum noch aus Versehen
überschritten werden können, wird die Architektur kaum noch verletzt. Das
sichert die Architektur im Großen ab. Jeder Microservice kann isoliert durch
einen neuen ersetzt werden. So kann risikoarm ein Microservice abgelöst werden
und die Architektur der einzelnen Microservices sauber gehalten werden.
Dadurch ermöglicht die Isolation eine langfristige Wartbarkeit der Software.

Mit der Isolation treiben Microservices die Entkopplung als wichtige Eigenschaft von Modulen auf die Spitze: Während Module normalerweise nur bezüglich Änderungen am Code und bezüglich der Architektur voneinander entkoppelt
sind, geht die Entkopplung der Microservices darüber weit hinaus.

1.2.10 Vorteile priorisieren

Welcher Grund für Microservices der wichtigste ist, hängt vom jeweiligen Szenario ab. Der Einsatz von Microservices in einem Greenfield-System ist eher die
Ausnahme als die Regel. Oft gilt es, einen Deployment-Monolithen durch ein
Microservices-System zu ersetzen (siehe auch Kapitel 4). Dabei spielen unterschiedliche Vorteile eine Rolle:

- Die einfachere *Skalierung der Entwicklung* kann ein wichtiger Grund für die
  Einführung von Microservices in einem solchen Szenario sein. Oft haben
  große Organisationen Schwierigkeiten, einen Deployment-Monolithen mit
  einer Vielzahl von Entwicklern schnell genug weiterzuentwickeln.

- Die *einfache Migration* weg von dem Legacy-Deployment-Monolithen
  erleichtert die Einführung von Microservices in einem solchen Szenario.

▓ *Continuous Delivery* ist oft ein weiteres Ziel: Die Geschwindigkeit, mit der Änderungen in Produktion gebracht werden können, soll erhöht werden. Oft ist auch die Zuverlässigkeit, mit der eine Änderung in Produktion gebracht werden kann, nicht ausreichend.

Die Skalierung der Entwicklung ist nicht das einzige Szenario für eine Migration. Wenn ein einziges Scrum-Team ein System mit Microservices umsetzen will, kann die Skalierung der Entwicklung kein sinnvoller Grund sein, weil die Entwicklungsorganisation dazu nicht ausreichend groß ist. Dennoch kann es andere Gründe geben: Continuous Delivery, technische Gründe wie Robustheit, unabhängige Skalierung, Technologiewahlfreiheit oder nachhaltige Entwicklung können in einem solchen Szenario eine Rolle spielen.

1.2.11 Microservices sind ein Trade-Off

Abhängig von den Zielen kann ein Team bei der Umsetzung von Microservices Kompromisse eingehen. Wenn Robustheit ein Ziel der Microservices-Einführung ist, müssen die Microservices als getrennte Docker-Container umgesetzt werden. Jeder Docker-Container kann unabhängig abstürzen. Ist Robustheit kein Ziel, kommen Alternativen in Frage. Beispielsweise können mehrere Microservices als Java-Web-Anwendungen gemeinsam auf einem Java-Application-Server laufen. Sie laufen dann alle in einem Prozess und sind bezüglich der Robustheit nicht isoliert. Ein Speicherleck in einem Microservice bringt alle Microservices zum Absturz. Aber dafür ist die Lösung einfacher zu betreiben und kann der bessere Trade-Off sein.

1.2.12 Zwei Ebenen von Microservices: fachlich und technisch

Die technischen und organisatorischen Vorteile weisen auf zwei Ebenen hin, in denen ein System in Microservices unterteilt werden kann:

▓ Eine *grobgranulare fachliche Unterteilung* gewährt den Teams eine unabhängige Entwicklung und ermöglicht es, dass ein neues Feature mit einem Deployment eines Microservices ausgerollt wird. Beispielsweise können in einem ECommerce-System die Registrierung der Kunden oder der Bestellprozess solche grobgranularen Microservices sein.

▓ Aus *technischen Gründen* können dann einige Microservices *weiter unterteilt* werden. Wenn beispielsweise der letzte Schritt des Bestellprozesses unter besonders hoher Last steht, dann kann dieser letzter Schritt in einem eigenen Microservices implementiert werden. Der Microservice kann dann isoliert von anderen Microservices skaliert werden. Der Microservice gehört zum fachlichen Kontext des Bestellprozess, aber ist aus technischen Gründen als eigener Microservice umgesetzt.

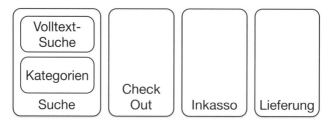

Abb. 1–3   *Zwei Ebenen von Microservices*

Abbildung 1–3 zeigt ein Beispiel für zwei Ebenen: Eine ECommerce-Anwendung ist fachlich in die Microservices Suche, Check Out, Inkasso und Lieferung aufgeteilt. Die Suche ist weiter aufgeteilt: Die Volltext-Suche ist von der Suche in Kategorien getrennt. Ein Grund dafür kann die getrennte Skalierung sein: Mit dieser Architektur kann die Volltext-Suche getrennt von der Suche in Kategorien skaliert werden, was ein Vorteil ist, wenn sie unterschiedlich hohe Last handhaben müssen. Ein weiterer Grund können unterschiedliche Technologien sein: Die Volltext-Suche kann mit einer Volltext-Suchmaschine umgesetzt sein, die für die Suche in Kategorien ungeeignet ist.

1.2.13   Typische Anzahl von Microservices in einem System

Es ist schwer, eine typische Anzahl von Microservices in einem System anzugeben. Wenn man der Aufteilung aus diesem Kapitel folgt, dann sollten sich 10–20 grobgranulare Fachlichkeiten ergeben und für jede von ihnen ein bis drei Microservices. Es gibt allerdings auch Systeme mit weitaus mehr Microservices.

1.3   Herausforderungen

Microservices haben nicht nur Vorteile, sondern halten auch Herausforderungen bereit:

- Der *Betrieb* eines Microservices-Systems ist aufwendiger als der Betrieb eines Deployment-Monolithen. Das liegt daran, dass in einem Microservice-System viel mehr deploybare Einheiten existieren, die alle deployt und gemonitort werden müssen. Das ist nur machbar, wenn der Betrieb weitgehend automatisiert ist und die korrekte Funktion durch entsprechendes Monitoring sichergestellt wird. Teil III zeigt verschiedene Lösungen dafür.

- Microservices müssen tatsächlich *getrennt deploybar* sein. Eine Aufteilung beispielsweise in Docker-Container ist dafür eine Voraussetzung, reicht alleine aber nicht aus. Auch das Testen muss getrennt werden. Wenn alle Microservices zusammen getestet werden müssen, dann kann ein Microservice den Test-Stage blockieren und andere Microservices können nicht deployt werden. Änderungen an Schnittstellen müssen so umgesetzt werden, dass ein unabhängiges Deployment der Microservices immer noch möglich ist. Der Microservice, der die Schnittstelle implementiert, muss beispielsweise die neue und die alte Schnittstelle anbieten, sodass er deployt werden kann, ohne dass der aufrufende Microservice zur selben Zeit deployt werden muss.

▦ *Änderungen, die mehrere Microservices* betreffen, sind schwieriger umzusetzen als Änderungen, die mehrere Module eines Deployment-Monolithen umfassen. In einem Microservices-System sind für solche Änderungen mehrere Deloyments notwendig. Diese Deployments müssen koordiniert werden. Bei einem Deployment-Monolithen wäre nur ein Deployment notwendig.

▦ In einem Microservices-System kann die *Übersicht* über die Microservices verloren gehen. Die Erfahrung zeigt allerdings, dass in der Praxis Änderungen bei einem guten fachlichen Schnitt auf einen oder wenige Microservices begrenzt werden können. Daher kommt einem Überblick über das System eine geringere Bedeutung zu, weil die Interaktion der Microservices die Entwicklung wegen der hohen Unabhängigkeit kaum beeinflusst.

1.3.1 Vorteile und Nachteile abwägen

Wichtig ist vor allem, dass Microservices nur genutzt werden sollten, wenn sie in einem Szenario die einfachste Lösung sind. Die oben genannten Vorteile sollten die Nachteile beispielsweise wegen der höheren Komplexität im Deployment mehr als wett machen. Schließlich ist es kaum sinnvoll, absichtlich eine zu komplexe Lösung zu nutzen.

1.4 Independent-Systems-Architecture-Prinzipien (ISA)

ISA (*http://isa-principles.org*) (Independent Systems Architecture) ist eine Sammlung von grundlegenden Prinzipien für Microservices. Sie basiert auf Erfahrungen mit Microservices in vielen verschiedenen Projekten.

1.5 Bedingungen

Bei den Prinzipien wird »*muss*« verwendet für Prinzipien, die unbedingt eingehalten werden müssen. »*Sollte*« beschreibt Prinzipien, die viele Vorteile haben, aber nicht unbedingt eingehalten werden müssen.

1.6 Prinzipien

1. Das System muss in *Module* unterteilt werden, die *Schnittstellen* bieten. Der Zugriff auf andere Module ist nur über diese Schnittstellen möglich. Module

dürfen daher nicht direkt von den Implementierungsdetails eines anderen Moduls abhängen, wie z.b. dem Datenmodell in der Datenbank.

2. Module müssen *separate Prozesse, Container oder virtuelle Maschinen* sein, um die Unabhängigkeit zu maximieren.

3. Das System muss zwei klar getrennte Ebenen von Architekturentscheidungen haben:

   - Die *Makro-Architektur* umfasst Entscheidungen, die alle Module betreffen. Alle weiteren Prinzipien sind Teil der Makro-Architektur.
   - Die *Mikro-Architektur* sind jene Entscheidungen, die für jedes Modul anders getroffen werden können.

4. Die Wahl der *Integrations-Optionen* muss für das System begrenzt und standardisiert sein. Die Integration kann mit synchroner oder asynchroner Kommunikation stattfinden und/oder auf Frontend-Ebene.

5. *Kommunikation* muss auf einige Protokolle wie REST oder Messaging begrenzt sein. Auch Metadaten, z.b. zur Authentifizierung, müssen standardisiert sein.

6. Jedes Modul muss seine *eigene unabhängige Continuous-Delivery-Pipeline* haben. Tests sind Teil der Continuous-Delivery-Pipeline, so dass die Tests der Module unabhängig sein müssen.

7. Der *Betrieb* sollte standardisiert werden. Dies beinhaltet Konfiguration, Deployment, Log-Analyse, Tracing, Monitoring und Alarme. Es kann Ausnahmen vom Standard geben, wenn ein Modul sehr spezifische Anforderungen hat.

8. *Standards* für Betrieb, Integration oder Kommunikation sollten auf Schnittstellenebene definiert werden. Das Protokoll kann als REST standardisiert sein, und Datenstrukturen können standardisiert werden. Aber jedes Modul sollte frei sein, eine andere REST-Bibliothek zu verwenden.

9. Module müssen *resilient* sein. Sie dürfen nicht ausfallen, wenn andere Module nicht verfügbar sind oder Kommunikationsprobleme auftreten. Sie müssen in der Lage sein, heruntergefahren zu werden, ohne Daten oder Zustand zu verlieren. Es muss möglich sein, sie auf andere Umgebungen (Server, Netzwerke, Konfigurationen usw.) zu verschieben.

1.7 Bewertung

Independent Systems Architecture und die Konzepte in diesem Buch haben viele Gemeinsamkeiten. Auch dieses Buch definiert Microservices als Module (Prinzip 1), die unabhängig deploybar sind. Unabhängiges Deployment kann nur durch Container und ähnliche Mechanismen sichergestellt werden (Prinzip 2).

Prinzip 6 (unabhängige Deployment Pipelines) führt das unabhängige Deployment weiter aus.

Kapitel 2 betrachtet Mikro- und Makro-Architektur (Prinzip 3) näher. Gerade Integration (Prinzip 4) und Kommunikation (Prinzip 5) sind wichtige Eckpunkte dieses Kapitels. Ebenso spielt der Betrieb (Prinzip 6 und 8) auch in diesem Buch eine wichtige Rolle. Die Technologien sind meistens standardisiert. Kapitel 2 diskutiert Gründe für die Standardisierung und Ausnahmen noch genauer. Schließlich kann das Ziel der Robustheit, auf das dieses Kapitel schon eingegangen ist, nur mit Resilience (Prinzip 9) erreicht werden.

Die ISA-Prinzipien stellen also eine gute Zusammenfassung der Prinzipien aus diesem Kapitel und der Ideen zur Mikro- und Makro-Architektur aus diesem Buch dar.

1.8 Variationen

Abhängig vom konkreten Szenario können Microservices-Varianten wie Self-contained Systems (siehe Kapitel 3) genutzt werden.

1.8.1 Technologische Varationen

Teil II (ab Kapitel 5) und Teil III (ab Kapitel 19) des Buches zeigen unterschiedliche technologische Variationen. Dazu zählen synchrone Kommunikation, asynchrone Kommunikation und UI-Integration. Die Kombination von einem oder mehrerer Rezepte aus diesen Teilen ergibt eine individuelle Microservices-Architektur.

1.8.2 Experimente

Das folgende Vorgehen hilft dabei, die richtigen Rezepte zu finden:

- Priorisiere für ein dir bekanntes Projekt die Vorteile des Einsatzes von Microservices.
- Wäge ab, welche der Herausforderungen in dem Projekt ein hohes Risiko darstellen könnten.
- Anschließend können die möglichen technischen und architekturellen Lösungen dagegen abgewogen werden, ob sie bei diesen Anforderungen eine sinnvolle Lösung darstellen.

Für eine konkrete Aufteilung der Microservices und technische Entscheidungen sind zusätzliche Konzepte notwendig. Daher steht die Aufteilung im Mittelpunkt von Abschnitt 2.6.

1.9   Fazit

Microservices sind eine extreme Art der Modularisierung. Das getrennten Deployment ist die Grundlage für eine sehr starke Entkopplung.

Daraus ergeben sich zahlreiche Vorteile. Ein wesentlicher Vorteil ist Isolation in verschiedenen Ebenen. Das vereinfacht nicht nur das Deployment, sondern auch ein Ausfall kann auf einen Microservice begrenzt werden. Microservices können einzeln skaliert werden, Technologie-Entscheidungen haben nur Auswirkungen auf einen Microservice und auch ein Sicherheitsproblem kann auf einen Microservice begrenzt werden. Durch die Isolation kann ein Microservices-System mit einem großen Team einfacher entwickelt werden, weil weniger Koordination zwischen den Teams notwendig ist. Und natürlich sorgen die kleineren Deployment-Artefakte dafür, dass Continuous Delivery einfacher umgesetzt werden kann. Die Ablösung eines Legacy-Systems kann mit Microservices ebenfalls einfacher erfolgen, weil neue Microservices das System ergänzen können, ohne dass dazu größere Änderungen am Code notwendig wären.

Die Herausforderungen liegen vor allem im Betrieb. Mit passenden technologischen Entscheidungen sollten die beabsichtigten Vorteile verstärkt und gleichzeitig die Nachteile minimiert werden.

Die Integration und Kommunikation zwischen den Microservices ist natürlich komplexer als die Aufrufe zwischen Modulen in einem Deployment-Monolithen. Die zusätzliche technische Komplexität stellt eine weitere wichtige Herausforderung bei Microservice-Architekturen dar.

2 Mikro- und Makro-Architektur

Microservices erlauben es, durch die Isolation auf verschiedenen Ebenen Software noch stärker zu modularisieren und zu isolieren (siehe Abschnitt 1.2). Aber Microservices sind Module eines Gesamtsystems. Also müssen sie integriert werden. Die Architektur steht damit vor einer Herausforderung: Auf der einen Seite muss sichergestellt werden, dass die Microservices als Teile des Gesamtsystems zusammenpassen. Auf der anderen Seite dürfen die Freiheiten in den Microservices nicht zu sehr eingeschränkt werden, weil sonst die Isolation und die Unabhängigkeit der Microservices nicht erreicht werden können, die für die meisten Vorteile der Microservices-Architektur verantwortlich sind.

Daher bietet es sich an, die Architektur in eine Mikro- und eine Makro-Architektur aufzuteilen. Die *Mikro-Architektur* umfasst alle Entscheidungen, die für jeden Microservices anders getroffen werden können. Die *Makro-Architektur* beinhaltet die Entscheidungen, die global getroffen werden und für alle Microservices gelten.

Abb. 2–1   *Mikro- und Makro-Architektur*

Abbildung 2–1 zeigt die Idee: Es gibt eine Makro-Architektur, die für alle Microservices übergreifend gilt. Die Mikro-Architektur gilt jeweils für einen Microservices, sodass jeder Microservice seine eigene Mikro-Architektur hat.

Dieses Kapitel zeigt das Vorgehen für eine solche Architektur-Aufteilung:

▪ Zunächst vermittelt das Kapitel die *fachliche Aufteilung* in Microservices und zeigt, dass *Domain-driven Design* und *Bounded Context* gute Werkzeuge für eine solche Aufteilung sind.

▒ Dann erläutert das Kapitel die Entscheidungen, die im Rahmen der *techni-schen Mikro- und Makro-Architektur* getroffen werden müssen und wie ein *DevOps-Modell* die Entscheidungen beeinflusst.

▒ Schließlich wird die Frage beantwortet, *wer* die Aufteilung in Mikro- und Makro-Architektur vornimmt und die Regeln in der Makro-Architektur festlegt.

2.1 Bounded Context und Strategic Design

Bei der fachlichen Aufteilung ist das Konzept von Mikro- und Makro-Architektur schon lange üblich: Es gibt eine Makro-Architektur, welche die Fachlichkeit in grobgranulare Module aufteilt. In den Modulen erfolgt eine weitere Aufteilung als Mikro-Architektur.

So kann beispielsweise ein ECommerce-Systeme in Module für die Registrierung von Kunden und für die Annahme von Bestellungen unterteilt werden. Die Annahme der Bestellungen kann in weitere kleinere Module zerlegt werden. Das können beispielsweise die Validierung der Daten oder die Berechnung der Versandkosten sein. Die interne Aufteilung des Registrierungs-Moduls ist nach außen nicht sichtbar und kann geändert werden, ohne dass es andere Module beeinflusst. Genau diese Flexibilität, ein Modul ohne Beeinflussung anderer Module zu ändern, ist ein wesentlicher Vorteil der modularen Software-Entwicklung.

2.1.1 Ein Beispiel für eine fachliche Architektur

Abb. 2–2   *Beispiel für eine fachliche Aufteilung*

Abbildung 2–2 zeigt ein Beispiel für eine Aufteilung eines Systems in mehrere fachliche Module. In dieser Aufteilung hat jedes Modul ein eigenes Domänenmodell:

▒ Für die *Suche* müssen für Produkte Daten wie Beschreibungen, Bilder oder Preise abgelegt sein. Für die Kunden wären die notwendigen Daten die Empfehlungen, die z.B. aus den bereits abgearbeiteten Bestellungen ermittelt werden können.

▓ Der *Check Out* muss Buch darüber führen, was im Einkaufswagen liegt. Für Produkte sind nur grundlegende Informationen wie ein Name oder der Preis notwendig. Ebenso sind nur wenige Daten über den Kunden notwendig. Wichtigster Bestandteil des Domänenmodells dieses Moduls ist der Einkaufswagen.

▓ Für *Inkasso* müssen vom Kunden die Bezahlweise und die dafür notwendigen Informationen wie die Kreditkartennummer bekannt sein.

▓ Bei der *Lieferung* sind vom Kunden die Lieferadresse und von den Produkten Größe und Gewicht notwendig.

In dieser Aufstellung kann man erkennen, dass für die verschiedenen Module unterschiedliche Domänenmodelle notwenig sind. Nicht nur die Daten für Kunde und Produkt unterscheiden sich, sondern das gesamte Modell und auch die Logik.

2.1.2 Domain-driven Design: Definition

Für die fachliche Modellierung eines Systems bietet Domain-driven Design (DDD) eine Sammlung von Patterns. Für Microservices sind vor allem die Patterns im Bereich von Strategic Design interessant. Sie beschreiben, wie eine Domäne unterteilt werden kann. Domain-driven Design bietet noch viel mehr Patterns, die z.B. bei der Bildung einzelner Modelle helfen können. Für einen tieferen Einstieg empfiehlt sich das ursprüngliche DDD-Buch,[1] das den Begriff Domain-driven Design eingeführt hat und DDD umfassend beschreibt, oder das kompakte DDD-Buch,[2] das vor allem auf Strategic Design, Bounded Context und Domain Events fokussiert.

2.1.3 Bounded Context: Definition

Domain-driven Design spricht von einem *Bounded Context*: Jedes Domänenmodell ist nur in einem begrenzten Kontext gültig. Suche, Check Out, Inkasso und Lieferung sind also solche Bounded Contexts, weil sie jeweils ein eigenes Domänenmodell haben.

Es wäre zwar denkbar, ein Domänenmodell umzusetzen, dass mehrere Bounded Contexts aus dem Beispiel umfasst. Aber ein solches Modell wäre nicht die einfachste Lösung. Beispielsweise muss eine Preisänderung eines Produkts sich auf die Suche auswirken, aber es darf nicht dazu führen, dass im Inkasso bereits getätigte Bestellungen teurer werden. Es ist einfacher, in der Suche nur den aktu-

---

1. Eric Evans: Domain-Driven Design: Tackling Complexity in the Heart of Software, Addison-Wesley, 2003, ISBN 978-0-32112-521-7
2. Vaughn Vernon: Domain-Driven Design kompakt, dpunkt.verlag, 2017, ISBN 978-3-86490-439-4

ellen Preis eines Produkts zu speichern und im Inkasso den Preis des Produkts in
jeder Bestellung zu speichern, der auch Rabatte und andere komplexe Einflussfaktoren beinhalten kann. Der einfachste Entwurf besteht also aus mehreren spezialisierten Domänenmodellen, die jeweils nur in einem Kontext gültig sind. Jedes
der Domänenmodelle hat eine eigene Modellierung für Geschäftsobjekte wie
Kunden oder Produkte.

2.1.4 Strategic Design

Die Aufteilung des Systems in verschiedene Bounded Contexts ist ein Teil des
Strategic Designs, das zu den Praktiken aus dem Domain-driven Design (DDD)
gehört. Das Strategic Design beschreibt die *Integration* von Bounded Contexts.

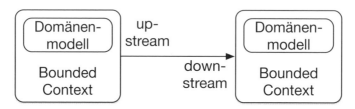

Abb. 2–3   *Strategic-Design-Grundlagen*

Abbildung 2–3 zeigt die grundlegenden Begriffe im Strategic Design:

▓ Die *Bounded Contexts* beschreiben jeweils den Gültigkeitsbereich eines
  Domänenmodells.

▓ Die Bounded Contexts können miteinander kommunizieren: Der *Upstream*
  (deutsch: vorgeschaltet) Bounded Context stellt dem *Downstream* (deutsch:
  nachgeschaltet) Bounded Context Informationen zur Verfügung. Technisch
  kann der Upstream Bounded Context neue Informationen an den
  Downstream Bounded Context schicken oder der Downstream Bounded
  Context kann neue Informationen beim Upstream Bounded Context abholen.
  Die technische Kommunikationsrichtung kann also eine andere sein als die
  Richtung, in die die Informationen fließen.

2.1.5 Strategic Design Patterns

Wie die Kommunikation genau abläuft, beschreibt DDD in verschiedenen Patterns. Diese Patterns beschreiben nicht nur einen Ansatz auf der Architektur-
Ebene, sondern auch das Miteinander auf organisatorischer Ebene:

▓ *Conformist* (Konformist) bedeutet, dass ein Bounded Context ein Domänenmodell von einem anderen Bounded Context einfach übernimmt. In Abbildung 2–4 benutzen Bounded Context 1 und 2 jeweils dasselbe Domänenmo-

dell 1. Ein Beispiel können Statistiken als Teil eines Data Warehouses sein. Sie nutzen das Domänenmodell aus den anderen Bounded Contexts und extrahieren die für sie interessanten Daten. Ein Mitspracherecht bei Änderungen am Bounded Context haben sie beim Conformist-Pattern nicht.

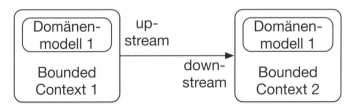

Abb. 2–4   *Conformist: Domänenmodell wird übernommen*

Bei einem *Anti-corruption Layer* (Antikorruptionsschicht, ACL) enthält der Downstream Bounded Context eine Schicht, um das eigene Domänenmodell vom Modell des Upstream Bounded Contexts zu entkoppeln. Das ist insbesondere zusammen mit Conformist sinnvoll, um so ein eigenes, vom anderen Modell entkoppeltes Modell zu erstellen. In Abbildung 2–5 ist zu sehen, dass Bounded Context 2 an der Schnittstelle zu Bounded Context 1 ein ACL hat, so dass die beiden Bounded Contexts eigene, unabhängige Domänenmodelle besitzen. Wenn der Bounded Context »Lieferung« Informationen über den Stand der Lieferung aus einem Legacy-System bekommt, kann er mit einem ACL dafür sorgen, dass die Modellierung im Legacy-System keine Auswirkungen auf den Bounded Context »Lieferung« hat und so ein sauberes Modell im Bounded Context umgesetzt werden kann.

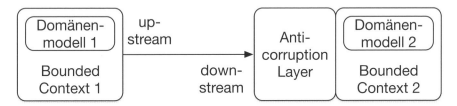

Abb. 2–5   *Anti-corruption Layer mit Conformist*

Bei *Customer/Supplier* (Kunde/Lieferant) ist der Supplier upstream und liefert die Informationen im Domänenmodell. Der Customer ist downstream und nutzt die Informationen. Dennoch definiert der Customer, wie das Modell aussehen soll. In Abbildung 2–6 schickt Bounded Context 1 Informationen an Bounded Context 2, aber Bounded Context 2 definiert die Anforderungen an das Domänenmodell 1. Nehmen wir beispielsweise an, dass im System aus Abbildung 2–2 ein Bounded Context eingefügt werden soll, der zum Einlisten von Produkten dient. Dieser Bounded Context muss alle Daten für Suche, Inkasso und Lieferung liefern. Also können die Teams dieser drei Module gegenüber dem Supplier »Einlisten« die Customer-Rolle übernehmen. Die Teams definieren dann, was für ein Domänenmodell der Supplier liefern muss, um so sicherzustellen, dass alle Informationen tatsächlich auch geliefert werden. Jeder Consumer erhält vom Supplier eine eigene, spezielle Schnittstelle. Diese Schnittstelle wird dann auch unabhängig von allen anderen Schnittstellen weiterentwickelt.

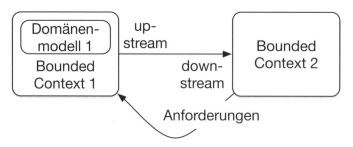

Abb. 2–6   *Customer / Supplier*

▌ Bei *Separate Ways* (getrennte Wege) haben die Bounded Contexts keine Beziehung auf der Software-Ebene, obwohl eine Beziehung denkbar wäre. Wenn in dem ECommerce-Szenario ein Bounded Context für die Einkaufsabteilung hinzukommt, dann könnte dieser Bounded Context die Daten sammeln, um die Produkte einzulisten. Bei Separate Ways wäre der Einkauf vom Rest des Systems getrennt. Wenn die Ware geliefert wird, werden die notwendigen Daten erfasst und die Waren eingelistet. Der Einkauf verursacht die Lieferung, die dann das Einlisten verursacht. Das sind Ereignisse in der realen Welt. In der Software sind die Systeme getrennt. Daher sind die Systeme unabhängig und können völlig getrennt weiterentwickelt werden.

Abb. 2–7   *Separate Ways*

▌ Der *Shared Kernel* (geteilter Kern) beschreibt einen gemeinsamen Kern, den sich mehrere Bounded Contexts teilen. In Abbildung 2–8 haben Domänenmodell 1 und 2 einen gemeinsamen Shared Kernel. Stammdaten von Produkt und Kunden könnten ein Beispiel sein. Shared Kernel bedeutet aber gemeinsame Geschäftslogik und gemeinsame Datenbank-Schemata und sollte daher in einer Microservices-Umgebung nicht genutzt werden.

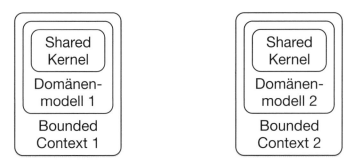

Abb. 2–8   *Shared Kernel*

Einige Pattern sind vor allem sinnvoll, wenn mehr als ein Bounded Context inte-griert werden soll:

▦ *Open Host Service* (offen angebotener Dienst) bedeutet, dass der Bounded Context eine generische Schnittstelle anbietet, mit der andere Bounded Con-texts ihre eigene Integration implementieren können. Häufig findet sich dieses Pattern bei öffentlichen Schnittstellen im Internet, aber auch innerhalb eines Unternehmens ist dieses Pattern eine mögliche Alternative.

▦ *Published Language* (veröffentlichte Sprache) ist ein für alle Bounded Con-texts zugängliches Domänenmodell. Das kann beispielsweise ein Standardfor-mat wie EDIFACT für Transaktionen zwischen Firmen sein, aber auch ein eigenes Format ist möglich.

Diese Modelle können zusammen genutzt werden (siehe Abbildung 2–9): Der Open Host Service kann zur Kommunikation eine Published Language nutzen.

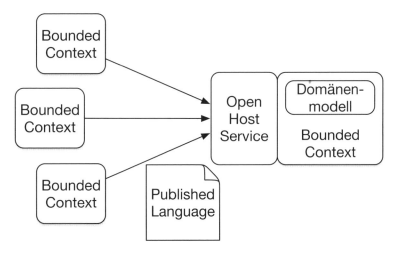

Abb. 2–9   *Open Host Service und Published Language*

2.1.6   Auswahl der Patterns

Die Auswahl der Patterns muss sich an den fachlichen Gegebenheiten, den Machtverhältnissen und den Kommunikationsbeziehungen zwischen den Teams orientieren. Wenn der Suche-Bounded-Context nicht die notwendigen Daten vom Einlisten-Bounded-Context bekommt, dann können die Produkte nicht gefunden und damit auch nicht gekauft werden. Also zwingt sich das Customer/Supplier-Pattern auf. Das ist aber weniger eine fachliche Gegebenheit als ein Ergebnis der Machtverhältnisse, die wiederum von dem Geschäftsmodell abhängen.

Natürlich beeinflussen die Patterns den Abstimmungsaufwand und damit die Isolation gegeneinander. Schließlich legen sie Spielregeln fest, nach denen die Teams bei der Integration miteinander arbeiten. Sicher ist daher ein Pattern wie Customer/Supplier nicht so wünschenswert, weil es viel Koordination erfordert. Dennoch kann es die fachlich richtige Lösung sein.

2.1.7   Domain Events zwischen Bounded Contexts

Zur Kommunikation zwischen Bounded Contexts können Domain Events (fachliche Ereignisse) sinnvoll sein. Ein solches Event kann die Bestellung eines Warenkorbs sein. Dieses Event wird vom Bounded Context »Check Out« ausgelöst und von den Bounded Contexts »Lieferung« und »Inkasso« entgegengenommen, um dort die Lieferung und Bezahlung der Bestellung auszulösen. Events können nützlich sein, um die Bounded Contexts miteinander zu integrieren. Abschnitt 10.2 diskutiert Events aus einer technischen Sichtweise.

2.1.8   Bounded Contexts und Microservices

Bounded Contexts teilen ein System fachlich auf. Sie müssen nicht unbedingt Microservices sein. Sie können auch als Module in einem Deployment-Monolithen implementiert sein. Wenn die Bounded Contexts als Microservices implementiert werden, entstehen fachlich und technisch sehr unabhängige Module. Daher ist es sinnvoll, diese Konzepte zu kombinieren.

Die Abhängigkeiten der Bounded Contexts im Sinne des Strategic Design schränken die Unabhängigkeit allerdings ein. Da die Microservices zu einem Gesamtsystem gehören, sind Abhängigkeiten zwischen den Modulen aber nicht zu vermeiden.

2.2   Technische Mikro- und Makro-Architektur

Neben der fachlichen Makro-Architektur mit Domain-driven-Design-Konzepten wie Bounded Context und Strategic Design erlauben Microservices und Self-contained Systems aufgrund der technologischen Isolation, das Konzept von Mikro-

und Makro-Architektur auf technische Entscheidungen zu erweitern, die bei einem Deployment-Monolithen noch zwangsläufig global getroffen werden mussten.

Also können nun technische Entscheidung entweder im Rahmen der Makro-Architektur oder der Mikro-Architektur getroffen werden. Einige Entscheidungen müssen allerdings zwingend ein Teil der Makro-Architektur sein, weil sonst kein ganzes System entsteht, sondern mehrere nicht miteinander integrierte Inseln.

2.2.1 Mikro- oder Makro-Architektur-Entscheidungen

Zu den Entscheidungen, die entweder im Rahmen der Mikro- oder der Makro-Architektur getroffen werden können, zählen:

- Die *Programmiersprache*, aber auch Framework und Infrastruktur wie z.B. Application Server können einheitlich für alle Microservices in der Makro-Architektur festgelegt werden oder jeder Microservice kann mit einer anderen Technologie implementiert werden. Für eine Mikro-Architektur-Entscheidung spricht, dass dann die beste Technologie zur Lösung spezifischer Probleme genutzt werden kann. Eine Makro-Architektur-Festlegung ist sinnvoll, wenn eine Firmen-Technologie-Strategie nur bestimmte Technologien erlaubt oder nur Entwickler mit Wissen in bestimmten Technologien eingestellt werden sollen.

- Die *Datenbank* kann ebenfalls auf Ebene der Makro-Architektur oder Mikro-Architektur festgelegt werden. Auf den ersten Blick scheint diese Entscheidung vergleichbar mit der Entscheidung in Bezug auf die Programmiersprache. Aber Datenbanken sind anders: Sie speichern Daten. Der Verlust der Daten kann meistens nicht hingenommen werden. Daher muss es für eine Datenbank Maßnahmen wie Backup und Disaster Recovery geben. Diese Voraussetzungen für viele Datenbanken zu schaffen, kann erheblichen Aufwand verursachen. Um diesen zu vermeiden, kann die Datenbank als Teil der Makro-Architektur für alle Microservices einheitlich festgelegt werden. Selbst wenn die Datenbank in der Makro-Architektur festgelegt wird, darf das nicht zur Folge haben, dass mehrere Microservices sich ein Datenbank-Schema teilen. Ein solches Vorgehen würde auch den Bounded Contexts (siehe Abschnitt 2.1) widersprechen, da dann das Domänenmodell in dem Datenbank-Schema von mehreren Microservices genutzt wird. Das würde die Microservices zu eng aneinander koppeln. Eine einheitliche Datenbank bedeutet also immer noch, dass die Microservices getrennte Schemata in der Datenbank haben müssen oder jeder Microservices sogar eine eigene Instanz der Datenbank nutzt. Für eine eigene Instanz spricht, dass dann ein Ausfall der Datenbank nur jeweils einen Microservice ausfallen lässt. Gegen die eigene Instanz spricht der höhere Aufwand vor allem im Betrieb.

▌ Wenn Microservices eine eigene UI haben, kann das *Look & Feel* der Microservices eine Mikro- oder Makro-Architektur-Entscheidung sein. Oft soll ein
System einheitlich benutzbar sein. Dann sollte das Look & Feel eine Makro-
Architektur-Entscheidung sein. Aber manchmal hat ein System auch unterschiedliche Benutzerkreise, z.B. Backoffice und Endanwender. Diese Benutzerkreise haben unterschiedliche Anforderungen an die UI, die oft nicht mit
einem einheitlich Look & Feel vereinbar sind, sodass das Look & Feel dann
eine Mikro-Architektur-Entscheidung werden muss. Bei einer Festlegung des
Look & Feel auf Ebene der Makro-Architektur reicht gemeinsames CSS und
JavaScript zum Stylen der Oberflächen der Microservices nicht aus. Mit einheitlichen technischen Artefakten lassen sich sehr unterschiedliche Arten von
Benutzerschnittstellen realisieren. Daher sollte eine Style Guide Teil der
Makro-Architektur werden. Oft gibt es Bedenken, dass Microservices mit
getrennter UI kein einheitliches Look & Feel bereitstellen können. Aber die
UI kann auch in einem monolithischen System auseinander laufen. Genau
genommen sind die Maßnahmen, entsprechende Style Guides und Artefakte
zu definieren, unabhängig von der Nutzung von Microservices der einzige
Ansatz, mit dem große Systeme ein einheitliches Look & Feel bekommen
können.

▌ Es kann notwendig sind die *Dokumentation* zu vereinheitlichen. Eigentlich
sollte die Dokumentation ein Teil der Mikro-Architektur sein, weil das jeweilige Team den Microservice weiterentwickeln wird und daher selber entscheiden sollte, welche Dokumentation für die langfristige Entwicklung notwendig
ist. Aber natürlich kann diese Entscheidung über die Dokumentation auch
zentral getroffen werden, um den Microservice später auch einem anderen
Team übergeben zu können. Ebenso kann es notwendig sein, bestimmte
Aspekte der Microservices einheitlich zu dokumentieren. Beispielsweise müssen einige Systeme aus Sicherheitsgründen darüber Buch führen, welche Bibliotheken in den Microservices genutzt werden. So kann bei einer Sicherheits-
lücke in einer Bibliothek identifiziert werden, welche Microservices angepasst
werden müssen. Auch beispielsweise bei den Abhängigkeiten zwischen den
Microservices kann eine standardisierte Dokumentation einen Überblick über
das System ermöglichen.

2.2.2 Typische Makro-Architektur-Entscheidungen

Es gibt einige Entscheidungen, die immer auf der Ebene der Makro-Architektur
getroffen werden müssen. Schließlich sollen alle Microservices zusammen ein
vollständiges System ergeben. Dazu sind einige Standards notwendig.

▌ Das *Kommunikationsprotokoll* der Microservices ist eine typische Makro-
Architektur-Entscheidung. Nur wenn alle Microservices einheitlich beispielsweise mit einer REST-Schnittstelle oder einer Messaging-Schnittstelle verse-

hen sind, können alle Microservices miteinander kommunizieren und so ein Gesamtsystem bilden. Außerdem muss das Datenformat standardisiert sein. Es macht einen Unterschied, ob Systeme beispielsweise mit JSON oder mit XML kommunizieren. Das Kommunikationsprotokoll könnte für jeden Kommunikationskanal zwischen Microservices theoretisch auch ein anderes sein und damit eine Mikro-Architektur-Entscheidung. Es ist dann aber letztendlich kein Gesamtsystem mehr. Eigentlich ist es in Inseln zerfallen, die jeweils auf unterschiedliche Art und Weise miteinander kommunizieren.

Mit der *Authentifizierung* weist ein Benutzer nach, dass er eine bestimmte Identität besitzt. Das kann beispielsweise mit einem Passwort und einem Benutzernamen geschehen. Da es kaum zumutbar ist, wenn sich der Benutzer bei jedem Microservice neu authentifizieren muss, sollte das gesamte Microservice-System ein einziges Authentifizierungs-System nutzen. Der Benutzer gibt dann einmal Benutzernamen und Passwort ein und kann anschließend jeden Microservice nutzen.

Die Technologie für *Integrationstests* ist ebenfalls eine typische Makro-Architektur-Entscheidung. Alle Microservices müssen zusammen getestet werden. Also müssen sie in einem Integrationstest zusammen laufen. Die Makro-Architektur muss die dafür notwendigen Vorraussetzungen definieren.

2.2.3 Typische Mikro-Architektur-Entscheidungen

Bestimmte Entscheidungen sollten für jeden Microservice getroffen werden. Sie sind also typischerweise Teil der Mikro-Architektur.

Die *Autorisierung* der Benutzer legt fest, was ein Benutzer konkret tun darf. Die Autorisierung gehört wie die Authentifizierung zum Bereich Sicherheit. Die Autorisierung sollte im jeweiligen Microservice erfolgen. Die Autorisierung ist eng verknüpft mit der fachlichen Logik. Welcher Benutzer eine bestimmte Aktion auslösen darf, ist eine fachliche Frage und gehört daher wie die anderen Fachlichkeiten auch in den Microservice. Sonst wäre die Fachlichkeit selbst in einem Microservice implementiert, aber die Entscheidung über die für einen Benutzer verfügbaren Fachlichkeiten würde zentral erfolgen. Gerade bei komplexen Regeln ist das nicht sinnvoll. Wenn beispielsweise Bestellungen bis zu einer bestimmten Obergrenze von bestimmten Benutzern ausgelöst werden können, dann gehören die Autorisierung, konkrete Obergrenzen und mögliche Ausnahmen in den Bestellung-Microservice. Aus der Authentifizierung kann der Benutzer dazu Rollen bekommen, die in der Autorisierung genutzt werden können. So kann ein Microservice beispielsweise definieren, welche Aktionen ein Benutzer mit der Rolle »Kunde« und welche Aktionen ein Benutzer mit der Rolle »Call-Center-Mitarbeiter« auslösen darf.

⸬ Die *Tests des jeweiligen Microservices* können für jeden Microservice anders sein. Auch die Tests sind letztendlich ein Teil der Fachlichkeit. Außerdem kann es für jeden Microservice andere nicht-funktionale Anforderungen geben. So kann ein Microservice besonders performancekritisch sein, ein anderer eher sicherheitskritisch. Diesen Risiken muss mit einem individuellen Fokus bei den Tests begegnet werden.

⸬ Da die Tests unterschiedlich sein können, ist auch die *Continuous-Delivery-Pipeline* für jeden Microservice unterschiedlich . Sie muss die jeweiligen Tests umfassen. Natürlich kann die Technologie für die Continuous-Delivery-Pipeline standardisiert sein. So kann jede Pipeline beispielsweise Jenkins nutzen. Was in den jeweiligen Pipelines geschieht, ist aber abhängig von dem jeweiligen Microservice.

Die folgende Tabelle zeigt die typischen Entscheidungen auf Mikro- und Makro-Architekturebene:

Mikro oder Makro	Mikro-Architektur	Makro-Architektur
Programmiersprache	Continuous-Delivery-Pipeline	Kommunikationsprotokoll
Datenbank	Autorisierung	Authentifizierung
Look & Feel	Tests der Microservices	Integrationstests
Dokumentation		

2.3   Betrieb: Mikro- oder Makro-Architektur

Einige Entscheidungen im Bereich Mikro- und Makro-Architektur beeinflussen vor allem den Betrieb der Anwendungen. Dazu zählen:

⸬ Bei der *Konfiguration* gilt es, eine Schnittstelle zu definieren, mit der ein Microservice seine Konfigurationsparameter erhalten kann. Dazu gehören sowohl technische Einstellung (z.B. Thread-Pool-Größen) als auch fachliche Einstellungen. Ein Microservice kann diese Einstellungen beispielsweise über eine Umgebungsvariable bekommen oder aus einer Konfigurationsdatei auslesen. Davon unabhängig ist die Entscheidung, wie die Konfigurationsdaten gespeichert und erzeugt werden. Die Daten können beispielsweise in einer Datenbank abgelegt sein. Aus diesen Daten können entweder Konfigurationsdateien oder Umgebungsvariablen erzeugt werden. Übrigens gehören die Informationen darüber, auf welchem Rechner und unter welchem Port ein Microservice erreichbar ist, nicht zur Konfiguration, sondern zur Service Discovery (siehe Abschnitt 13.2). Ebenso ist die Konfiguration von Passwörtern oder Zertifikaten eine Herausforderung, die mit anderen Werkzeugen gelöst werden kann. Dazu bietet sich Vault (*https://www.vaultproject.io/*) an. Diese Informationen müssen nämlich besonders sicher gespeichert werden und für möglichst wenig Mitarbeiter einsehbar sein, um unberechtigten Zugriff auf Produktionsdaten zu unterbinden.

▦ Beim *Monitoring* geht es um die Technologie, mit der Metriken aufgezeichnet werden (siehe Kapitel 20). Metriken geben Aufschluss darüber, in welchem Zustand sich ein System befindet. Beispiele sind die Anzahl der verarbeiteten Requests pro Sekunde oder Geschäftsmetriken wie Umsatz. Die Frage, welche Technologie für die Aufzeichnung der Metriken genutzt wird, ist unabhängig von der Frage, welche Metriken erfasst werden. Jeder Microservice hat andere interessante Metriken, weil jeder Microservice andere Herausforderungen hat. So kann ein Microservice unter sehr hoher Last stehen. Dann sind Performance-Metriken hilfreich.

▦ Die *Log-Analyse* bestimmt ein Werkzeug, mit dem Logs verwaltet werden können (siehe Kapitel 21). Während ursprünglich Logs in Log-Dateien abgespeichert wurden, werden sie mittlerweile auf spezialisierten Servern abgelegt. Das erleichtert die Analyse und Suche in den Logs auch bei großen Datenmengen und vielen Microservices. Außerdem können neue Instanzen eines Microservice gestartet werden, weil die Last steigt. Dann sollten auch die Logs dieser neuen Microservice-Instanz zur Verfügung stehen und zwar auch noch dann, wenn der Microservice aufgrund niedrigerer Last schon lange wieder gelöscht worden ist.

▦ Die *Deployment-Technologie* legt fest, wie die Microservices ausgerollt werden. Beispielsweise könnten dazu Docker Images (siehe Kapitel 5), Kubernetes Pods (siehe Kapitel 17), ein PaaS (siehe Kapitel 18) oder Installationsskripte genutzt werden.

Diese Entscheidungen definieren, wie sich ein Microservice aus Betriebssicht verhält. Typischerweise sind diese Entscheidungen entweder alle Teile der Makro-Architektur oder alle Teil der Mikro-Architektur.

2.3.1 Betriebs-Makro-Architektur bei getrennter Betriebsmannschaft

Ob die Entscheidungen im Bereich Betrieb zur Mikro- oder Makro-Architektur gehören, hängt von der Organisation ab. Beispielsweise kann ein Team Microservices entwickeln, aber keine Verantwortung für den Betrieb tragen. Die Betriebsmannschaft ist für den Betrieb aller Microservices verantwortlich. In diesem Szenario müssen die Entscheidungen zum Betrieb auf Ebene der Makro-Architektur gefällt werden. Der Betriebsmannschaft ist es nicht zuzumuten, für jeden Microservice einen anderen Ansatz für den Betrieb der Anwendungen zu erlernen, zumal die Anzahl der Microservices sehr viel größer ist als die Anzahl der Systeme bei einem Deployment-Monolithen.

Ein weiterer Grund für eine Makro-Architektur-Entscheidung in diesem Bereich ist, dass individuelle Lösungen in diesen Bereichen kaum Vorteile bringen. Während eine Programmiersprache oder ein Framework für ein bestimmtes Problem mehr oder weniger gut geeignet sein kann, gilt das für die Technologien im Bereich Betrieb in einem weit geringeren Maße.

2.3.2   Nur Technologien standardisieren!

Wenn diese Entscheidungen auf Ebene der Makro-Architektur gefällt werden, standardisieren sie nur die Technologien. Welche Konfigurationsparameter, welche Monitoring-Metriken, welche Log-Nachrichten und welche Deployment-Artefakte ein Microservice hat, ist auf jeden Fall eine Entscheidung auf der Ebene des Microservice. Ebenso muss das unabhängige Deployment als Kerneigenschaft der Microservices erhalten bleiben. Die Konfigurationsparameter müssen also für jeden Microservice unabhängig geändert werden können, um so bei einem neuen Deployment auch Anpassungen an der Konfiguration vorzunehmen.

2.3.3   Betriebs-Makro-Architektur testen

Die Einhaltung der Makro-Architektur-Regeln kann mit Tests kontrolliert werden. Die Microservices werden in einer Umgebung deployt. Der Test überprüft so, ob die Regeln für das einheitliche Deployment eingehalten werden. Dann überprüft der Tests, ob der Microservice Metriken und Log-Informationen auf dem definierten Weg liefert. Ähnliches ist auch für die Konfiguration möglich.

Die Test-Umgebung für diese Tests sollte sehr minimalistisch sein und keine anderen Microservices und keine Datenbank enthalten. So wird der Microservice in einer Umgebung getestet, in der er unmöglich funktionieren kann. Wenn so eine Situation in Produktion auftritt, ist es besonders wichtig, dass der Microservice Logs und Metriken liefert, um mögliche Probleme zu analysieren. So prüft der Test auch die Resilience (Widerstandsfähigkeit) des Microservice.

2.3.4   Betriebs-Mikro-Architektur bei »You build it – you run it«

Es gibt eine Organisationsform, in der Betriebsaspekte Teil der Mikro-Architektur sein müssen. Wenn dasselbe Team den Microservice entwickeln und betreiben soll, muss es auch die Technologie wählen können. Dieser Ansatz lässt sich mit dem Satz »You build it – you run it.« beschreiben (Ihr baut es – Ihr betreibt es). Die Teams sind jeweils für einen Microservice verantwortlich und zwar sowohl für den Betrieb als auch für die Entwicklung. Man kann von dem Team dieses Maß an Verantwortung nur erwarten, wenn man dem Team zugesteht, dafür eigene Technologien auszuwählen.

Die Teams können natürlich dennoch gemeinsame Technologie-Stacks nutzen, aber sie können auch davon abweichen, wenn es aus ihrer Sicht notwendig ist. Ein gemeinsamer Technologie-Stack liegt im Interesse der Teams, da er den Aufwand für den Betrieb der Lösung reduziert.

2.3.5   Betrieb als Ganzes ist Mikro- oder Makro-Architektur.

Also können die Entscheidungen für den Betrieb entweder auf der Ebene der Mikro- oder der Makro-Architektur getroffen werden. Makro-Architektur ist sinnvoll, wenn es eine getrennte Betriebsmannschaft gibt, während eine »You build it – you run it«-Organisation diese Entscheidungen auf Ebene der Mikro-Architektur treffen muss (siehe Abbildung 2–10).

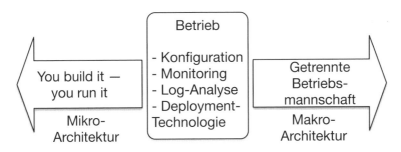

Abb. 2–10   *Betriebsaspekte müssen abhängig von der Organisation Mikro- oder Makro-Architektur sein.*

2.4   Mikro-Architektur bevorzugen!

Es gibt gute Gründe dafür, möglichst viele Entscheidungen auf der Mikro-Architektur-Ebene zu treffen:

▨ Wenn nur *wenige Punkte* in der Makro-Architektur festgelegt sind, hilft das beim Fokussieren. Viele sind daran gescheitert, eine weitgehende Vereinheitlichung in einem komplexen Projekt umzusetzen. Gibt es wenig Makro-Architektur-Regeln, steigt die Chance, dass sie wirklich umgesetzt werden.

▨ Die Regeln sollten *minimal* sein. So kann eine Makro-Architektur-Regel die Monitoring-Technologie definieren. Es ist aber nicht notwendig, zu standardisieren, wie die Metriken in der Anwendung ermittelt werden. Schließlich ist nur wichtig, dass die Metriken erzeugt werden. Wie das geschieht, ist unwichtig. Also sollte die Makro-Architektur-Regel nur ein Protokoll zur Übertragung der Metriken definieren, aber die Wahl der Bibliothek für das Erzeugen und die Übertragung der Metriken offen lassen. So können die Teams die passende Technologien wählen.

▨ Die Makro-Architektur-Regeln müssen *konsequent umgesetzt* werden, Ein Beispiel: Wenn die Metriken nicht erhoben werden können, kann der Microservice schlicht von der Betriebsmannschaft nicht in Produktion gebracht werden.

▨ Außerdem ist die *Unabhängigkeit* ein wichtiges Ziel von Microservices. Zu viele Makro-Architektur-Regeln laufen diesem Ziel entgegen, da sie die Unabhängigkeit der Teams durch eine zentrale Kontrolle behindern.

▓ Die Makro-Architektur sollte im *Eigeninteresse der Teams* liegen, die für die Microservices zuständig sind. Verstöße gegen die Makro-Architektur führen meistens dazu, dass die Microservices nicht in Produktion gehen können, weil beispielsweise der Betrieb sie nicht unterstützen kann, oder sie die Produktivität der Teams sehr stark behindern.

2.4.1 Evolution der Makro-Architektur

Am Anfang eines Projekts können zunächst restriktive Regeln gelten. So kann zunächst eine einzige Programmiersprache und ein fester Stack an Libraries festgelegt werden. Das reduziert den Lernaufwand und den Aufwand im Betrieb. Über die Laufzeit des Projekts können dann mehr Programmiersprachen und Libraries zugelassen werden, um beispielsweise das Veralten der Technologien zu vermeiden. Das führt zu einem heterogenen System. Aber ein heterogenes System ist einer Aktualisierung der gesamten Anwendung auf einmal sicher vorzuziehen. Eine solche Aktualisierung birgt ein hohes Risiko in sich.

2.4.2 Best Practices und Beratung

Natürlich sind neben verpflichtenden Makro-Architektur-Regeln Empfehlungen und Best Practices denkbar. Sie müssen aber nicht durchgesetzt werden, sondern sind für jeden Microservice optional.

Das Ziel der Makro-Architektur ist es, Freiheiten zu schaffen und nicht Teams in das offene Messer laufen zu lassen. Eine Beratung oder Hinweise auf Best Practices sind also auf jeden Fall gute Ergänzungen.

2.5 Organisatorische Aspekte

Es gibt einen Zusammenhang zwischen Entscheidung und Verantwortung: Wer eine Entscheidung trifft, übernimmt die Verantwortung. Wenn also im Rahmen der Makro-Architektur die Entscheidung für eine Technologie für Metriken getroffen wird, dann muss die Makro-Architektur-Gruppe die Verantwortung dafür übernehmen, wenn diese Technologie nicht ausreichend ist, weil sie beispielsweise mit der Datenmenge nicht zurecht kommt. Wenn die Verantwortung für das Monitoring der Microservices vollständig an die Teams übergeht, dann müssen die Teams auch eine Technologie auswählen dürfen.

2.5.1 Wildwuchs?

Es kann vorkommen, dass durch Freiheiten in der Mikro-Architektur ein Wildwuchs bei den Technologien entsteht. Das ist aber nicht notwendigerweise der Fall. Wenn alle Teams bisher mit einer bestimmten Monitoring-Technologie gute

Erfahrungen gemacht haben, dann wird ein neuer Microservice höchstwahrscheinlich auch mit diesem Werkzeug überwacht werden. Ein anderes Werkzeug zu nutzen, wäre mit einem hohen Aufwand verbunden. Nur wenn das Werkzeug nicht ausreichend ist, werden andere Optionen evaluiert und genutzt. Also ergibt sich auch ohne Makro-Architektur-Regel eine Vereinheitlichung, wenn einheitliche Entscheidungen für die Teams Vorteile bringen. Voraussetzung dafür ist natürlich ein Austausch zwischen den Teams zu Best Practices und dazu, welche Technologien funktionieren und welche nicht.

2.5.2   Wer macht Makro-Architektur?

Die Makro-Architektur muss von einem Gremium definiert werden. Makro-Architektur schränkt die Freiheiten der Teams bei der Implementierung der Microservices ein. Dem kann man entgegenwirken, indem die Makro-Architektur von einem Team definiert wird, das mit jeweils einem Mitarbeiter aus jedem Team besetzt ist. Allerdings kann es sein, dass das Gremium zu groß wird, um effektiv zu arbeiten. Bei zehn Teams hätte das Team zehn Mitglieder und eine effektive Arbeit ist dann kaum noch möglich. Man kann die Anzahl der Mitglieder reduzieren, indem man Teams ausnimmt oder einzelne Mitglieder von mehreren Teams entsendet werden.

Leider sind die Team-Mitglieder außerdem oft zu sehr auf ihre eigenen Microservices fokussiert, um an dem Gesamtbild und der Makro-Architektur ausreichend interessiert zu sein. Das ist eigentlich gut, denn auf ihren Microservice sollten sie sich fokussieren.

Die Alternative ist, ein Architektur-Gremium über die Makro-Architektur entscheiden zu lassen, das mit unabhängigen Mitarbeitern besetzt ist. Dann ist es wichtig, dass dieses Gremium das Ziel hat, die Teams bei der Entwicklung ihrer Microservices zu unterstützen und Entscheidungen zu moderieren statt sie zu erzwingen. Schließlich findet die wichtigste Arbeit in den Teams statt. Die Makro-Architektur soll die Teams unterstützen und nicht behindern. Die Kollaboration zwischen dem Architektur-Gremium und den Teams kann auch dadurch verbessert werden, dass die Mitglieder des Architektur-Gremiums zumindest teilweise in den Teams mitarbeiten.

2.5.3   Wie durchsetzen?

Die Notwendigkeit der Makro-Architektur sollte nachvollziehbar sein, weil sie die Voraussetzungen beschreibt, um das gesamte System zu entwickeln und zu betreiben. Um die Makro-Architektur durchzusetzen, sollten die Gründe für jede Regel dokumentiert sein. So werden Diskussionen vermieden, weil die Regeln nachvollziehbar sind. Beispielsweise können bestimmte Makro-Architektur-Regeln notwendig sein, damit die Software von der Betriebsabteilung in Produktion gebracht werden kann oder damit Compliance-Regeln eingehalten werden.

Also geht es weniger um ein Durchsetzen als um ein Werben für die Makro-Architektur und das Vermitteln der Ideen und Gründe für die Makro-Architektur. Wenn es gut nachvollziehbare Gründe für Änderungen an der Makro-Architektur gibt, muss sie gegebenenfalls auch weiterentwickelt werden statt sie einfach nur durchzusetzen.

2.6 Variationen

Bei der fachlichen Makro-Architektur ist Strategic Design aus dem Domain-driven Design als Vorgehensweise letztendlich konkurrenzlos. Allerdings sind die jeweiligen Bounded Contexts abhängig vom konkreten Projekt. Die richtigen Bounded Contexts zu identifizieren, ist eine zentrale Herausforderung bei der Architektur eines Microservices-System.

Die technische Mikro- und Makro-Architektur muss ebenfalls für jedes Projekt erstellt werden. Sie hängt von vielen Faktoren ab:

- Organisatorische Aspekte wie eine *DevOps-Organisation* oder eine getrennte Betriebseinheit haben Einfluss.
- Ebenso können *strategische Technologie-Entscheidungen* eine Rolle spielen.
- Sogar die *Personalpolitik* kann eine Rolle spielen. Schließlich muss es für die Technologien jeweils Experten geben, die in den Teams mitarbeiten können.

2.6.1 Komplexere Regeln

In der Realität sind die Regeln aus dem Bereich der Mikro- und Makro-Architektur oft komplexer. So kann beispielsweise bei der Programmiersprache eine Whitelist existieren. Dann kann es ein Verfahren geben, wie weitere Programmiersprachen auf die Whitelist kommen – beispielsweise durch die Entscheidung eines bestimmten Gremiums. Und schließlich kann es eine generelle Einschränkung auf Programmiersprachen geben, die auf der JVM (Java Virtual Machine) laufen, weil damit viele Erfahrungen in der Produktion vorhanden sind.

Eine solche Regel hat Elemente einer Makro-Architektur-Entscheidung: Es gibt eine Whitelist und eine Einschränkung auf JVM-Sprachen. Gleichzeitig hat sie aber auch Mikro-Architektur-Elemente. Schließlich kann sich ein Team eine der Programmiersprachen aus der Whitelist auswählen und die Whitelist sogar erweitern.

Am Ende gibt es also für jeden Punkt in der Praxis oft Regeln, die einen gewissen Spielraum für die Teams und Microservices zulassen. Diese Regeln sind keine reinen Mikro-Architektur-Regeln und keine reinen Makro-Architektur-Regeln, sondern liegen irgendwo dazwischen.

2.6.2 Experimente

Das Vorgehen zur Definition von Mikro- und Makro-Architektur kann folgendermaßen aussehen:

▨ Betrachte ein dir bekanntes Projekt. Betrachte das fachliche Modell.

- Würde eine Aufteilung in mehrere Domänenmodelle das System einfacher machen?
- In wie viele Bounded Contexts würde das System aufgeteilt werden? Typische Projekte haben ca. zehn Bounded Contexts, aber das kann natürlich in dem konkreten Projekt anders sein.
- Ermittle die Uses Cases, die das System implementiert. Fasse fachlich zusammenhängende Use Cases zusammen. Untersuche, ob diese Use Cases mit einem Domänenmodell bearbeitet werden können. Diese Uses Cases bilden dann ein Bounded Context, in dem das Domänenmodell gültig ist.
- Ist eine weitere Aufteilung aus technischen Gründen sinnvoll? Zu den technischen Gründen kann die unabhängige Skalierbarkeit oder Sicherheit zählen (siehe auch »Zwei Ebenen von Microservices« im Abschnitt 1.2).

▨ In diesem Kapitel sind Bereiche wie Programmiersprache, DevOps usw. genannt, die jeweils zur Mikro- oder Makro-Architektur gehören können. Definiere für das Projekt, ob die jeweilige Entscheidung zur Mikro- oder Makro-Architektur gehören soll.

▨ Arbeite mindestens eine Entscheidung weiter aus. So könnte es bei der Programmiersprache eine Whitelist geben oder tatsächlich nur genau eine Programmiersprache, die alle Microservices nutzen können. Auch ein Verfahren für die Erweiterung der Whitelist ist denkbar.

2.7 Fazit

Microservices und Self-contained Systems erlauben es, Architektur-Entscheidungen für jeden Microservice anders zu treffen. Wenn die Entscheidungen tatsächlich für jeden Microservice unterschiedliche sein können, dann sind sie Teil der Mikro-Architektur. Die Makro-Architektur hingegen beinhaltet jene Teile der Architektur, die einheitlich für alle Microservices gelten. Die Aufteilung in diese zwei Ebenen lässt den einzelnen Microservices Freiheiten, während gleichzeitig die Integrität des Gesamtsystems gewährleistet bleibt.

Entscheidungen auf Mikro-Architekturebene passen eher zur Selbstorganisation der Teams und nutzen die technischen Freiheiten, die Microservices bieten. Auch wenn die Entscheidungen Teil der Mikro-Architektur sind, kann dennoch eine Vereinheitlichung entstehen, weil dadurch das Risiko der Teams sinkt und Synergien genutzt werden können.

Auf jeden Fall müssen die Entscheidungen explizit getroffen werden. Die Teams müssen sich bewusst mit der Makro-Architektur und den Freiheiten in der Mikro-Architektur beschäftigen. Die Mikro- und Makro-Architektur bilden ein Trade-Off, der in jedem Projekt anders ausfallen kann.

3 Self-contained System (SCS)

Ein Self-contained System (*http://scs-architecture.org*) (SCS) ist eine Spielart von Microservices, die Elemente einer Makro-Architektur vorgibt. SCS stellen keine vollständige Makro-Architektur dar. So fehlt der Bereich Betrieb vollständig.

Dieses Kapitel vermittelt folgendes Wissen:

- Zunächst werden die Gründe für den SCS-Ansatz dargestellt.
- SCS legen verschiedene Makro-Architektur-Entscheidungen fest. Das Kapitel zeigt die Gründe für die Makro-Architektur-Entscheidungen auf und welche Vorteile jede einzelne Entscheidung hat.
- SCS sind nur eine Spielart von Microservices. Das Kapitel zeigt die Unterschiede zwischen den Begriffen SCS und Microservice auf.
- Schließlich werden Herausforderungen bei der Entwicklung eines SCS-Systems beleuchtet und mögliche Lösungsstrategien aufgezeigt.

3.1 Gründe für den Begriff Self-contained Systems

Für Microservices gibt es keine einheitliche Definition. Self-contained Systems sind sehr genau definiert. Auf der Website *http://scs-architecture.org* kann die Definition von SCS nachgelesen werden. Der Inhalt der Website steht unter Creative Commons, sodass die Materialien auf der Website von jedem weitergenutzt werden können, wenn die Quelle genannt wird und die Materialien unter denselben Lizenzbedingungen weitergegeben werden.

Der Inhalt der Website ist als Quelltext unter *https://github.com/innoq/SCS* verfügbar, sodass jeder Änderungen einbringen kann. Die Website enthält Links auf viele Beiträge über Erfahrungen mit SCS aus verschiedenen Quellen und von verschiedenen Unternehmen.

Self-contained Systems sind Best Practices, die ihre Nützlichkeit in verschiedenen Projekten unter Beweis gestellt haben. Während Microservices nicht viele Aussagen dazu treffen, wie Systeme aufgebaut werden sollen, gibt es bei SCS genaue Regeln, die auf bewährten Mustern basieren. So geben SCS einen Orientierungspunkt, wie eine Microservices-Architektur konkret aussehen kann.

Obwohl SCS eine Sammlung von Best Practices sind, ist der SCS-Ansatz nicht in jeder Situation die beste Architektur. Daher ist es wichtig, die Gründe für die Regeln bei den SCS zu verstehen. So können Teams Variationen dieses Ansatzes oder sogar ganz andere Ansätze wählen, die auf das jeweilige Projekt besser passen können.

Zuletzt noch ein Hinweis: Der Rest des Buchs spricht von Microservices. Üblicherweise sind damit Self-contained Systems und Microservices gemeint, auch wenn nur Microservices explizit genannt werden.

3.2   Self-contained Systems: Definition

Self-contained Systems treffen verschiedene Makro-Architektur-Entscheidungen:

- Jedes Self-contained System ist eine *autonome Web-Anwendung*. Das SCS enthält also eine Web-Oberfläche.

- Es gibt *keine gemeinsame UI*. Das SCS kann HTML-Links zu anderen SCS haben oder sich anders in die UI anderer SCS integrieren. Aber jeder Teil der UI gehört zu einem SCS. Kapitel 7 beschreibt verschiedene Optionen für die Integration von Frontends. Es gibt aber beispielsweise keine UI als getrennten Microservice.

- Das SCS kann eine *optionale API* haben. Diese API kann beispielsweise nützlich sein, wenn mobile Clients oder andere Systeme die Logik im SCS nutzen müssen.

- Die *komplette Logik* und *alle Daten* für die Domäne sind in dem SCS enthalten. Das klärt den Namen Self-contained System. Ein SCS ist in sich abgeschlossen (self-contained), weil es UI, Logik und Daten enthält.

Diese Regeln stellen sicher, dass ein SCS eine fachliche Domäne vollständig implementiert. Das bedeutet, dass ein neues Feature nur zu Änderungen an einem SCS führt, selbst wenn die Logik, die Daten und die UI geändert werden müssen. Diese Änderung kann mit einem einzigen Deployment ausgerollt werden.

Würden sich mehrere SCS eine UI teilen, würden viele Änderungen nicht nur das SCS, sondern auch die UI betreffen. Dann wären zwei gut abgestimmte Deployments und eine eng koordinierte Entwicklung nötig.

3.2.1   Regeln für Kommunikation

Die Kommunikation zwischen SCS muss einigen Regeln folgen:

- Optimal ist eine Integration auf der *UI-Ebene*. Die Kopplung ist dann sehr lose. Das andere SCS kann seine UI beliebig darstellen. Selbst bei einer Änderung an der UI werden andere SCS nicht beeinflusst. Werden beispielsweise

HTML-Links genutzt, muss das integrierte SCS noch nicht einmal verfügbar sein. Der Link wird dargestellt und erst beim Klicken auf den Link gibt es einen Fehler, wenn das verlinkte System immer noch ausgefallen ist. Das hilft bei der Resilience, da so der Ausfall eines integrierten SCS andere SCS nicht beeinflusst.

▥ Die nächste Option ist *asynchrone* Kommunikation. Sie hat den Vorteil, dass bei einem Ausfall des integrierten SCS die Requests nur länger dauern, bis das ausgefallene SCS wieder verfügbar ist. Das aufrufende SCS wird aber deswegen nicht ausfallen, da es sowieso mit längeren Latenzzeiten umgehen können muss.

▥ Schließlich ist auch eine Integration mit *synchroner* Kommunikation möglich. Dann müssen Vorkehrungen getroffen werden, um mit dem Ausfall und langsamen Antworten des integrierten SCS umzugehen. Außerdem addieren sich die Antwortzeiten, wenn man auf die Antwort aller synchronen Services warten muss.

Diese Regeln fokussieren auf einer möglichst losen Kopplung zwischen den SCS und vermeiden Fehlerkaskaden, bei denen ein System ausfällt und die abhängigen Systeme in der Folge auch ausfallen.

Aus diesen Regeln ergibt sich, dass ein SCS Daten repliziert. Das SCS hat seinen eigenen Datenbestand. Da es mit anderen SCS vor allem asynchron kommunizieren soll, ist es eine Herausforderung, wenn das SCS für die Bearbeitung eines Requests Daten von einem anderen SCS nutzen muss. Wenn die Daten während der Bearbeitung des Requests angefordert werden, ist die Kommunikation synchron. Für eine asynchrone Kommunikation müssen die Daten vorab repliziert werden, damit sie bei der Bearbeitung des Requests im SCS zur Verfügung stehen.

SCS sind also nicht immer konsistent: Wenn eine Änderung am Datenbestand noch nicht an alle SCS weitergegeben worden ist, dann haben die SCS unterschiedliche Datenbestände. Das kann in einigen Situationen nicht akzeptabel sein. Bei besonders hohen Anforderungen an Konsistenz müssen die SCS synchrone Kommunikation nutzen. So bekommt ein SCS den jeweils aktuellen Stand der Daten von den anderen SCS.

3.2.2 Regeln für die Organisation

Auch für die Organisation haben SCS Makro-Architektur-Regeln: Ein SCS gehört *einem Team*. Das Team muss nicht unbedingt alle Änderungen am Code vornehmen, aber es muss zumindest Änderungen reviewen, annehmen oder ablehnen. So kann das Team die Entwicklung des SCS steuern.

Es ist möglich, dass ein Team mehrere SCS bearbeitet. Es darf allerdings nicht vorkommen, dass ein SCS von mehr als einem Team gleichberechtigt geändert wird.

So nutzen Self-contained Systems die starke architektonische Entkopplung, um organisatorische Vorteile zu erreichen. Die Teams müssen sich nur wenig koordinieren und können parallel an ihren Aufgaben arbeiten. Fachliche Anforderungen können meistens in einem SCS umgesetzt werden, weil ein SCS eine Domäne implementiert. Daher ist eine Koordination diesbezüglich kaum notwendig. Da die technischen Entscheidungen auch meistens nur ein SCS betreffen, sind auch dafür kaum Absprachen notwendig.

Sowohl für SCS wie auch für Microservices und auch für andere Arten von Modulen gilt, dass die Aufteilung in Module eine möglichst unabhängige Entwicklung zum Ziel hat. Anschließend mehrere Teams dasselbe Modul ändern zu lassen, ist offensichtlich keine besonders gute Idee. Die Module erlauben zwar eine unabhängige Entwicklung. Aber weil mehrere Teams an einem Modul arbeiten, ist dennoch eine enge Abstimmung notwendig. Der Vorteil der Modularisierung wird nicht ausgenutzt. Das ist der Grund, warum die gleichberechtigte gemeinsame Entwicklung eines SCS durch mehrere Teams nicht erlaubt ist.

3.2.3   Regel: Minimale gemeinsame Basis

Da Self-contained Systems eine weitgehende Unabhängigkeit als Ziel haben, sollte die gemeinsame Basis minimal sein.

▥ Geschäftslogik darf nicht in Code implementiert sein, der von mehreren SCS genutzt wird. *Gemeinsame Geschäftslogik* führt zu einer engen Kopplung der SCS. Das sollte vermieden werden. Eine Änderung an einem SCS könnte sonst Änderungen an dem gemeinsamen Code erfordern. Solche Änderungen müssen mit den anderen Nutzern des Codes abgestimmt werden. So entsteht eine enge Kopplung, die SCS vermeiden sollen. Außerdem weist gemeinsamer Geschäftscode auf einen schlechten fachlichen Schnitt hin. Geschäftslogik sollte in einem einzigen SCS implementiert sein. Die Geschäftslogik in einem SCS kann ein anderer SCS natürlich über die optionale Schnittstelle des SCS aufrufen und so nutzen.

▥ *Gemeinsame Infrastruktur* soll vermieden werden. SCS sollen beispielsweise keine Datenbank gemeinsam nutzen. Denn sonst würde der Ausfall der Datenbank zu einem Ausfall aller SCS führen. Allerdings bedeutet eine eigene Datenbank für jeden SCS einen erheblichen Aufwand. Aus diesem Grund sind durchaus Kompromisse denkbar, wenn die Robustheit des Systems nicht ganz so wichtig ist. Die SCS können in einer gemeinsamen Datenbank jeweils ein getrenntes Schema haben. Ein gemeinsames Schema würde die Regel verletzen, dass jedes SCS seine eigenen Daten haben soll.

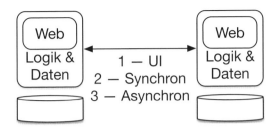

Abb. 3–1   *SCS-Konzept*

Abbildung 3–1 zeigt die wichtigsten Eigenschaften des Konzepts der Self-contained Systems im Überblick:

- Jedes SCS enthält eine eigene *Web UI*.
- Zudem enthält das SCS die *Daten* und die *Logik*.
- Die Integration ist *priorisiert*: UI-Integration hat die höchste Priorität. Es folgen asynchrone und schließlich synchrone Integration.
- Jedes SCS hat idealerweise eine *eigene Datenbank*, um eine gemeinsame Infrastruktur zu vermeiden.

3.3   Ein Beispiel

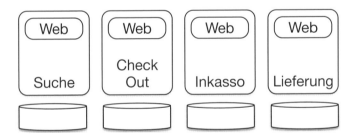

Abb. 3–2   *Beispiel für eine SCS-Architektur*

Abbildung 3–2 zeigt, wie das Beispiel aus Abschnitt 2.1 mit SCS umgesetzt werden kann:

- Ein SCS implementiert die *Suche* nach Produkten.
- Beim *Check Out* wird aus einem Warenkorb, der in der Suche gefüllt worden ist, eine Bestellung.
- *Inkasso* stellt sicher, dass die Bestellung bezahlt wird, und stellt Informationen über die Bezahlung zur Verfügung.
- *Lieferung* schickt die Waren an den Kunden und bietet dem Kunden die Möglichkeit, sich über den Stand der Lieferung zu informieren.

Jedes der SCS implementiert einen Bounded Context mit eigener Datenbank oder zumindest einem eigenen Schema in einer gemeinsamen Datenbank. Außerdem enthält jedes SCS neben der Logik auch die Web-UI für die jeweiligen Funktionalitäten. Ein SCS muss zwar nicht unbedingt einen Bounded Context implementieren, aber so erreicht man ein hohes Maß an fachlicher Unabhängigkeit.

3.3.1 Kommunikation

Ein Benutzer schickt einen HTTP Request an das System. Der HTTP Request wird dann von einem SCS bearbeitet, ohne dass ein weiteres SCS daran beteiligt ist. Schließlich sind die Daten jeweils im SCS vorhanden. Das kommt der Performance zu gute und auch der Resilience. Der Ausfall eines SCS führt nicht zum Ausfall anderer SCS, da die SCS bei der Bearbeitung der Requests keine anderen Systeme aufrufen. Langsame Aufrufe anderer SCS über das Netz werden so ebenfalls vermieden.

Natürlich müssen die SCS dennoch miteinander kommunizieren. Schließlich sind sie Teile eines Gesamtsystems. Ein Grund für Kommunikation ist der Lebenszyklus einer Bestellung: Der Kunde sucht Produkte mit der Suche, bestellt sie im Check Out, bezahlt sie im Inkasso und verfolgt dann die Lieferung. Beim Übergang von einem Schritt zum nächsten muss die Information über die Bestellung zwischen den Systemen ausgetauscht werden. Das kann asynchron erfolgen: Erst beim nächsten HTTP-Request müssen die Informationen in den anderen SCS vorhanden sein, so dass vorübergehende Inkonsistenzen akzeptabel sind.

An einigen Stellen scheint eine enge Integration notwendig zu sein. So muss die Suche nicht nur die Suchergebnisse, sondern auch den Inhalt des Warenkorbs anzeigen. Der Warenkorb wird aber vom Check Out verwaltet. Für solche Herausforderungen kann UI-Integration eine Lösung sein. Dann kann der Check-Out-SCS entscheiden, wie der Warenkorb dargestellt wird. Selbst Änderungen an der Darstellung des Warenkorbs betreffen nur ein SCS, obwohl viele SCS den Warenkorb als Teil ihrer Webseiten anzeigen werden.

3.4 SCS und Microservices

SCS heben sich genauso wie Microservices von Deployment-Monolithen ab: Ein Deployment-Monolith würde die gesamte Anwendung in einem einzigen deploybaren Artefakt implementieren. SCS unterteilen das System in mehrere unabhängige Web-Anwendungen.

Da ein SCS eine eigene Web-Anwendung ist, kann es unabhängig von den anderen SCS deployt werden. SCS sind auch Module eines Gesamtsystems. Also sind SCS unabhängig deploybare Module und damit entsprechend der Definition Microservices.

Allerdings kann es sein, dass ein SCS in mehrere Microservices aufgeteilt wird. Wenn das Payment im Check-Out-SCS eines ECommerce-Systems eine besonders hohe Last verursacht, dann kann es als ein eigener Microservice implementiert werden, der getrennt von dem Rest des Check-Outs skaliert werden kann. Also besteht das Check-Out-SCS dann aus einem Microservice für das Payment und dem Rest der Funktionalität in einem weiteren Microservice.

Ein anderer Grund dafür, einen Microservice aus einem SCS herauszulösen, kann der Sicherheitsvorteil durch die stärkere Isolation sein. Aber auch fachliche Services, die zum Beispiel für alle SCS den Preis eines Produkts oder Angebots berechnen, können eine sinnvolle Ergänzung sein. Der Microservice sollte wie ein SCS einem Team zugeordnet sein, um so zu viel Koordination zu vermeiden.

Es ergeben sich folgende Unterschiede zwischen Microservices und SCS:

- Typischerweise sind Microservices *kleiner* als SCS. Ein SCS kann so groß sein, dass ein Team mit der Arbeit an einem SCS ausgelastet ist. Microservices können nur einige hundert Zeilen Code haben.

- SCS setzten auf eine *starke Entkopplung*. Eine solche Regel gibt es für Microservices nicht, obwohl eng gekoppelte Microservices viele Nachteile haben und daher vermieden werden sollten.

- Zu einem SCS gehört auf jeden Fall eine *UI*. Viele Microservices bieten nur eine technische Schnittstelle für andere Microservices, aber keine Benutzerschnittstelle.

- SCS empfehlen UI-Integration oder asynchrone Kommunikation, während synchrone Kommunikation zwar erlaubt ist, aber nicht empfohlen wird. Auch große Microservices-Systeme wie Netflix setzen auf *synchrone Kommunikation*.

3.5 Herausforderungen

SCS beschreiben einen Architekturansatz, der enger definiert ist als beispielsweise Microservices. SCS können daher kein Ansatz sein, der alle Probleme löst.

3.5.1 Einschränkung auf Web-Anwendungen

Die erste Einschränkung der SCS ist, dass sie Web-Anwendungen sind. Wenn keine Web-Oberfläche entwickelt werden soll, sind SCS keine Lösung.

Einige Aspekte von SCS lassen sich in einem Szenario, bei dem es nicht um Web-Anwendungen geht, dennoch umsetzen: die klare Trennung nach Geschäftsdomänen und der Fokus auf asynchrone Kommunikation. Wenn ein System entwickelt werden soll, das zum Beispiel lediglich eine API anbietet, kann so eine Architektur entstehen, die zumindest einige Vorteile von SCS beinhaltet.

3.5.2   Single Page App (SPA)

Eine Single Page App (SPA) ist üblicherweise eine in JavaScript geschriebene Anwendung, die im Browser läuft. SPAs können komplexe UI-Logik abbilden. Anwendungen wie Google Maps oder GMail sind Beispiele für Anwendungen, die eine hohe Komplexität haben und sehr interaktiv sein müssen. Genau für diese Fälle sind SPAs ideal geeignet.

SPAs haben aber auch Nachteile:

▨ Da in einer SPA Logik implementiert werden kann, wandert in der Praxis oft auch *Geschäftslogik in die UI*. Das erschwert die weitere Entwicklung, da nun Logik auf dem Server und dem Client und damit an zwei verschiedenen Stellen in zwei oft unterschiedlichen Programmiersprachen implementiert ist.

▨ Die *Ladezeiten* einer SPA können gegenüber den Ladezeiten einer einfachen Webseite höher sein. Es muss nicht nur HTML angezeigt werden, sondern auch der JavaScript-Code muss geladen und gestartet werden. Ladezeiten sind in einigen Bereichen wie ECommerce sehr wichtig, da das Nutzungsverhalten der Kunden von den Ladezeiten abhängt.

Bei SCS kommen zu diesen Herausforderungen weitere hinzu:

▨ Eine *SPA für das gesamte System* würde bedeuten, dass es eine gemeinsame UI gibt. Das schließen SCS aus.

▨ Eine *SPA pro SCS* ist eine Möglichkeit, mit der jedes SCS seine eigene UI hat. Dann bedeutet ein Wechsel von einem SCS in ein anderes SCS den Start und das Laden einer neuen SPA, was einige Zeit dauern kann. Außerdem ist es nicht so einfach, aus einem SCS mehrere zu machen, weil auch die SPA aufgeteilt werden muss. Eine weitere Aufteilung kann für die Weiterentwicklung des Systems wichtig sein, um die Architektur anzupassen.

Wegen der großen Popularität von SPAs unter Entwicklern sind die Wiedersprüche zwischen SPAs und SCS in der Praxis ein wesentlicher Grund für Schwierigkeiten bei der Umsetzung von SCS. Eine Alternative ist ROCA (siehe Abschnitt 7.3). Es stellt Regeln auf, die für klassische Web-Anwendungen stehen und wesentlich leichter mit der SCS-Idee vereinbar sind.

3.5.3   Mobile Anwendungen

Als reines Backend für mobile Anwendungen sind SCS nicht geeignet. Die mobile Anwendung ist eine von den Backends getrennte UI, sodass UI und Logik getrennt sind und die Konzepte der SCS verletzt werden.

Es gibt verschiedene Alternativen:

▨ Statt einer mobilen Anwendung kann eine *Web-Anwendung* entwickelt werden. Sie kann responsive sein, sodass sich das Layout an Desktop wie auch Tablet oder Smartphone anpasst. Gegenüber einer App beseht der Vorteil, dass keine App aufwendig aus dem App Store heruntergeladen und installiert werden muss. Die Anzahl der Apps, die ein typischer Mobile-Benutzer verwendet, ist ernüchternd gering. Daher kann die Installation einer App eine Hürde sein. Mittlerweile können JavaScript-Anwendungen dank HTML5 viele Features der Mobiltelefone nutzen. Websites wie *https://caniuse.com/* zeigen an, welche Features welcher Browser zur Verfügung stellt. Wenn die Entscheidung zugunsten einer Web-Oberfläche fällt, können echte SCS implementiert werden.

- Es kann eine Web-Anwendung mit einem Framework wie Cordova (*https:// cordova.apache.org/*) implementiert werden, das spezielle Features des Smartphones ausnutzt. Es gibt weitere Lösungen, die auf Cordova aufsetzen. So kann immer noch ein echtes SCS erstellt werden, aber die App kann aus dem App Store heruntergeladen werden, alle Features des Smartphones nutzen und sich wie eine native App verhalten. Natürlich ist es möglich, in einer App Teile mit einem solchen Framework zu implementieren und den Rest als echte native App umzusetzen.

- Schließlich kann eine native App erstellt werden. Dann werden die Backends beispielsweise eine REST-Schnittstelle anbieten. Wenn die Backends nicht zusätzlich eine Web-Schnittstelle implementieren, sind sie keine SCS. Dennoch ist es natürlich auch in diesem Fall möglich, die Logik in weitgehend unabhängige Services zu unterteilen und asynchrone Kommunikation zwischen den Services zu verwenden, um viele Vorteile der SCS-Architektur zu erreichen.

3.5.4   Look & Feel

Bei einer Aufteilung eines Systems in mehrere Web-Anwendungen entsteht sehr schnell die Frage nach einem einheitlichen Look & Feel. Abschnitt 2.2 hat schon dargelegt, dass ein einheitliches Look & Feel nur mit einer Makro-Architektur-Entscheidung erreicht werden kann. Das gilt natürlich auch für SCS.

3.6   Variationen

Statt ein SCS mit UI, Logik und Daten zu implementieren, gibt es verschiedene Variationen. Diese Architekturen sind keine SCS-Architekturen, können aber dennoch im jeweiligen Kontext sinnvoll sein:

- Fachliche Microservices mit Logik und Daten aber *ohne UI* können sinnvoll sein, wenn eine API oder ein Backend implementiert werden soll.

- Microservices ohne Logik oder Daten, die also *nur UI* implementieren, können ein guter Ansatz sein, um ein Portal oder eine andere Art von Frontend umzusetzen.

Diese beiden Variationen sind sinnvoll, wenn das Projekt als reines Frontend- oder Backend-Projekt gar nicht die vollständige Implementierung eines SCS erlaubt.

3.6.1   Typische Änderungen

Eine gute Architektur sollte eine Änderung auf ein Microservice begrenzen. Die grundlegende Annahme der SCS-Architektur ist, dass eine Änderung typischerweise durch alle Schichten geht und auf einen fachlichen Microservice begrenzt ist. Diese Annahme hat sich in vielen Projekten so bestätigt. Dennoch: Wenn eine Änderung in einem Projekt meistens nur die UI oder nur die Logik betrifft, dann kann es besser sein, eine Aufteilung in Schichten zu implementieren. Dann können ein neues Look & Feel oder neue Farben in der UI-Schicht umgesetzt werden. Logik-Änderungen können in der Logik-Schicht umgesetzt werden, aber nur wenn sie nicht auf die UI durchschlagen.

3.6.2   Kombinationsmöglichkeiten

Self-contained Systems lassen sich gut mit anderen Rezepten kombinieren:

- Die Frontend-Integration (Kapitel 7) wird bei der Integration von SCS bevorzugt.
- SCS stellen asynchrone Kommunikation (Kapitel 10) in den Mittelpunkt. SCS sind Web-Anwendungen, sodass die Nutzung von Atom (Kapitel 12) für asynchrone REST-Kommunikation besonders einfach ist, da sie auch auf HTTP basiert. Kafka (Kapitel 11) ist hingegen eine eigene Lösung, sodass diese Technologie zwar auch mit SCS kombiniert werden kann, dann aber einen zusätzlichen technischen Aufwand darstellt.
- Synchrone Kommunikation (Kapitel 13) ist zwar ebenfalls möglich, sollte aber vermieden werden.

Also sind UI-Integration, asynchrone Kommunikation und synchrone Kommunikation zwischen SCS möglich, aber es gibt eine klare Priorisierung. Natürlich können SCS auch mit Microservices oder anderen Systemen über diese Mechanismen kommunizieren.

3.7   Fazit

Self-contained Systems sind ein Ansatz für die Implementierung von Microservices, die in zahlreichen Projekten ihre Nützlichkeit unter Beweis gestellt haben. Sie geben Best Practices an die Hand, wie man mit Microservices erfolgreiche Architekturen umsetzen kann. Sie schränken aber auch die allgemeinen Ansätze von Microservices ein und sind dadurch spezialisierter. Dennoch sind zumindest Aspekte wie asynchrone Kommunikation und Aufteilung in verschiedene Domänen in vielen Situationen ein hilfreicher Ansatz.

4 Migration

Migration von einem Deployment-Monolithen hin zu einer Microservices-Architektur ist der übliche Fall für die Einführung von Microservices. Die meisten Projekte starten mit einem Deployment-Monolithen, den sie in Microservices aufteilen wollen, weil der Deployment-Monolith zu viele Nachteile hat.

Natürlich ist es auch möglich, ein neues System gleich mit Microservices auf der grünen Wiese zu implementieren.

Dieses Kapitel gibt einen Überblick über die Herausforderungen bei der Migration hin zu einem Microservices-System.

- Das Kapitel zeigt die *Gründe* für die Migration auf. So können Leser abschätzen, ob eine Migration in ihrem Kontext sinnvoll ist. Das Vorgehen bei der Migration hängt von den Zielen der Migration ab, sodass das Wissen um die möglichen Gründe auch bei der Wahl einer Migrationsstrategie hilfreich ist.

- Das Kapitel zeigt ein *typisches Vorgehen* bei der Migration, aber auch Alternativen. So kann der Leser einen für sein Szenario geeigneten Migrationsansatz wählen.

4.1 Gründe für eine Migration

Auch bei der Migration zu Microservices ist es wichtig, die Ziele zu kennen. Die Nutzung von Microservices kann verschiedene Gründe haben. Abhängig von den Gründen, die zum Entschluss für eine Migration zu Microservices geführt haben, kann das Vorgehen unterschiedlich sein.

4.1.1 Microservice bieten einen Neuanfang.

Gerade bei der Ablösung von Legacy-Systemen haben Microservices einige Vorteile. Der Code des Legacy-Systems muss in den neuen Microservices nicht weiter eingesetzt werden, weil die Microservices getrennt von dem Legacy-System umgesetzt werden. Also bieten die Microservices einen unbelasteten Neustart. Der Code eines Legacy-Systems ist oft nicht mehr wartbar und die Technologien sind veraltet. Daher würde die Wiederverwendung des alten Codes den Aufbau eines sauberen neuen Systems behindern. Damit lösen Microservices die wichtigsten Herausforderungen beim Umgang mit Legacy-Systemen, denn ein Neustart ist sonst schwierig, da neuer mit altem Code integriert werden muss.

Eine Migration zu Microservices hat das Potential, das Problem mit dem Legacy-System endgültig zu lösen. Nach der Migration in Microservices können weitere Migrationen auf einen oder wenige Microservices begrenzt werden. Eine Migration des gesamten Systems wird wahrscheinlich nicht wieder notwendig sein. Ein typischer Grund für eine Migration eines Systems ist eine veraltete technologische Basis. Eine solche Migration kann in einem Microservices-System schrittweise Microservice für Microservice erfolgen. Ein weiterer Migrationsgrund ist ein unwartbares System. Auch in diesem Fall kann jeder Microservice einzeln abgelöst werden.

4.1.2   Gründe sind schon bekannt.

Die Gründe für die Migration sind identisch mit den Gründen für den Einsatz von Microservices. Diese sind schon ausführlich in Abschnitt 1.2 diskutiert worden. Zu den Gründen können eine höhere Sicherheit, Robustheit und eine unabhängige Skalierung einzelner Microservices zählen.

4.1.3   Typischer Grund: Entwicklungsgeschwindigkeit

Ein typischer Grund für die Einführung von Microservices ist die mangelnde Geschwindigkeit bei der Entwicklung eines Deployment-Monolithen. Wenn viele Entwickler an einem Deployment-Monolithen arbeiten, müssen sie sich eng abstimmen. Das ist aufwendig und führt zu einer langsamen Entwicklung. Aber selbst bei einem kleinen Team kann ein Deployment-Monolith problematisch sein, weil Continuous Delivery nur schwer umgesetzt werden kann und weil jedes Release viele Tests benötigt.

4.2   Typische Migrationsstrategie

Oft gibt es bei einer Migration ein Bild für die Zielarchitektur, aber keinen Plan für die ersten Schritte oder die ersten Microservices, die umgesetzt werden sollen. Gerade das Vorgehen in kleinen Schritten ist ein wesentlicher Vorteil von Microservices. Ein einfacher Microservice ist schnell geschrieben. Er ist aufgrund der Größe auch einfach deploybar. Und wenn der Microservice sich nicht bewähren sollte, ist nicht viel Aufwand in den Microservice geflossen und er kann einfach wieder entfernt werden. Im weiteren Verlauf des Projekts kann Schritt für Schritt und Microservice für Microservice die neue Architektur umgesetzt werden. So können größere Risiken vermieden werden.

Da das Vorgehen für die Migration von den Zielen und von der Struktur des Legacy-Systems abhängt, gibt es kein allgemeingültiges Vorgehen. Daher darf die hier vorgestellte Strategie nicht einfach übernommen werden, sondern muss auf die jeweilige Situation angepasst werden.

4.2.1 Ein typisches Szenario

Ein typisches Migrationsszenario lässt sich folgendermaßen beschreiben:

- Ziel der Migration ist es, die Geschwindigkeit in der Entwicklung zu erhöhen. Weniger Tests für ein Release, einfacheres Continuous Delivery und eine unabhängige Entwicklung der einzelnen Microservices helfen beim Erreichen des Ziels.

- Es ist wichtig, dass die Architekturumstellung möglichst schnell zu einem Vorteil in der Entwicklung führt. Investitionen in eine Architekturverbesserung, die keinen absehbaren Vorteil bringen oder erst sehr spät zu einer Verbesserung führen, sind einfach nicht sinnvoll.

Die hier vorgeschlagene Migrationsstrategie basiert darauf, einzelne Microservices herauszulösen (siehe Abbildung 4–1), um so möglichst schnell eine Verbesserung der Situation zu erreichen.

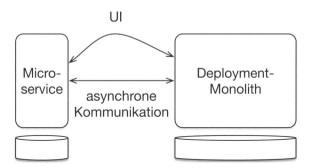

Abb. 4–1   *Vorgehen bei einer Migration: Asynchrone Kommunikation und UI-Integration zwischen Legacy-System und Microservice, Microservice hat eigene Datenhaltung*

4.2.2 Asynchrone Kommunikation bervorzugen

Die Integration mit dem Legacy-System erfolgt mit asynchroner Kommunikation. Das entkoppelt den Microservice fachlich, wenn das Legacy-System Events schickt. Dazu muss das Legacy-System so angepasst werden, dass es Events erzeugt. Da das Legacy-System meist schlecht wartbar ist, kann das eine Herausforderung sein.

Der Microservice kann dann entscheiden, wie er auf diese Events reagiert. Auch die Verfügbarkeit profitiert: Ein Ausfall des Legacy-System führt nicht zu einem Ausfall des Microservice und der Ausfall des Microservice auch nicht zum Ausfall des Legacy-Systems.

4.2.3 UI-Integration bevorzugen

Eine weitere Integration ist auf der UI-Ebene denkbar. Wenn das Legacy-System und der Microservice über Links miteinander integriert sind, dann sind höchstens URLs bekannt. Was sich hinter den URLs versteckt, kann das verlinkte System entscheiden und ohne große Auswirkungen auf andere Systeme ändern.

Über Links können weitere Ressourcen erreichbar sein. Das ist die Grundlage von HATEOAS (*https://en.wikipedia.org/wiki/HATEOAS*) (Hypermedia as the Engine of Application State). Der Client kann durch die Links mit dem System interagieren. Er muss kein Wissen über mögliche Interaktionsmöglichkeiten besitzen, sondern kann den Links folgen. So würde für eine Bestellung ein Link zur Stornierung der Bestellung mitgeschickt werden. Neue Interaktionsmöglichkeiten können durch neue Links sehr einfach ergänzt werden.

Ebenso bietet die UI-Integration eine einfache Möglichkeit, um den Microservice und das Legacy-System parallel zu betreiben. Einzelne Requests können auf die Microservices umgelenkt werden, während die restlichen Request weiterhin vom Legacy-System bearbeitet werden. Oft gibt es sowieso einen Web-Server, der jeden Request bearbeitet und beispielsweise die TLS/SSL-Terminierung vornimmt. Ein paralleler Betrieb von Microservices und Legacy-System ist dann recht einfach: Der Web Server muss nur jeden Request entweder zu einem Microservice oder zum Legacy-System weiterleiten.

Eine UI-Integration ist besonders einfach, wenn es sich bei dem Legacy-System um eine Web-Anwendung handelt. Aber es ist beispielsweise auch möglich, in einer mobilen Anwendung Web-Views zu integrieren, um so Teile der UI als Webseiten zu integrieren. In solchen Fällen sollte eine UI-Integration aber wegen der vielen Vorteile auch tatsächlich als Option erwogen werden.

4.2.4 Synchrone Kommunikation vermeiden

Synchrone Kommunikation sollte sparsam eingesetzt werden. Sie führt zu einer engen Abhängigkeit in Bezug auf die Verfügbarkeit. Wenn das aufgerufene System ausfällt, muss das aufrufende System damit umgehen können. Auch die fachliche Abhängigkeit ist eng: Meistens beschreibt ein synchroner Aufruf genau, was zu tun ist. Synchrone Kommunikation kann notwendig sein, wenn die letzten Änderungen möglichst sofort in den anderen Systemen sichtbar sein sollen. Bei einem synchronen Aufruf wird immer der Zustand zum Zeitpunkt des Aufrufs genutzt, während asynchrone Kommunikation und Replikation zu einer Verzögerung führen können, bis der aktuelle Stand überall bekannt ist.

4.2.5 Alte Schnittstellen weiter nutzen?

Wenn es bereits eine Schnittstelle gibt, kann es sinnvoll sein, diese Schnittstelle zu nutzen, um den Aufwand für das Einführen einer neuen Schnittstelle einzusparen. Allerdings kann es sein, dass die Schnittstelle nicht gut auf die Bedürfnisse des Microservice abgestimmt ist. Sie kann auch nicht ohne Weiteres geändert werden, weil es ja schon andere Systeme gibt, die ebenfalls diese Schnittstelle nutzen und von Änderungen beeinflusst werden.

4.2.6 Authentifizierung integrieren

Bei einem System, das aus einem Legacy-System und Microservices besteht, sollte sich der Nutzer nur einmal einloggen müssen. Legacy-System und Microservices müssen nicht zwingend dieselben Technologien für die Authentifizierung haben, aber die Systeme müssen so integriert sein, dass ein Single-Sign-On möglich ist und der Benutzer sich nicht beim Legacy-System und bei den Microservices anmelden muss. Die Authentifizierung muss gegebenenfalls auch die Rollen und Rechte für die Autorisierung in den Microservices liefern. Auch dafür können Anpassungen notwendig sein.

4.2.7 Daten replizieren

Auch in einem Migrationsszenario sollte jeder Microservice eine eigene Datenbank oder zumindest ein eigenes Datenbankschema haben. Ziel der Migration ist eine unabhängige Entwicklung und einfache Continuous Delivery des Microservice. Das ist nicht umsetzbar, wenn die Microservices und das Legacy-System dieselbe Datenbank nutzen. Eine Änderung an dem Datenbankschema hat dann kaum kalkulierbare Auswirkungen. Also ist der Microservice dann kaum änderbar und schwer in Produktion zu bringen.

Zusammen mit asynchroner Kommunikation bedeutet eine getrennte Datenbank Datenreplikation. Nur so können die Microservices ihre eigene Datenmodellierung umsetzten. Änderungen an den Daten können über Events kommuniziert werden.

Die Replikation sollte nur in eine Richtung stattfinden. Ein System (ein Microservice oder das Legacy-System) sollte Auslöser der Events sein und das andere System reagiert dann auf die Events. Andernfalls kann es sehr kompliziert sein, die Änderungen der verschiedenen Systeme zu einem konsistenten Stand zusammenzuführen.

4.2.8 Ersten Microservice für die Migration auswählen

Ein Legacy-System umfasst sehr viele fachliche Funktionalitäten. Um eine Migrationsstrategie zu entwerfen, kann es nützlich sein, die fachliche Aufteilung des

Legacy-Systems zu analysieren. Das Ergebnis ist eine vollständige und ideale Aufteilung des Legacy-Systems in Bounded Contexts (siehe Abschnitt 2.1). Sie ist
nicht implementiert, kann aber ein Zielbild für die Migration in Microservices
darstellen.

Einen dieser Bounded Contexts als Microservice herauszulösen, hat den Vorteil, dass ein Bounded Context fachlich unabhängig zu den anderen Bounded
Contexts ist, da er ein eigenes Domänenmodell hat.

Es stellt sich die Frage, welcher Bounded Context zuerst aus dem Legacy-System herausgelöst werden soll. Dazu gibt es verschiedene Ansätze:

- Um das *Risiko* möglichst gering zu halten, kann ein unwichtiger Bounded
  Context mit wenig Last der richtige Ansatz sein. Das ermöglicht es, Erfahrungen mit den Herausforderungen der Microservices z.B. im Betrieb zu sammeln, ohne dabei ein zu großes Risiko einzugehen.

- Microservices sollen die Entwicklung vereinfachen. Um die Vorteile des
  Ansatzes möglichst schnell auszunutzen, kann man einen Bounded Context in
  einen Microservice migrieren, der aufgrund der aktuellen Planung in abseh-
  barer Zeit *besonders viel geändert werden wird*. Die Änderungen sollten
  durch die Migration in einen Microservice einfacher werden, sodass der Aufwand für die Migration sich schnell amortisiert.

4.2.9   Extreme Migrationsstrategie: alle Änderungen in Microservices

Eine extreme Migrationsstrategie ist, keine Änderungen am Legacy-System mehr
zuzulassen, sondern nur noch Änderungen an Microservices. Wenn eigentlich
eine Änderung am Legacy-System vorgenommen werden muss, dann muss zuerst
ein neuer Microservice erstellt werden, in dem die Änderung stattdessen implementiert wird. So ergibt sich automatisch eine Migration hin zu Microservices. Es
ist sehr einfach, dieser Regel zu folgen.

Ein Problem ist, dass die Microservices an zufälligen Stellen entstehen, nämlich dort, wo das System gerade geändert wird. So können Microservices entstehen, die nur Teile eines Bounded Context implementieren, während der andere
Teil des Bounded Context noch im Legacy-System implementiert ist. Dann haben
Microservices und Legacy-System zahlreiche enge Abhängigkeiten, was die unabhängige Entwicklung erschwert.

4.2.10   Weiteres Vorgehen: schrittweise Migration

Schrittweise kann das Legacy-System durch Microservices abgelöst werden. Im
Verlauf der Migration sollte der Fokus darauf liegen, dass Teile des Systems in
Microservices umgewandelt werden, die beispielsweise gerade viel geändert wer-
den, so dass sich die Migration in Microservices lohnt. Man spricht in diesem
Zusammenhang von dem Strangler Pattern (*https://www.martinfowler.com/bliki/*

StranglerApplication.html) (Würger-Pattern). Die Microservices würgen dem Legacy-System zunehmend die Luft ab, bis nichts mehr vom Legacy-System übrig ist (siehe Abbildung 4–2).

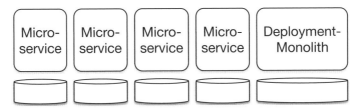

Abb. 4–2   *Weitere Migration: Zunehmend mehr Microservices übernehmen Funktionalitäten vom Legacy-System.*

Die Migration in Microservices kann sehr lange dauern. Das ist aber kein Problem: Es werden nur Teile migriert, bei denen das beispielsweise wegen aktueller Änderungen sinnvoll ist. Die Dauer der Migration ist ein Ergebnis dieser Freiheit. Schließlich ist es nicht sinnvoll, in die Optimierung von Teilen eines Systems zu investieren, die nur selten oder gar nicht geändert werden.

Es kann sogar vorkommen, dass das Legacy-System zwar vollständig migriert werden könnte, aber dennoch bestehen bleibt. Wenn am Legacy-System kaum noch Änderungen notwendig sind, weil die Teile, die geändert werden müssen, schon in Microservices migriert sind, dann kann das Festhalten am Legacy-System die optimale Lösung sein.

4.3   Alternative Strategien

Wie schon erwähnt, kann es für die Migration zu Microservices ganz andere Ansätze geben. Das Vorgehen hängt von den Zielen ab. Wenn das Ziel für den Einsatz der Microservices Robustheit ist, so kann zunächst an den Schnittstellen zu externen Systemen oder Datenbanken die Zuverlässigkeit beispielsweise mit Bibliotheken wie Hystrix (siehe Abschnitt 14.5) verbessert werden. Dann kann das System schrittweise in einzelne Microservices zerlegt werden, die unabhängig voneinander laufen, sodass der Ausfall eines Microservice die anderen nicht mehr beeinflusst. Zu diesem Vorgehen gibt es einen interessanten Vortrag, zu dem die Folien (*https://www.innoq.com/de/talks/2015/11/wjax-2015-legacysysteme-microservices-hystrix-rxjava/*) und auch ein Video (*https://www.innoq.com/de/talks/2015/11/wjax-2015-legacysysteme-microservices-hystrix-rxjava/*) verfügbar sind.

4.3.1   Migration nach Schichten

Eine andere Alternative ist die Migration nach Schichten. So kann beispielsweise zuerst die UI migriert werden. Das kann sinnvoll sein, wenn Änderungen an der

UI anstehen und so die Migration mit notwendigen Eingriffen am System kombiniert werden kann. Natürlich widerspricht diese Migrationsstrategie der Idee, UI, Logik und Daten in einem Microservice zusammenzufassen, wie es Self-contained Systems fordern (siehe Kapitel 3). Es kann dennoch ein erster Schritt hin zu diesem Ziel sein. Dann müsste man die restlichen Schichten anschließend in dieselben Microservices migrieren. Oder man lebt mit einer Aufteilung der Microservices in Schichten, obwohl sie nicht optimal ist. Eine ideale Architektur, in die man nicht migrieren kann, ist wesentlich weniger hilfreich als eine weniger optimale Architektur, die aber tatsächlich umgesetzt werden kann.

4.3.2   Copy/Change

Eine weitere Möglichkeit ist Copy/Change. Dabei wird der Code des Legacy-Systems kopiert. In einer Kopie wird ein Teil des Systems weiterentwickelt und der andere Teil stillgelegt. In der anderen Kopie ist es genau anders herum. So werden aus dem Legacy-System zwei Microservices. Dieses Vorgehen hat den Vorteil, dass der alte Code weiterverwendet wird und so die Funktionalitäten der Microservices mit hoher Sicherheit den Funktionalitäten des Legacy-System entsprechen.

Die Weiterverwendung des Codes ist aber gleichzeitig ein großer Nachteil. Meistens ist der Code eines Legacy-Systems schwer wartbar. Genau dieser Code wird nun aber weiter genutzt. Ebenso bleibt das Datenbank-Schema unverändert. Bei einer gemeinsamen Nutzung des Datenbank-Schemas durch Microservice und Legacy-System ergibt sich eine enge Kopplung, die es eigentlich zu vermeiden gilt.

Außerdem bleiben der Schnitt des Legacy-Systems und der Technologie-Stack weitgehend erhalten. So hat das Projekt von Anfang an viel Ballast und stellt keinen Neustart dar. Vorteile der Microservices wie Technologiefreiheit nutzt dieser Ansatz nicht aus. Daher sollte dieser Ansatz nur in Ausnahmefällen genutzt werden.

4.4   Build, Betrieb und Organisation

Die Code-Migration alleine ist nicht ausreichend, um ein Legacy-System zu einem Microservices-System zu machen:

- Die Microservices müssen auch *gebaut* werden. Dazu muss ein passendes Werkzeug ausgewählt werden. Außerdem muss der Continuous Integration Server mit der Vielzahl an Microservices zurechtkommen.
- Ebenso müssen Technologien und Ansätze eingeführt werden, die das *Deployment* und den *Betrieb* der Microservices ermöglichen.
- Schließlich müssen passende *Test-Verfahren* etabliert werden. Dazu ist auch der automatisierte Aufbau von Testumgebungen notwendig. Außerdem muss

sichergestellt werden, dass die Tests unabhängig sind. Dazu sind beispielsweise Stubs nützlich, die Microservices oder das Legacy-System simulieren, und Consumer-driven Contract Tests (*https://martinfowler.com/articles/consumer-DrivenContracts.html*), die Anforderungen an die Schnittstellen von Microservices oder Legacy-System durch Tests absichern. Legacy-Systeme sind aber oft sehr kompliziert, sodass diese Techniken nur schwer umsetzbar sind.

Also kann es beim ersten Microservice einen erhöhten Aufwand geben, weil die Infrastruktur für Build und Deployment aufgebaut werden muss. Es ist denkbar, die Infrastruktur erst später aufzubauen, aber den Aufbau der Infrastruktur möglichst früh anzugehen, um das Risiko der Migration zu reduzieren. Der Betrieb von einem oder einigen wenigen Microservices mit einer unzulänglichen Lösung in diesen Bereichen ist noch möglich. Wenn es zu viele sind, wird der Aufwand so hoch, dass es zum Scheitern des Vorhabens führen kann.

4.4.1 Koexistenz Microservices und Legacy-System

Bei einer Migration muss neben den Microservices das Legacy-System deployt und weiterentwickelt werden. Es ist unrealistisch, das Legacy-System genauso oft zu deployen wie die Microservices, weil der Aufwand für das Deployment des Legacy-Systems dazu meistens viel zu hoch ist. Also sind Änderungen, die sowohl das Legacy-System als auch die Microservices betreffen, schwierig umzusetzen. Sie benötigen mindestens ein Deployment der Microservices und ein Deployment des Legacy-Systems. Die Lösungen sind auf der Ebene der Architektur zu finden: Wenn neue Features nur in den Microservices umgesetzt werden, dann ist nur ein Deployment eines Microservice nötig. Das spricht für eine Aufteilung der Microservices nach Bounded Context. Eine andere Möglichkeit wäre, den Monolithen mit Patterns wie Open Host Service oder Published Language zu integrieren (siehe Abschnitt 2.1), um so eine generische Schnittstelle anzubieten, die nur selten geändert werden muss.

4.4.2 Integrationstest Microservices und Legacy-System

Ebenso muss es Integrationstests geben, die Microservices mit der aktuell in Produktion befindlichen Version des Legacy-Systems und der gerade in Entwicklung befindlichen Version testen. So kann sichergestellt werden, dass bei einem Deployment des Legacy-System die Microservices weiterhin funktionieren. Das Legacy-System kann zwei unterschiedliche Versionen der Schnittstellen unterstützen, sodass Microservices auf eine neue Version einer Schnittstelle umschwenken können, wenn sie angeboten wird. Es wird aber kein Microservice dazu gezwungen, eine neue Schnittstelle zu nutzen, die noch nicht zusammen mit dem Microservice getestet worden ist. So kann die Version der Microservices, die eine neue Schnittstelle des Legacy-Systems nutzen, zu einem beliebigen Zeitpunkt deployt werden.

4.4.3   Koordiniertes Deloyment zwischen Legacy-System und Microservices

Ein koordiniertes Deployment von Microservices zusammen mit dem Legacy-System wäre eine Alternative. Bei einer Änderung wird die neue Version der Microservices und des Legacy-Systems gleichzeitig ausgerollt. Das erhöht das Risiko, denn es wird mehr auf einmal geändert und es ist schwieriger, das Deployment zurückzurollen. Außerdem ist es schwierig, diesen Ansatz ohne Ausfall des Systems umzusetzen. Bei einer komplexen Microservices-Umgebung ist diese Option sowieso kaum noch möglich, weil zu viele Microservices auf einmal deployt werden müssten. Daher sollte das Deployment von Microservice und Legacy-System von Anfang an entkoppelt werden.

4.4.4   Organisatorische Aspekte

Ein wesentlicher Vorteil der Microservices ist die Möglichkeit, den Entwicklungs-prozess zu skalieren (siehe Abschnitt 1.2).

Wenn das Ziel der Microservices-Migration unabhängige Teams sind, dann muss die Migration der Architektur mit einer Reorganisation einhergehen. Der Abschnitt 2.5 hat die wesentlichen Aspekte der Zielorganisation bereits erläutert.

Die organisatorische Änderung muss mit der technischen Migration koordiniert werden. So kann beispielsweise ein Microservice aus dem Legacy-System herausgelöst werden und dann anschließend von einem Team autonom weiterent-wickelt werden. Parallel können die notwendigen weiteren Organisationsstruktu-ren beispielsweise für die Definition der Makro-Architektur aufgebaut werden.

4.4.5   Empfehlung: nicht alle Aspekte auf einmal umsetzen

Microservices erfordern Änderungen in der Architektur und in der Organisation sowie neue Technologien. Alle diese Änderungen auf einmal durchzuführen, ist risikoreich und kompliziert. Leider hängen viele der Änderungen zusammen: Ohne neue Technologien ist die Architektur schwer umsetzbar. Ohne die Archi-tektur sind die organisatorischen Änderungen schwierig. Dennoch sollte man vermeiden, alle diese Änderungen auf einmal durchzuführen. Bei jeder Änderung sollte daher die Frage gestellt werden, wann die Änderung tatsächlich notwendig ist, um sie gegebenenfalls erst zu einem späteren Zeitpunkt umzusetzen.

4.5   Variationen

Die Ideen zur Migration sind gut mit vielen anderen Ansätzen kombinierbar:

▓ Die Ideen zur typischen Migrationsstrategie aus Abschnitt 4.2 passen sehr gut zu *Self-contained Systems* (Kapitel 3). Die Migration kann also einfach ein SCS aus dem Deployment-Monolithen herauslösen.

▓ Regeln für Authentifizierung oder Kommunikation zwischen Microservices sowie Microservices und Legacy-System können der Startpunkt einer *Makro-Architektur* sein (siehe Kapitel 2). Ebenso ist eine fachliche Makro-Architektur sinnvoll, die neben Microservices auch das Legacy-System umfassen kann.

▓ *Frontend-Integration* (siehe Kapitel 7) kann für die Integration zwischen Legacy-System und Microservices sinnvoll sein.

▓ *Asynchrone Microservices* (Kapitel 10) passen sehr gut zur Migration, da sie eine lose Kopplung erlauben. Es kann gerade bei einer Migration sinnvoll sein, eine vorhandene Messaging-Technologie für die asynchrone Kommunikation weiter zu nutzen, um so den Aufwand zu reduzieren.

▓ *Synchrone Microservices* (Kapitel 13) sollten mit Bedacht genutzt werden, weil so eine enge fachliche Kopplung entsteht und man sich um Resilience kümmern muss.

▓ Kubernetes (Kapitel 17), PaaS (Kapitel 18) oder Docker (Kapitel 5) sind sicher auch in einem Migrationsszenario interessant. Sie stellen aber eine *neue Umgebung* dar, die betrieben werden muss. Es kann daher sinnvoll sein, zumindest am Anfang eine klassische Umgebung für das Deployment und den Betrieb zu nutzen, um so den anfänglichen Aufwand für die Migration zu verringern. Längerfristig haben solche Umgebungen aber sehr viele Vorteile. Außerdem kann natürlich auch das alte System in einer solchen Umgebung betrieben werden.

4.5.1 Experimente

Die Migrationsstrategie muss zu dem jeweiligen Szenario passen. Um eine eigene Strategie zu entwerfen, sind folgende Fragen wichtig:

▓ Was sind die Ziele der Migration hin zu Microservices?
  - Welche sind besonders wichtig?
  - Was für Auswirkungen hat das auf die Migrationsstrategie?

Grundsätzlich sollte die Migration schrittweise erfolgen. Die Auswahl der Teile, die in Microservices migriert werden sollen, kann nach technischen oder fachlichen Kriterien erfolgen, wobei fachliche Kriterien zumindest langfristig besser geeignet sind.

Für die Migration nach fachlichen Kriterien ist folgender Ansatz geeignet:

▓ Teile das System in Bounded Contexts auf.

▓ Welchen der Bounded Contexts wirst du zuerst migrieren? Warum? Gründe können die einfache Migration des Bounded Context oder viele geplante Änderungen in dem Bounded Context sein. Betrachte unterschiedliche Szenarien.

4.6   Fazit

Die Migration hin zu Microservices ist der typischer Ansatz für die Einführung von Microservices. Ein komplett neues System mit Microservices zu implementieren, ist eher die Ausnahme, aber natürlich genauso gut möglich. Einer der wichtigsten Vorteile von Microservices ist, dass sie nicht nur in Greenfield-Projekten gut funktionen.

Die Wahl der richtigen Migrationsstrategie ist eine komplexe Aufgabe. Sie hängt von dem Legacy-System und von den Zielen der Migration ab. Dieses Kapitel zeigt einen Startpunkt, von dem aus jedes Projekt seine eigene Strategie entwickeln muss.

Wegen der Vorteile bei der Migration sollten Microservices in jedem Projekt betrachtet werden, das ein Legacy-System modernisieren sollen. Eine schrittweise Modernisierung, bei der völlig andere Technologien zum Einsatz kommen können, ist sehr hilfreich.

Die Migrationsstrategie kann einen entscheidenden Einfluss auf die Architektur und Technologie-Auswahl haben. Ein Schnitt, der dem Legacy-System ähnelt, kann die Migration erheblich vereinfachen. Ein solcher Kompromiss hat zwar weitreichende Folgen und kann zu einer schlechteren Zielarchitektur führen, aber er kann dennoch sinnvoll sein. Schließlich muss die Architektur umgesetzt werden können und dazu ist eine einfache Migration in die Architektur unerlässlich.

Teil II

Technologie-Stacks

Im zweiten Teil des Buchs geht es um Rezepte für Technologien, mit denen Microservices umgesetzt werden können.

Docker

Zunächst gibt Kapitel 5 eine Einführung in *Docker*. Docker bietet eine gute Grundlage für die Umsetzung von Microservices und ist die Basis für die Beispiele im Buch. Ein Studium des Kapitels ist daher notwendig, wenn man die Beispiele in den späteren Kapiteln nachvollziehen will.

Technische Mikro-Architektur

Kapitel 2 hat die Begriffe Mikro- und Makro-Architektur eingeführt. Mikro-Architektur sind Entscheidungen, die für jeden Microservice anders getroffen werden können. Makro-Architektur sind die Entscheidungen, die für alle Microservices einheitlich sind. Kapitel 6 diskutiert technische Möglichkeiten für die Implementierung der Mikro-Architektur-Entscheidungen eines Microservices.

Frontend-Integration

Eine Möglichkeit zur Integration von Microservices ist die *Frontend-Integration*, die Kapitel 7 erläutert. Eine konkrete technische Umsetzung mit *Links* und *clientseitiger Integration mit JavaScript* zeigt Kapitel 8. Kapitel 9 zeigt *Edge Side Includes (ESI)*, die eine UI-Integration auf dem Server bieten.

Asynchrone Microservices

Asynchrone Microservices stellt Kapitel 10 dar. Das Kapitel 11 erläutert *Apache Kafka* als Beispiel für eine Middleware, die zur Implementierung von asynchronen Microservices genutzt werden kann. *Atom* (Kapitel 12) ist ein Datenformat, das für die asynchrone Kommunikation über REST nützlich sein kann.

Synchrone Microservices

Synchrone Microservices erläutert Kapitel 13. Der *Netflix-Stack* (Kapitel 14) ist eine Möglichkeit, um synchrone Microservices umzusetzen. Der Stack umfasst Lösungen für Load Balancing, Service Discovery und Resilience. Kapitel 15 zeigt eine Alternative mit *Consul* für Service Discovery und *Apache httpd* für Load Balancing.

Microservices-Plattformen

Microservices-Plattformen (Kapitel 16) stellen neben einer Unterstützung für synchrone Kommunikation auch eine Ablaufumgebung für Deployment und Betrieb bereit. Kapitel 17 zeigt, wie synchrone Microservices mit *Kubernetes* umgesetzt werden können. Kubernetes dient als Ablaufumgebung für Docker-Container und hat Features u.a. für Load Balancing und Service Discovery.

Kapitel 18 beschreibt *PaaS* (Platform as a Service). Ein PaaS ermöglicht es, den Betrieb und das Deployment der Microservices zum größten Teil der Infrastruktur zu überlassen. Als Beispiel für ein PaaS wird *Cloud Foundry* erläutert.

5   Docker-Einführung

Dieses Kapitel gibt eine Einführung in Docker. Das Kapitel vermittelt folgende Inhalte:

- Der Leser ist nach dem Studium des Kapitels in der Lage, die Beispiele in den folgenden Kapiteln in einer Docker-Umgebung zum Laufen zu bringen.
- Docker und Microservices sind nahezu synonym. Dieses Kapitel zeigt, warum Docker so gut zu Microservices passt.
- Docker vereinfacht die Installation von Software. Wichtig dafür ist das Dockerfile, das auf einfache Art und Weise die Installation der Software beschreibt.
- Docker Machine und Docker Compose unterstützen Docker auf Server-Systemen und komplexe Software-Umgebungen mit Docker.
- Das Kapitel legt die Basis für ein Verständnis von Technologien wie Kubernetes (Kapitel 17) und Cloud Foundry (Kapitel 18), die auf Docker basieren.

Die Grundlagen von Docker sind einfach zu erlernen. Es gibt allerdings auch Bücher, die ganz auf Docker fokussieren.[1]

Lizenzen und Projekte

Docker steht unter der Apache-2.0-Lizenz. Es wird unter anderem von der Firma Docker, Inc (*https://www.docker.com/*) entwickelt. Einige Kernkomponenten wie beispielsweise Moby (*https://github.com/moby/moby*) stehen unter Open-Source-Lizenzen und ermöglichen es so auch anderen Entwicklern, ähnliche Systeme wie Docker zu implementieren. Docker basiert auf Linux-Containern, die Prozesse in Linux-Systemen sehr stark gegeneinander isolieren. Die Open Container Initiative (*https://www.opencontainers.org/*) sorgt durch Standardisierung für die Kompatibilität der verschiedenen Container-Systeme.

---

1. Adrian Mouat: Docker: Software entwickeln und deployen mit Containern, dpunkt, 2016, ISBN 978-3-86490-384-7

5.1   Docker für Microservices: Gründe

Kapitel 1 hat Microservices als getrennt deploybare Einheiten definiert. Das getrennte Deployment ergibt nicht nur eine Entkopplung auf Ebene der Architektur, sondern auch bei der Technologiewahl, der Robustheit, der Sicherheit und der Skalierbarkeit.

5.1.1   Prozesse reichen für Microservices nicht aus.

Wenn Microservices tatsächlich alle diese Eigenschaften aufweisen sollen, stellt sich die Frage, wie sie umgesetzt werden können. Microservices müssen unabhängig voneinander skaliert werden. Ein Microservice darf bei einem Absturz andere Microservices nicht mitreißen und so die Robustheit gefährdet. Also müssen Microservices mindestens getrennte Prozesse sein.

Die Skalierbarkeit kann durch mehrere Instanzen eines Prozesses gewährleistet werden. Wenn eine Anwendung gestartet wird, so erzeugt das Betriebssystem einen Prozess und weist ihm Ressourcen wie CPU oder Speicher zu. Für die Skalierbarkeit können in einem Prozess mehrere Threads aktiv sein. Jeder Thread hat einen eigenen Ausführungszustand. Ein Prozess kann jeden Request mit einem Thread abarbeiten.

Für die Skalierung sind Prozesse trotz der Unterstützung von Threads nicht ausreichend: Wenn die Prozesse alle auf einem Server laufen, dann steht nur eine begrenzte Menge an Hardware-Ressourcen bereit. Die Isolation in Prozesse ist also für die Skalierbarkeit nicht ausreichend.

Die Robustheit ist bei Prozessen bis zu einem gewissen Maße gewährleistet, weil der Absturz eines Prozesses die anderen Prozesse nicht beeinflusst. Ein Ausfall eines Servers bringt immer noch eine Vielzahl von Prozessen und damit Microservices zum Absturz. Es gibt aber noch andere Probleme. Alle Prozesse teilen sich ein Betriebssystem. Es muss die Bibliotheken und Werkzeuge für alle Microservices mitbringen. Jeder Microservice muss mit der Version des Betriebssystems kompatibel sein. Es ist schwierig, das Betriebssystem so zu konfigurieren, dass es für alle Microservices passt. Außerdem müssen die Prozesse sich so koordinieren, dass jeder Prozess einen eigenen Netzwerk-Port hat. Man verliert bei solchen Ansätzen sehr schnell den Überblick über die genutzten Ports.

5.1.2   Virtuelle Maschinen sind zu schwergewichtig für Microservices

Statt eines Prozesses kann jeder Microservice in einer eigenen virtuellen Maschine laufen. Virtuelle Maschinen sind simulierte Rechner, die gemeinsam auf derselben Hardware laufen. Für das Betriebssystem und die Anwendung sehen virtuelle Maschinen genauso aus wie ein Hardware-Server. Durch die Virtualisierung hat der Microservice ein eigenes Betriebssystem. So kann die Konfiguration des

Betriebssystems auf den Microservice abgestimmt sein und es besteht auch vollkommene Freiheit bei der Wahl des Ports.

Aber eine virtuelle Maschine hat einen erheblichen Overhead:

▥ Die virtuelle Maschine muss dem Betriebssystem die Illusion geben, direkt auf der Hardware zu laufen. Das führt zu einem Overhead. Daher ist die Performance schlechter als bei physischer Hardware.

▥ Jeder Microservice hat eine eigene Instanz des Betriebssystems. Das verbraucht viel Speicher im RAM.

▥ Schließlich hat die virtuelle Maschine virtuelle Festplatten mit einer vollständigen Betriebssysteminstallation. Dadurch belegt der Microservice viel Speicherplatz auf der Festplatte.

Also haben virtuelle Maschinen einen Overhead. Das macht den Betrieb teuer. Außerdem muss der Betrieb eine Vielzahl virtueller Server handhaben. Das ist aufwendig und kompliziert.

Ideal wäre eine leichtgewichtige Alternative zur Virtualisierung, die zwar die Isolation von virtuellen Maschinen hat, aber so wenig Ressourcen verbraucht, wie es Prozesse tun, und auch ähnlich einfach zu betreiben ist.

5.2 Docker-Grundlagen

Docker stellt eine leichtgewichtige Alternative zur Virtualisierung dar. Docker liefert zwar keine so starke Isolation wie eine Virtualisierung, ist dafür aber praktisch genauso leichtgewichtig wie ein Prozess:

▥ Statt einer vollständigen eigenen virtuellen Maschine *teilen* sich Docker-Container den *Kernel* des Betriebssystems auf dem Docker-Host. Der Docker-Host ist das System, auf dem die Docker-Container laufen. Die Prozesse aus den Containern tauchen daher in der Prozesstabelle des Betriebssystems auf, auf dem die Docker-Container laufen.

▥ Die Docker-Container haben ein *eigenes Netzwerkinterface*. So kann derselbe Port in jedem Docker-Container neu belegt werden und jeder Container kann beliebig viele Ports nutzen. Das Netzwerkinterface ist in einem Subnetz, in dem alle Docker-Container zugreifbar sind. Das Subnetz ist von außen nicht zugreifbar. Das ist zumindest die Standard-Konfiguration von Docker. Die Docker-Netzwerkkonfiguration bietet noch viele weitere Alternativen. Um dennoch einen Zugriff von außen auf einen Docker-Container zu ermöglichen, können Ports eines Docker-Containers auf Ports auf dem Docker-Host. Beim Binden der Ports der Docker-Container an die Ports des Docker-Hosts muss man vorsichtig sein, weil jeder Port des Docker-Hosts natürlich nur an einen Port eines Docker-Containers gebunden werden kann.

░ Schließlich ist das Dateisystem optimiert. Es gibt *Schichten im Dateisystem*. Wenn ein Microservice eine Datei liest, geht er die Schichten von oben nach unten durch, bis er die Daten findet. Die Container können sich Schichten teilen. Abbildung 5–1 zeigt das genauer: Eine Dateisystemschicht stellt eine einfache Linux-Installation mit der Alpine-Linux-Distribution dar. Eine weitere Schicht ist die Java-Installation. Beide Anwendungen teilen sich die Schichten. Diese Schichten sind nur einmal auf der Festplatte gespeichert, obwohl beide Microservices sie nutzen. Nur die Anwendungen sind jeweils in Dateisystem-Schichten abgelegt, die exklusiv für einen Container zur Verfügung stehen. Die unteren Schichten sind nicht änderbar. Die Microservices können nur auf die oberste Schicht schreiben. Durch die Wiederverwendung der Schichten sinkt der Speicherbedarf der Docker-Container.

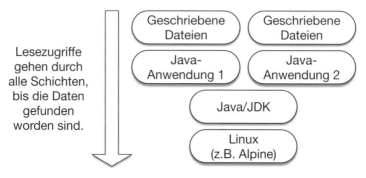

Abb. 5–1   *Dateisystem-Schichten in Docker*

Es ist ohne Weiteres möglich, Hunderte von Containern auf einem Laptop zu starten. Das ist nicht verwunderlich: Schließlich ist es ja auch möglich, Hunderte von Prozessen auf einem Laptop zu starten. Docker hat gegenüber einem Prozess keinen signifikanten Overhead. Im Vergleich zu virtuellen Maschinen sind die Performance-Vorteile aber überragend.

5.2.1   Ein Prozess pro Container

Letztendlich sind Docker-Container durch eigene Netzwerkschnittstelle und Dateisystem stark isolierte Prozesse. Daher sollte in einem Docker-Container nur ein Prozess laufen. Mehr als ein Prozess in einem Docker-Container widerspricht der Idee, durch Docker-Prozesse besonders stark voneinander zu trennen. Weil in einem Docker-Container eigentlich nur ein Prozess laufen soll, gibt es auch keine Hintergrunddienste oder Daemons in Docker-Containern.

5.2.2   Docker-Image und Docker-Registry

Dateisysteme von Docker-Containern können als Docker-Images exportiert werden. Diese Images können als Dateien weitergegeben werden oder in einer Docker-

Registry gespeichert werden. Viele Repositories wie Nexus (*https://www.sona-type.com/nexus-repository-sonatype*) und Artifactory (*https://www.jfrog.com/open-source/#artifactory*), die zur Verwaltung von kompilierter Software dienen, können auch Docker-Images speichern und bereitstellen. So ist es ohne Weiteres möglich, für die Installation in der Produktion Docker-Images mit einer Docker-Registry auszutauschen. Die Übertragung der Images von und zu der Registry ist optimiert. Es werden jeweils nur die aktualisierten Schichten übertragen.

5.2.3   Unterstützte Betriebssysteme

Docker ist ursprünglich eine Linux-Technologie. Für Betriebssysteme wie macOS und Windows stehen Docker-Installationen bereit, die es ermöglichen, Linux-Docker-Container zu starten. Dazu läuft im Hintergrund eine virtuelle Maschine mit einer Linux-Installation. Für den Benutzer ist das transparent. Es wirkt so, als würden die Docker-Container direkt auf einem Rechner laufen.

Für Windows gibt es außerdem Windows-Docker-Container. In einem Linux-Docker-Container können Linux-Anwendungen laufen, in einem Windows-Docker-Container Windows-Anwendungen.

5.2.4   Betriebssysteme für Docker

Durch Docker ändern sich die Anforderungen an die Betriebssysteme:

▪ In einem *Docker-Container* soll nur ein Prozess laufen. Es ist also nur so viel von dem Betriebssystem notwendig, wie man für den Betrieb eines Prozesses benötigt. Bei einer Java-Anwendung ist das die Java Virtual Machine (JVM), die einige Linux-Bibliotheken benötigt, die zur Laufzeit geladen werden. Eine Shell ist beispielsweise nicht notwendig. Daher gibt es Distributionen wie Alpine Linux (*https://alpinelinux.org/*), die nur wenige Megabyte belegen und nur die wichtigsten Werkzeuge mitbringen. Sie sind eine ideale Basis für Docker-Container. Die Programmiersprache Go kann statisch gelinkte Programme erzeugen. Dann muss neben dem Programm selber nichts mehr in dem Docker-Container verfügbar sein. Es ist also auch keine Linux-Distribution notwendig.

▪ Der *Docker-Host*, auf dem die Docker-Container laufen, muss nur Docker-Container laufen lassen. Viele Linux-Werkzeuge sind überflüssig. CoreOS (*https://coreos.com/*) ist eine Linux-Distribution, die wenig mehr kann als Docker-Container ablaufen zu lassen, aber zum Beispiel Betriebssystem-Updates eines ganzen Clusters wesentlich vereinfacht. CoreOS kann auch als Basis für Kubernetes dienen (siehe auch Kapitel 17). Ein anderes Beispiel ist boot2docker (*http://boot2docker.io/*), das Docker Machine (siehe Abschnitt 5.4) auf Servern installiert, um Docker-Container auf diesen Servern auszuführen. Auch diese Linux-Distribution kann im Wesentlichen nur Docker-Container ausführen.

5.2.5   Überblick

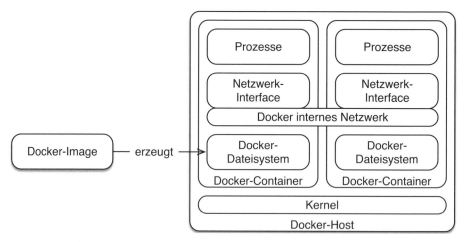

Abb. 5–2   *Überblick über Docker*

Abbildung 5–2 zeigt die Docker-Konzepte im Überblick:

- Der *Docker-Host* ist die Maschine, auf der die Docker-Container laufen. Es kann eine virtuelle Maschine sein oder eine physische.

- Auf dem Docker-Host laufen *Docker-Container*.

- Die Container enthalten typischerweise einen *Prozess*.

- Jeder Container hat ein eigenes *Netzwerk-Interface* mit einer eigenen IP-Adresse. Dieses Netzwerk-Interface ist nur vom Docker-internen Netzwerk aus zugreifbar. Allerdings gibt es Möglichkeiten, Zugriff auch von außerhalb dieses Netzwerks zuzulassen.

- Außerdem hat jeder Container ein eigenes *Dateisystem* (siehe Abbildung 5–1).

- Beim Start eines Containers erzeugt das *Docker-Image* die erste Version des Docker-Dateisystems. Wenn der Container gestartet ist, wird das Image um eine weitere Schicht ergänzt, in die der Container seine eigenen Daten schreiben kann.

- Alle Docker-Container teilen sich den *Kernel* des Docker-Hosts.

5.2.6   Muss es immer Docker sein?

Docker ist eine sehr populäre Möglichkeit, Microservices zu deployen. Aber es gibt Alternativen. Eine Alternative hat Abschnitt 5.1 schon genannt: virtuelle Maschinen oder Prozesse.

5.2.7   Microservices als WARs in Java Application Servern

Es ist aber auch denkbar, in einem Java Application Server oder Java Web Server mehrere Microservices als WAR-Files zu deployen. WARs enthalten eine Java-Web-Anwendung. Sie sind getrennt deploybar, wenn auch das Deployment eines WARs den Neustart des Servers erfordern kann. Da Microservices nur getrennt deploybar sein sollen (siehe Kapitel 1), können Microservices als WARs implementiert werden. Dann geht man allerdings Kompromisse bezüglich der Robustheit ein: Ein Speicherleck in einem Microservices kann zum Ausfall aller Microservices führen, weil der gesamte Java Application Server abstürzt. Ebenso ist die getrennte Skalierbarkeit schwierig realisierbar, da jeder Server alle Microservices beinhaltet und daher nur alle Microservices gemeinsame skaliert werden können. Das macht die Skalierung aufwendiger, als wenn jeder Server nur einen Microservice enthält, weil auch eigentlich nicht benötigte Microservices skaliert werden. Und schließlich laufen alle Microservices in einem Betriebssystem-Prozess, was einen Kompromiss bezüglich der Sicherheit darstellt. Wenn ein Hacker den Prozess übernehmen kann, hat er Zugriff auf die gesamte Funktionalität und alle Daten aller Microservices.

Dafür verbrauchen diese Ansätze weniger Ressourcen: Ein Application Server mit mehreren Web-Anwendungen benötigt nur eine JVM (Java Virtual Machine), nur einen Prozess und nur eine Betriebssystem-Instanz. Außerdem muss keine neue Infrastruktur eingeführt werden, wenn bereits Application Server genutzt werden, was den Betrieb entlasten kann.

5.3   Docker-Installation und Docker-Kommandos

Da die Beispiele in diesem Buch alle Docker voraussetzen, ist eine Docker-Installation eine wesentliche Bedingung, um die Demos tatsächlich zu starten und nachzuvollziehen. Anhang A beschreibt die Installation der notwendigen Software für die Beispiele. Dazu zählt auch die Installation von Docker und Docker Compose.

Docker wird mit dem Kommandozeilenwerkzeug docker gesteuert. Es bietet sehr viele Kommandos, um die Images und Container zu beeinflussen. In der Referenz (*https://docs.docker.com/engine/reference/commandline/cli/*) findet sich eine vollständige Liste aller Kommandos mit allen Optionen. Das Anhang C zeigt die Docker-Kommandos im Überblick.

5.4   Docker-Hosts mit Docker Machine installieren

Docker Machine ist ein Werkzeug, das Docker-Hosts installieren kann. Technisch ist das recht einfach umgesetzt: Docker Machine lädt ein ISO-CD-Image mit boot2docker aus dem Internet. boot2docker ist eine Linux-Distribution und bie-

tet eine einfache Möglichkeit, um Docker-Container auszuführen. Anschließend
startet Docker Machine eine virtuelle Maschine mit diesem boot2docker-Image.

Besonders angenehm an Docker Machine ist, dass die Nutzung der Docker-
Container auf externen Docker-Hosts genauso einfach ist wie die Nutzung lokaler Docker-Container. Die Docker-Kommandozeilenwerkzeuge müssen nur so
konfiguriert werden, dass sie den externen Docker-Host nutzen. Danach ist die
Nutzung des Docker-Hosts transparent.

5.4.1   Überblick

Abbildung 5–3 zeigt Docker Machine im Überblick: Docker Machine installiert
eine virtuelle Maschine, auf der Docker installiert ist. Docker und andere Werkzeuge wie Docker Compose können dann diese virtuelle Maschine so benutzen,
als sei es der lokale Rechner.

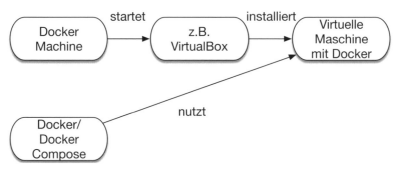

Abb. 5–3   *Docker Machine*

Das Kommando docker-machine create --driver virtualbox dev erzeugt einen
Docker-Host namens dev mit der Virtualisierungssoftware Virtualbox. Dazu
muss Virtualbox auf dem Rechner installiert sein. Anschließend konfiguriert eval
"$(docker-machine env dev)" (Linux/macOS) Docker so, dass die docker-Kom-
mandozeilenwerkzeuge den Docker-Host in der virtuellen Virtualbox-Maschine
nutzen. Gegebenenfalls muss die genutzte Shell angegeben werden: eval "$(doc-
ker-machine env --shell bash dev)". Für Windows ist das Kommando docker-
machine.exe env --shell powershell dev (Windows, Powershell) bzw. docker-
machine.exe env --shell cmd dev (Windows, cmd.exe). docker-machine rm dev
löscht den Docker-Host wieder.

5.4.2   Docker-Machine-Treiber

Virtualbox ist nur eine Option. Es gibt zahlreiche andere Docker-Machine-Trei-
ber (*https://docs.docker.com/machine/drivers/*) für Cloud-Anbieter wie Amazon
Web Services (AWS), Microsoft Azure oder Digital Ocean. Ebenfalls gibt es Trei-

ber für Virtualisierungstechnologien wie VMware vSphere oder Microsoft Hyper-V. So kann Docker Machine sehr einfach auf vielen unterschiedlichen Umgebungen Docker-Hosts installieren.

5.4.3   Vorteil: getrennte Umgebungen und Docker auf Servern

Docker Machine erlaubt, Docker-Systeme vollständig voneinander zu trennen, sodass zum Beispiel nach einem Test nichts mehr von dem System übrig bleibt und tatsächlich alles Ressourcen wieder freigegeben werden. Außerdem können so Docker-Container sehr einfach auf einer Cloud- oder virtuellen Infrastruktur gestartet werden.

Die Beispiele im Buch direkt mit Docker ablaufen zu lassen, ist die die einfachste Option und daher empfohlen. Docker Machine sollte für die Beispiele nur genutzt werden, wenn sie auf einem Server laufen sollen oder von anderen Docker-Containern vollständig getrennt sein sollen.

5.5   Dockerfiles

Das Erstellen von Docker-Images geschieht durch Dateien, die unter dem Namen Dockerfile im Dateisystem abgelegt sind. Eine Stärke von Docker ist, dass Dockerfiles einfach zu schreiben sind und so das Ausrollen von Software problemlos automatisiert werden kann.

Die typischen Bestandteile eines Dockerfile sind:

- FROM definiert ein Basis-Image, auf dem die Installation aufbaut. Ein Basis-Image für einen Microservice enthält üblicherweise eine Linux-Distribution und grundlegende Software wie beispielsweise eine JVM.

- RUN definiert Kommandos, die bei der Erstellung des Images ausgeführt werden. Ein Dockerfile ist im Wesentlichen ein Shell-Skript, das die Software installiert.

- CMD definiert, was passieren soll, wenn der Docker-Container gestartet wird. In einem Docker-Container soll typischerweise nur ein Prozess laufen. Diesen startet CMD.

- COPY kopiert Dateien in das Docker-Image. ADD tut dasselbe, kann aber auch Archive entpacken und Dateien von einer URL im Internet herunterladen. ADD kann also mehr. COPY ist einfacher zu verstehen, weil es beispielsweise nicht einfach Archive extrahiert. Auch kann es aus Sicherheitsgründen problematisch sein, Software aus dem Internet in die Docker-Images zu übernehmen. COPY sollte daher gegenüber ADD vorgezogen werden.

- EXPOSE exponiert einen Port des Docker-Containers. Dieser kann dann von anderen Docker-Containern angesprochen werden oder an einen Port des Docker-Hosts gebunden werden.

Im Internet steht eine ausführliche Referenz (*https://docs.docker.com/engine/reference/builder/*) bereit, die weitere Details über die Befehle im `Dockerfile` enthält.

5.5.1   Ein Beispiel für ein Dockerfile

Ein einfaches Beispiel eines `Dockerfile` für einen Java-Microservice sieht folgendermaßen aus:

```
FROM ewolff/docker-java
COPY target/customer.jar .
CMD /usr/bin/java -Xmx400m -Xms400m -jar customer.jar
EXPOSE 8080
```

▓ Die erste Zeile definiert mit `FROM` das Basis-Image. Es wird vom öffentlichen Docker-Hub heruntergeladen. Nähere Informationen über dieses Image finden sich unter *https://hub.docker.com/r/ewolff/docker-java/*. Das Image enthält eine Alpine-Linux-Distribution und eine Java Virtual Machine (JVM).

▓ Die zweite Zeile fügt mit `COPY` eine JAR-Datei in das Image ein. Eine JAR-Datei (Java ARchive) enthält alle Bestandteile einer Java-Anwendung. Sie muss in einem Unterverzeichnis `target` unterhalb des Verzeichnisses gespeichert sein, in dem das `Dockerfile` liegt. Die JAR-Datei wird in das Wurzelverzeichnis des Containers kopiert.

▓ Der `CMD`-Eintrag legt fest, welcher Prozess beim Start des Containers gestartet werden soll. In diesem Beispiel ist es ein Java-Prozess, der die JAR-Datei startet.

▓ Schließlich gibt das `EXPOSE` einen Port nach außen frei. Das ist der Port, unter dem die Anwendung erreichbar ist. `EXPOSE` bedeutet nur, dass der Container den Port bereitstellt. Er steht dann im internen Docker-Netzwerk zur Verfügung. Zugriff von außerhalb ist erst möglich, wenn dies beim Start des Containers ermöglicht wird.

Das Docker-Image kann mit dem Kommando `docker build --tag=microservice-customer microservice-customer` gebaut werden. `docker` ist das Kommandozeilen-Werkzeug, mit dem die meisten Funktionalitäten von Docker gesteuert werden können. Das erzeugte Docker-Image hat den Tag `microservices-customer`, wie mit dem `--tag`-Parameter definiert. Das `Dockerfile` muss in dem Unterverzeichnis `microservice-customer` liegen. Der Name dieses Verzeichnisses ist der zweite Parameter.

5.5.2   Dateisystemschichten im Beispiel

Abbildung 5–1 zeigt, dass ein Docker-Image aus mehreren Schichten besteht. Obwohl im `Dockerfile` keine Schichten definiert worden sind, enthält auch das Image `microservices-customer` mehrere Schichten. Nach jeder Zeile des

Dockerfile entsteht automatisch eine neue Schicht. Diese Schichten werden wiederverwendet. Wenn man also docker build noch einmal aufruft, geht Docker zwar das Dockerfile durch, stellt aber fest, dass alle Aktionen im Dockerfile schon einmal ausgeführt worden sind. Im Ergebnis passiert dann gar nichts. Würde das Dockerfile so modifiziert werden, dass nach dem COPY noch eine weitere Zeile mit einem COPY einer anderen Datei eingefügt wird, dann würde Docker die vorhandene Schicht mit dem ersten COPY nutzen, aber das zweite COPY und alle weiteren Zeilen führen dann zu neuen Schichten. So erstellt Docker nur die Schichten neu, die neu gebaut werden müssen. Das spart nicht nur Speicherplatz, sondern ist auch viel schneller.

5.5.3 Probleme mit Caching und Schichten

Ein Dockerfile, um eine Ubuntu-Installation mit Updates zu erhalten, sieht folgendermaßen aus:

```
FROM ubuntu:15.04
RUN apt-get update ; apt-get dist-upgrade -y -qq
```

Zunächst wird ein Ubuntu-Basis-Image vom öffentlichen Docker-Hub im Internet geladen. Die Befehle apt-get update und apt-get dist-upgrade -y -qq dienen dazu, den Package-Index zu aktualisieren und dann alle Packages mit Updates zu installieren. Die Optionen sorgen dafür, dass apt-get nicht den Benutzer nach Erlaubnis fragt und wenige Meldungen auf der Konsole ausgibt.

Die beiden Befehle sind in der Zeile durch ein ; getrennt. Dadurch werden sie hintereinander ausgeführt. Erst nachdem beide Befehle ausgeführt worden sind, wird eine neue Dateisystemschicht erzeugt. Das ist sinnvoll, um kompaktere Images mit weniger Schichten zu erzeugen.

Allerdings hat dieses Dockerfile auch ein Problem: Wenn man das Docker-Image erneut baut, werden keine aktuellen Updates heruntergeladen. Stattdessen passiert nichts, weil die Images schon da sind. Das Caching der Schichten basiert nur auf den Befehlen. Docker erkennt nicht, dass der externe Package-Index sich geändert hat. Um die vorhandenen Images zu ignorieren und den Neubau der Images zu erzwingen, kann man den Parameter --no-cache=true bei docker build übergeben.

5.5.4 Docker Multi Stage Builds

Alles, was der Bau eines Docker-Images nutzt, findet sich auch im Docker-Image und steht zur Laufzeit des Docker-Containers zur Verfügung. Wenn in einem Dockerfile Code kompiliert wird, dann steht der Compiler auch zur Laufzeit zur Verfügung, wenn er nicht gelöscht wurde. Daher hat Docker Multi Stage Builds. Sie erlauben es, in einer Phase des Builds das Programm zu kompilieren und nur das kompilierte Programm in die nächste Phase zu übernehmen. Dann steht zur

Laufzeit der Compiler nicht mehr zur Verfügung und muss auch nicht gelöscht werden. Abschnitt 6.4 zeigt ein Docker Multi Stage Build am Beispiel eines Go-Programms.

5.5.5 Immutable Server mit Docker

Die Idee eines Immutable Servers (unveränderlicher Server) ist, dass ein Server niemals geändert wird und nie ein Update erhält, sondern immer komplett neu aufgebaut wird. So kann der Zustand des Servers sauber rekonstruiert werden. Das ist eigentlich unrealistisch: Server müssen immer laufen. Einen neuen Server zu starten, ist deswegen eigentlich nicht akzeptabel. Das Problem lässt sich lösen, indem der Server hinter einem Load Balancer steht. Wenn ein neuer Server installiert ist, kann der Load Balancer auf den neuen Server umschwenken und dann der alte Server deaktiviert werden.

Ein anderes Problem ist, dass es sehr aufwendig ist, einen Server komplett neu zu installieren. Genau hier hilft Docker: Wegen der Optimierungen wird nur das nötigste getan, sodass Immutable Server auch aus dieser Perspektive eine Option sein können. Eine Dockerfile beschreibt, wie ein Docker-Image erzeugt werden kann und zwar ausgehend von einem Base-Image. Bei jedem Build scheint es dann so, als würde das Docker-Image komplett erstellt werden. Hinter den Kulissen sorgen aber Optimierungen dafür, dass nur gebaut wird, was wirklich notwendig ist.

5.5.6 Docker und Werkzeuge wie Puppet, Chef oder Ansible

Ein Dockerfile ist eine sehr einfache Möglichkeit, Software zu installieren. Der Einsatz von Werkzeugen wie Puppet, Chef oder Ansible für die Installation von Software in einem Docker-Image ist zwar möglich, aber nicht zwingend. Insbesondere ist es nicht notwendig, die Update-Funktionalitäten dieser Werkzeuge zu benutzen, da man das Image typischerweise mit dem Immutable-Server-Ansatz frisch aufbaut. Dieser Ansatz ist einfacher als das Schreiben von Puppet-, Chef- oder Ansible-Skripten. Das Dockerfile beschreibt nur, wie ein Image aufgebaut werden kann, während die anderen Werkzeuge auch Updates der Server ermöglichen müssen und daher schwieriger zu nutzen sind.

5.6 Docker Compose

Ein einzelner Docker-Container ist für ein Microservices-System nicht ausreichend. Wie in Kapitel 1 erläutert, sind Microservices Module eines Gesamtsystems. Also wäre es gut, eine Möglichkeit zu haben, mehrere Container gemeinsam zu starten und zu betreiben, um so alle Module des Gesamtsystems zusammen zu starten. Dazu dient Docker Compose (*https://docs.docker.com/compose/*).

5.6.1   Service Discovery mit Docker-Compose-Links

Mehrere Docker-Container zu starten, reicht nicht, um tatsächlich ein System aus mehreren Docker-Containern zu koordinieren. Dazu sind auch Konfigurationen für das virtuelle Netzwerk notwendig, mit dem die Docker-Container miteinander kommunizieren. Insbesondere müssen Container sich finden können, um dann zu kommunizieren. In einer Docker-Compose-Umgebung kann ein Service einen anderen Service mit einem Docker-Compose-Link einfach kontaktieren, indem er den Servicenamen als Hostnamen nutzt.

Docker-Compose-Links bieten eine Art von Service Discovery, also eine Möglichkeit, wie Microservices andere Microservices finden können. Bei synchronen Microservices ist eine Form von Service Discovery notwendig (siehe auch Abschnitt 13.2).

Docker-Compose-Links erweitern Docker-Links. Docker-Links ermöglichen nur die Kommunikation. Docker-Compose-Links implementieren auch Load Balancing und richten die Startreihenfolge so ein, dass die abhängigen Services zuerst starten.

5.6.2   Ports

Außerdem kann Docker Compose Ports aus den Containern an die Ports des Docker-Hosts binden, auf dem die Docker-Container laufen.

5.6.3   Volumes

Docker Compose kann außerdem Volumes bereitstellen. Das sind Dateisysteme, die mehrere Container gemeinsam nutzen können. So können Container kommunizieren, indem sie Dateien austauschen.

5.6.4   YAML-Konfiguration

Docker Compose konfiguriert das Zusammenspiel der Docker-Container mit einer YAML-Konfigurationsdatei `docker-compose.yml`.

Die folgende Datei stammt aus einem Projekt für Kapitel 9, das Edge Side Includes als eine Möglichkeit zur Komposition von Webseiten aus unterschiedlichen Quellen implementiert. Dazu müssen drei Container koordiniert werden:

- `common` ist eine Web-Anwendung, die gemeinsame Artefakte ausliefern soll.
- `order` ist eine Web-Anwendung zur Abwicklung von Bestellungen.
- `varnish` ist ein Web-Cache, der die beiden Web-Anwendungen koordinieren soll.

```
1  version: '3'
2  services:
3    common:
4      build: ../scs-demo-esi-common/
5    order:
6      build: ../scs-demo-esi-order
7    varnish:
8      build: varnish
9      links:
10       - common
11       - order
12     ports:
13       - "8080:8080"
```

- Die erste Zeile definiert die genutzte Version von Docker Compose – in diesem Fall also drei.

- Die zweite Zeile startet die Definition der Services.

- Zeile drei definiert den Service common. Das in Zeile vier angegebene Verzeichnis enthält ein Dockerfile, mit dem der Service gebaut werden kann. Eine Alternative zu build wäre image, um ein bereits gebautes Docker-Image von einer Docker-Registry zu nutzen.

- Die Definition des Services order gibt ebenfalls ein Verzeichnis mit einem Dockerfile an. Weitere Einstellungen sind für diesen Service nicht notwendig. (Zeile 5/6)

- Der Service varnish wird ebenfalls über ein Verzeichnis mit einem Dockerfile definiert. (Zeile 7/8)

- Der Service varnish muss Docker-Compose-Links zu den Services common und order haben. Daher hat er Einträge unter links. Der varnish-Service kann deswegen unter dem Hostnamen common und order die anderen Services erreichen. (Zeilen 9–11)

- Schließlich wird der Port 8080 des Services varnish an den Port 8080 des Docker-Hosts gebunden, auf die Docker-Container laufen. (Zeile 12/13)

5.6.5   Weitere Möglichkeiten

Weitere Elemente der YAML-Konfiguration beschreibt die Referenz-Dokumentation (*https://docs.docker.com/compose/compose-file/*). So unterstützt Docker Compose beispielsweise von mehreren Docker-Containern gemeinsam genutzte Volumes. Ebenso kann Docker Compose die Docker-Container mithilfe von Umgebungsvariablen konfigurieren.

5.6.6   Docker-Compose-Kommandos

Docker Compose wird über das Kommandozeilenwerkzeug `docker-compose`
gesteuert. Es muss in dem Verzeichnis gestartet werden, in dem die Datei `docker-`
`compose.yml` liegt. Die Referenz-Dokumentation (*https://docs.docker.com/com-*
pose/reference/overview/) listet alle Kommandozeilen-Optionen für dieses Werkzeug auf. Das Anhang C zeigt die Docker-Compose-Kommandos im Überblick.
Die wichtigsten sind:

- Mit `docker-compose up` werden alle Services gestartet. Der Befehl gibt die kom-
  binierte Standardausgabe aller Services aus. Das ist nur selten hilfreich,
  sodass `docker-compose up -d` oft die bessere Wahl ist. Dann wird die Standardausgabe nicht ausgegeben. Mit `docker log` kann man sich die Ausgaben einzelner Container ansehen.

- `docker-compose build` baut die Images für die Services.

- `docker-compose down` fährt alle Services runter und löscht die Container.

- Mit `docker-compose up --scale <service>=<anzahl>` kann eine größere Anzahl
  Container für einen Service gestartet werden. Im Beispiel aus dem Listing
  könnte beispielsweise `docker-compose up --scale common=2` dafür sorgen, dass
  zwei Container für den Service `common` gestartet werden.

Da die Beispiele oft das Zusammenspiel mehrerer Docker-Container voraussetzen, haben die meisten Beispiele eine `docker-compose.yml`-Datei, um die Container
gemeinsam laufen zu lassen.

5.7   Variationen

Grundlegende Alternativen zu Docker gibt es eigentlich nicht:

- Virtualisierung hat zu viel Overhead.

- Prozesse sind nicht genügend isoliert. Die benötigten Bibliotheken und Lauf-
  zeitumgebungen für alle Microservices müssen im Betriebssystem installiert
  werden. Es kann schwierig sein, weil jeder Prozess einen Port belegt und
  daher die Vergabe der Ports koordiniert werden muss.

- Andere Container-Lösungen wie rkt (*https://coreos.com/rkt*) sind bei weitem
  nicht so verbreitet.

5.7.1   Cluster

Für die Produktion sollten Anwendungen in einem Cluster laufen. Nur so kann
das System über mehrere Server skaliert und gegen den Ausfall einzelner Server
abgesichert werden.

Docker Compose kann aber auch Docker Swarm Mode (*https://docs. docker.com/engine/swarm/*) für das Management eines Clusters nutzen. Der Docker Swarm Mode ist in Docker eingebaut.

Kubernetes (siehe Kapitel 17) hat für den Betrieb von Docker-Containern im Cluster eine große Verbreitung (siehe Kapitel 17). Es gibt weitere Systeme wie Mesos (*http://mesos.apache.org/*). Mesos ist eigentlich ein System, um in einem Cluster beispielsweise Batches für die Datenanalyse zu verwalten. Es unterstützt aber auch Docker-Container. Ebenso gibt es Angebote in der Cloud wie beispielsweise den AWS (Amazon Web Services) ECS (*https://aws.amazon.com/documentation/ecs/*) (EC2 Container Service).

Diese Ansätze haben eine Gemeinsamkeit: Wie die Last im Cluster verteilt wird, entscheidet der Scheduler – also Kubernetes oder Docker Swam. Dadurch kommt dem Scheduler eine entscheidende Bedeutung bei Ausfallsicherheit und Lastverteilung zu. Wenn ein Container ausfällt, muss ein neuer gestartet werden. Ebenso müssen bei hoher Last zusätzliche Container gestartet werden, idealerweise auf nicht zu sehr ausgelasteten Maschinen.

Scheduler wie Kubernetes lösen sehr viele Herausforderungen gerade bei synchronen Microservices. Ein Betrieb von Microservices auf einer solchen Plattform ist sehr zu empfehlen. Aber die Einführung von Microservices erfordert sehr viele Änderungen: Die Architektur muss angepasst werden, Entwickler müssen neue Herangehensweisen und Technologien kennenlernen und die Deployment-Pipeline und die Tests anpassen. Eine weitere Technologie wie einen Docker Scheduler einzuführen, sollte daher gut überlegt sein, denn es stehen schon viele andere Änderungen auf dem Plan.

5.7.2 Docker ohne Scheduler

Eine Alternative ist, Docker-Container auf einem herkömmlichen Server zu installieren. In diesem Szenario werden die Server mit klassischen Mechanismen bereitgestellt – also beispielsweise mit Virtualisierung. Auf dem Server wird Linux oder Windows installiert. Der Microservice läuft in einem Docker-Container.

Der einzige Unterschied zu dem Vorgehen ohne Docker ist, dass nun Docker-Container für das Deployment genutzt werden. So wird es viel einfacher, Produktionsumgebungen und Testumgebungen identisch zu halten. Auch Konzepte wie Immutable Server sind einfacher umzusetzen. Die Technologie-Freiheit für Microservices ist auch einfacher umsetzbar: Die klassische Virtualisierung ist immer noch für Ausfallsicherheit, Skalierung und die Verteilung auf die Server zuständig.

Also bietet dieser Ansatz einige Vorteile von Docker und reduziert den Aufwand.

5.7.3   PaaS

Eine andere Alternative sind PaaS (siehe Kapitel 18). Sie haben gegenüber Docker
Schedulern einen höheren Abstraktionsgrad, weil nur die Anwendung bereit
gestellt werden muss. Das PaaS erzeugt die Docker-Images. Daher können sie die
bessere Lösung sein. Kapitel 18 zeigt Cloud Foundry als konkretes Beispiel für
ein PaaS.

5.7.4   Experimente

▨ Docker Machine kann mit den passenden Treibern (*https://docs.docker.com/
  machine/drivers/*) Clouds wie die Amazon Cloud oder Microsoft Azure nutzen. Erstelle dir einen Account bei einem der Cloud-Anbieter. Die meisten
  Cloud-Anbieter stellen einem neuen Nutzer kostenlose Kapazitäten zur Verfügung. Installier Docker mit Docker Machine und dem passenden Treiber
  auf den virtuellen Maschinen in der Cloud und nutze diese Konfiguration, um
  eines der Beispiele aus den folgenden Kapiteln laufen zu lassen (siehe
  Abschnitt 5.4).

▨ Lege dir im Docker-Hub (*https://hub.docker.com/*) einen Account an. Baue
  ein Docker-Image zum Beispiel aus einem der Microservices-Beispiele der folgenden Kapiteln und lege es mit `docker push` im Docker-Hub ab.

▨ Arbeite dich mithilfe des Tutorials (*https://docs.docker.com/engine/swarm/
  swarm-tutorial/*) in den Docker Swarm Mode ein, mit dem Docker im Cluster
  betrieben werden kann.

5.8   Fazit

Docker bietet sich als leichtgewichtige Alternative zum Deployment und Betrieb
von Microservices an. Ein Microservice kann mit allen Abhängigkeiten in ein
Docker-Image verpackt werden und dann als Docker-Container sehr gut von anderen Microservices isoliert werden. Virtuelle Maschinen erscheinen im Vergleich zu
schwergewichtig. Einfache Prozesse bieten nicht die notwendige Isolation.

Docker erleichtert das Deployment der Software. Es müssen nur Docker-
Images verteilt werden. Dazu dienen `Dockerfiles`, die sehr einfach zu schreiben
sind. Ebenso sind Konzepte wie Immutable Server viel einfacher umsetzbar. Mit
Docker Compose können mehrere Container koordiniert werden, um so ein gan-
zes System von Microservices in Docker-Containern zu bauen und zu starten.
Docker Maschine kann sehr einfach Docker-Umgebungen auf Servern installieren.

Docker erfordert aber ein Umdenken im Betrieb. In solchen Fällen können
Alternativen hilfreich sein. Das kann beispielsweise das Deployment mehrerer
Java-Web-Anwendungen auf einem einzigen Java-Web-Server sein.

6 Technische Mikro-Architektur

Eine Stärke von Microservices ist, dass in den einzelnen Microservices unterschiedliche Technologien eingesetzt werden können. Die Technologien in den Microservices müssen nicht vorgegeben werden, sondern jeder Microservice kann eine andere Technologie als Teil der Mikro-Architektur nutzen (siehe Kapitel 2).

Dennoch gibt es technische Herausforderungen, die bei der Auswahl der Technologien für die Implementierung der Microservices zu beachten sind.

Dieses Kapitel erläutert das Vorgehen für die technische Mikro-Architektur:

▦ Der Leser lernt die *Anforderungen* an die Mikro-Architektur kennen, die aus Bereichen wie Betrieb oder Resilience kommt.

▦ Oft werden Microservices mit *Reactive-Technologien* implementiert. Diese Option erläutert das Kapitel näher und zeigt auf, wann sie sinnvoll ist.

▦ Als konkretes Beispiel für eine technische Mikro-Architektur zeigt das Kapitel *Spring Boot und Spring Cloud*, die in den folgenden Kapiteln für die meisten Beispiele genutzt werden.

▦ Anhand von Spring Boot und Spring Cloud zeigt das Kapitel, wie die *technischen Anforderungen* an eine Mikro-Architektur gelöst werden können.

▦ Das Kapitel zeigt außerdem, wie die Programmiersprache *Go* mit den passenden Frameworks die Anforderungen an die Implementierung von Microservices erfüllt.

6.1 Anforderungen

Eine Technologie für die Implementierung von Microservices muss verschiedenen Anforderungen gerecht werden:

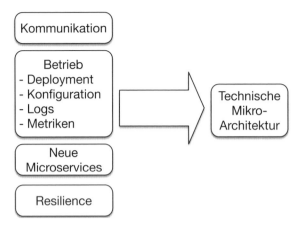

Abb. 6–1   *Einflussfaktoren für die technische Mikro-Architektur*

6.1.1   Kommunikation

Microservices müssen mit anderen Microservices kommunizieren. Dazu sind Protokolle wie REST, Messaging oder eine UI-Integration an der Web-Oberfläche notwendig. Welches Kommunikationsprotokoll genutzt wird, ist eine Entscheidung auf Ebene der Makro-Architektur (siehe Abschnitt 2.2). Microservices müssen den gewählten Kommunikationsmechanismus aber unterstützen. Die Makro-Architektur-Entscheidung hat also einen Einfluss auf die Mikro-Architektur, denn die Technologieentscheidung auf Mikro-Architektur-Ebene muss sicherstellen, dass die auf Makro-Ebene definierte Kommunikation auch umgesetzt werden kann.

Die typischen Kommunikationsprotokolle kann eigentlich jede aktuelle Programmiertechnologie unterstützen. Daher stellt diese Anforderung keine echte Einschränkung dar.

6.1.2   Betrieb

Der Betrieb der Microservices sollte möglichst einfach sein. Zu diesem Bereich zählen:

▨ Das *Deployment*: Der Microservice muss in einer Umgebung installiert werden und in der Umgebung laufen.

▨ Die *Konfiguration* der Anwendung: Der Microservice muss an verschiedene Szenarien angepasst werden. Den für das Auslesen der Konfiguration notwendigen Code kann man selber schreiben, aber eine vorhandene Bibliothek erleichtert die Aufgabe und kann eine einheitliche Konfigurations erleichtern.

▨ *Logs*: Das Schreiben von Log-Dateien ist technisch einfach. Das Format sollte für alle Microservices einheitlich sein. Außerdem zeigt das Kapitel 21, dass eine einfache Log-Datei nicht mehr ausreichend ist, wenn ein Server die Logs von allen Microservices einsammeln und für eine Analyse bereitstellen soll. Also müssen Technologien bereit stehen, um die Log-Ausgaben zu formatieren und an den Server zu schicken.

▓ *Metriken* müssen an die zentrale Monitoring-Infrastruktur geliefert werden. Dazu sind passende Frameworks und Bibliotheken notwendig.

Prinzipiell kann eine Makro-Architektur-Regel, die beispielsweise ein Log-Format und einen Log-Server vorgibt, mit verschiedenen Bibliotheken implementiert werden. Dann muss die Mikro-Architektur für den Microservice eine Bibliothek auswählen. Eine Makro-Architektur-Regeln kann auch das Bibliothek vorgeben. Dann engt das aber die Technologiefreiheit der Microservices auf die Programmiersprachen ein, die diese Bibliothek nutzen können.

6.1.3   Neue Microservices

Es sollte einfach sein, neue Microservices zu erstellen. Wenn ein Projekt mit der Zeit immer mehr Code hat, gibt es zwei Möglichkeiten: Entweder die Microservices werden größer oder es gibt mehr Microservices von konstanter Größe. Wenn die Microservices in der Größe wachsen, haben sie irgendwann den Namen »Microservice« nicht mehr verdient. Aus diesem Grund sollte es einfach sein, neue Microservices zu erstellen und so die Größe der Microservices langfristig konstant zu halten.

6.1.4   Resilience

Jeder Microservice muss damit umgehen können, wenn andere Microservices ausfallen. Das muss bei der Implementierung der Microservices sichergestellt werden.

6.2   Reactive

Ähnlich wie Microservices hat Reactive keine eindeutige Definition. Das Reactive Manifesto (*http://www.reactivemanifesto.org/*) definiert den Begriff »Reactive« anhand folgender Eigenschaften:

▓ *Responsive* bedeutet, dass das System möglichst schnell antwortet.

▓ Wegen *Resilience* bleibt das System verfügbar, auch wenn Teile ausfallen.

▓ *Elastic*: Das System kann mit unterschiedlich viel Last umgehen, indem es beispielsweise zusätzliche Ressourcen nutzt. Ist die Lastspitze beendet, werden die Ressourcen wieder freigegeben.

▓ Das System nutzt asynchrone Kommunikation (*Message Driven*).

Diese Eigenschaften sind für Microservices nützlich. Sie entsprechend weitgehend dem, was Kapitel 1 als wesentliche Eigenschaften von Microservices diskutiert hat.

6.2.1 Reactive Programming

Allerdings bedeutet Reactive Programming (*https://en.wikipedia.org/wiki/Reactive_programming*) etwas ganz anderes: Das Programmierkonzept lehnt sich an den Datenfluss an. Wenn ein neues Datum in das System kommt, wird es bearbeitet. Eine Tabellenkalkulation ist ein Beispiel: Wenn der Benutzer einen Wert in einer Zelle ändert, berechnet die Tabellenkalkulation alle abhängigen Zellen neu.

6.2.2 Klassische Server-Anwendungen

Für Server-Anwendungen ist Ähnliches möglich. Ohne Reactive Programming bearbeitet eine Server-Anwendung typischerweise einen einkommenden Request mit einem Thread. Wenn bei der Behandlung des Requests eine Datenbankanfrage notwendig ist, blockiert der Thread, bis das Ergebnis der Datenbankanfrage eintrifft. In diesem Modell muss für jeden parallel bearbeiteten Request und jede Netzwerkverbindung ein Thread vorgehalten werden.

6.2.3 Reactive-Server-Anwendungen

Ganz anders verhalten sich Reactive-Server-Anwendungen: Die Anwendung reagiert nur auf Events und darf nicht mehr blockieren, weil sie beispielsweise auf I/O wartet. Eine Anwendung wartet also auf ein Event wie einen einkommenden HTTP-Request. Trifft ein Request ein, führt die Anwendung Logik aus und schickt dann irgendwann eine Datenbankabfrage los. Die Anwendung wartet dann nicht etwa auf das Ergebnis der Datenbankabfrage, sondern unterbricht die Bearbeitung des HTTP-Requests. Irgendwann trifft das nächste Event ein, nämlich das Ergebnis der Anfrage. Dann setzt sich die Bearbeitung des HTTP-Requests fort. In diesem Modell ist nur ein Thread notwendig, der das jeweils aktuelle Event bearbeitet.

Abbildung 6–2 zeigt dieses Vorgehen im Überblick: Der Event Loop ist ein Thread und bearbeitet jeweils ein Event. Wenn bei der Bearbeitung auf I/O gewartet werden muss, wird die Bearbeitung des Events beendet. Wenn schließlich die Ergebnisse der I/O-Operation vorliegen, sind diese in einem neuen Event enthalten, die der Event Loop bearbeitet. So kann mit einem einzigen Event Loop eine Vielzahl von Netzwerkverbindungen verarbeitet werden. Allerdings darf die Bearbeitung des Events den Event Loop nicht länger blockieren als unbedingt notwendig, weil sonst die Bearbeitung aller Events aufgehalten wird.

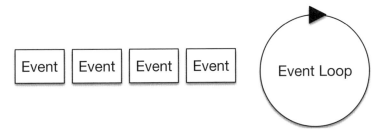

Abb. 6–2   *Event Loop*

6.2.4   Reactive Programming und das Reactive Manifesto

Eine Reactive-Programming-Anwendung kann für die Ziele des Reactive Manifestos hilfreich sein:

- *Responsive*: Das Modell kann dazu führen, dass die Anwendung schneller antwortet, weil weniger Threads blockiert werden. Ob das wirklich zu einem Vorteil gegenüber einer klassischen Anwendung führt, hängt jedoch davon ab, wie effizient die Threads in dem System implementiert sind und wie effizient es mit blockierten Threads umgeht.

- *Resilience*: Wenn ein Dienst sich nicht mehr meldet, ist bei Reactive Programming nichts blockiert. Das hilft bei der Resilience. Allerdings kann beispielsweise ein Timeout bei einer klassischen Anwendung eine Blockade vermeiden, indem die Bearbeitung der Anfrage abgebrochen wird.

- *Elastic*: Bei einer höherer Last können immer mehr Instanzen gestartet werden. Das ist mit dem klassischen Programmiermodell auch möglich.

- *Message-driven*: Die Kommunikation zwischen den Services beeinflusst Reactive Programming nicht. Daher kann die Kommunikation bei Reactive Programming und auch bei klassischen Anwendungen Message-driven sein oder auch nicht.

6.2.5   Reactive Programming ist für Microservices nicht notwendig.

Das Reactive Manifesto ist also sicher relevant für Microservices. Aber ein Microservice muss nicht mit Reactive Programming implementiert sein, um die Ziele aus dem Reactive Manifesto zu erreichen.

Ob ein Microservice mit Reactive Programming implementiert ist oder nicht, kann bei jedem Microservice unterschiedlich sein. Es kann eine Mikro-Architektur-Entscheidung sein und beeinflusst dann nur einzelne Microservices, aber nicht das System als Ganzes.

6.3 Spring Boot

Das Spring Framework hat schon lange seinen Platz in der Java-Community. Es hat ein breites Feature-Set, das die meisten technischen Anforderungen typischer Java-Anwendungen abdeckt. Spring Boot (*https://projects.spring.io/spring-boot/*) erleichtert die Nutzung von Spring.[1]

Eine minimale Spring-Boot-Anwendung steht im Verzeichnis simplest-spring-boot des Projekts *https://github.com/ewolff/spring-boot-demos* bereit.

6.3.1 Java-Code

Der Java-Code aus dem Projekt zeigt, wie Spring Boot genutzt werden kann:

```
@RestController
@SpringBootApplication
public class ControllerAndMain {

  @RequestMapping("/")
  public String hello() {
    return "hello\n";
  }

  public static void main(String[] args) {
    SpringApplication.run(ControllerAndMain.class, args);
  }

}
```

Die Annotation @RestController bedeutet, dass die Klasse ControllerAndMain HTTP-Requests bearbeiten soll. @SpringBootApplication stößt die automatische Konfiguration der Umgebung an. So startet die Anwendung eine Umgebung mit einem Webserver und den für eine Web-Anwendung passenden Teilen des Spring Frameworks.

Die mit @RequestMapping annotierte Methode hello() wird bei einem HTTP-Request auf die URL "/" aufgerufen. Der Rückgabewert der Methode kommt in der HTTP-Response zurück.

Schließlich startet das Hauptprogramm main mithilfe der Klasse SpringApplication die Anwendung. Die Anwendung kann einfach als Java-Anwendung gestartet werden, auch wenn sie HTTP-Request bearbeitet. Der dazu in der Java-Welt nötige Web-Server ist in der Anwendung enthalten.

---

1.   Michael Simons: Spring Boot, dpunkt.verlag, erscheint 2017

6.3.2   Build

Zum Kompilieren des Projekts unterstützt Spring Boot unter anderem Maven (*https://maven.apache.org/*).

```xml
<project >
  <modelVersion>4.0.0</modelVersion>
  <groupId>com.ewolff</groupId>
  <artifactId>simplest-spring-boot</artifactId>
  <version>0.0.1-SNAPSHOT</version>
  <parent>
    <groupId>org.springframework.boot</groupId>
    <artifactId>spring-boot-starter-parent</artifactId>
    <version>1.5.4.RELEASE</version>
  </parent>

  <properties>
    <java.version>1.8</java.version>
  </properties>

  <dependencies>
    <dependency>
      <groupId>org.springframework.boot</groupId>
      <artifactId>spring-boot-starter-web</artifactId>
    </dependency>
    <dependency>
      <groupId>org.springframework.boot</groupId>
      <artifactId>spring-boot-starter-test</artifactId>
      <scope>test</scope>
    </dependency>
  </dependencies>

  <build>
    <plugins>
      <plugin>
        <groupId>org.springframework.boot</groupId>
        <artifactId>spring-boot-maven-plugin</artifactId>
      </plugin>
    </plugins>
  </build>

</project>
```

Die Build-Konfiguration erbt von der Parent-Konfiguration spring-boot-starter-parent. Der Maven-Mechanismus der Parent-Konfiguration erleichtert die Wiederverwendung von Einstellungen für den Build mehrerer Projekte. Die Version des Parents bestimmt, welche Version von Spring Boot genutzt wird. Die Spring-Boot-Version definiert die Version des Spring Frameworks und die Versionen aller weiteren Bibliotheken. So muss der Entwickler keinen Stack mit passenden Versionen aller Frameworks definieren, was sonst oft eine Herausforderung ist.

6.3.3   spring-boot-starter-web als einzige Abhängigkeit

Die Anwendung hat eine Abhängigkeit zur Bibliothek spring-boot-starter-web. Diese Abhängigkeit integriert das Spring-Framework, das Spring-Web-Framework und eine Umgebung für die Abarbeitung von HTTP-Requests. Der Default für die Bearbeitung der HTTP-Requests ist ein Tomcat-Server, der als Teil der Anwendung läuft.

Also reicht die Abhängigkeit zu spring-boot-starter-web als einzige Abhängigkeit für die Anwendung aus. Die Abhängigkeit zu spring-boot-starter-test ist notwendig, um Tests zu schreiben. Den Code für den Test zeigt dieses Kapitel jedoch nicht.

6.3.4   Spring Cloud

Spring Cloud (*http://projects.spring.io/spring-cloud/*) ist eine Sammlung von Erweiterungen von Spring Boot, die für Cloud-Anwendungen und für Microservices nützlich sind.

Spring Cloud enthält weitere Starter. Um die Spring-Cloud-Starter zu nutzen, muss im dependency-management in der pom.xml ein Eintrag eingefügt werden, um die Informationen über die Spring-Cloud-Starter zu importieren. Die pom.xml-Dateien aus den Beispielen enthalten die dafür notwendigen Einstellungen bereits.

6.3.5   Maven-Plug-In

Das Maven-Plug-In spring-boot-maven-plugin ist notwendig, damit das gebaute Java-JAR eine Umgebung mit dem Tomcat-Server und der Anwendung startet. mvn clean package löscht die alten Build-Ergebnisse und erzeugt dann ein JAR. JARs sind ein Java-Dateiformat, das allen Code für eine Anwendung enthalten kann. Maven gibt dieser Datei einen Namen, der sich aus dem Projektnamen ergibt. Sie kann mit java -jar simplest-spring-boot-0.0.1-SNAPSHOT.jar gestartet werden. Spring Boot kann auch WARs (Web Archives) erstellen, die dann auf einen Java-Webserver wie Tomcat oder einen Java-Application-Server deployt werden können.

6.3.6   Spring Boot für Microservices?

Die Eignung von Spring Boot für die Umsetzung von Microservices lässt sich nach den Kriterien aus Abschnitt 6.1 entscheiden:

6.3.7   Kommunikation

Für die Kommunikation unterstützt Spring Boot REST, wie das Listing gezeigt hat. Das Listing nutzt die Spring-MVC-API. Spring Boot unterstützt auch die

JAX-RS-API. Für JAX-RS nutzt Spring Boot die Library Jersey. JAX-RS ist im Rahmen des Java Community Process (JCP) standardisiert.

Für Messaging unterstützt Spring Boot den Java Messaging Service (JMS). Das ist eine standardisierte API, mit der verschiedene Messaging-Lösungen von Java aus angesprochen werden können. Spring Boot hat Starter für die JMS-Implementierungen HornetQ (*http://hornetq.jboss.org/*), ActiveMQ (*http://activemq.apache.org/*) und ActiveMQ Artemis (*https://activemq.apache.org/artemis/*). Außerdem gibt es einen Spring-Boot-Starter für AMQP (*https://www.amqp.org/*). Dieses Protokoll ist ebenfalls ein Standard, aber auf Ebene des Netzwerkprotokolls. Der AMQP-Starter nutzt RabbitMQ (*https://www.rabbitmq.com/*) als Implementierung des Protokolls.

Für AMQP wie auch für JMS bietet Spring eine API an, die das Schicken von Nachrichten erleichtert. Außerdem können einfache Java- Objekte (Plain Old Java Objects, POJOs) mit Spring AMQP- und JMS-Nachrichten verarbeiten und auch Antworten auf Nachrichten zurückschicken.

Spring Cloud bietet Spring Cloud Streams (*https://cloud.spring.io/spring-cloud-stream/*), mit denen Anwendungen für die Verarbeitung von Datenströmen implementiert werden können. Diese Bibliothek unterstützt Messaging-Systeme wie Kafka (siehe auch Kapitel 11), RabbitMQ (siehe oben) und Redis (*https://redis.io/*). Spring Cloud Streams baut auf diesen Technologien auf und erweitert sie mit eigenen Konzepten wie Streams, statt nur die Benutzung der APIs der Technologien zu vereinfachen.

Die Integration von Technologien in Spring Boot mit Startern hat den Vorteil, dass Spring Boot die Konfiguration der Umgebung übernimmt. Die Spring-Boot-Beispielanwendung aus diesem Kapitel nutzt eine Infrastruktur zum Beispiel mit einem Tomcat-Server für die Bearbeitung der HTTP-Requests. Dazu sind keine eigene Konfiguration und keine zusätzlichen Abhängigkeiten notwendig. Solche Vereinfachungen bieten die Spring-Boot-Starter auch für Messaging- und andere REST-Technologien an.

Spring-Boot-Anwendungen können Technologien auch ohne Spring-Boot-Starter nutzen. Eine Spring-Boot-Anwendung kann jede Technologie nutzten, die Java unterstützt. Schließlich ist ein Spring-Boot-Projekt ein Java-Projekt und kann mit Java-Bibliotheken erweitert werden. Allerdings kann es sein, dass dann die Konfiguration aufwendiger ist, als wenn ein Spring-Boot-Starter genutzt wird.

6.3.8 Betrieb

Beim Betrieb hat Spring Boot ebenfalls einige interessante Ansätze:

- Für das Deployment einer Spring-Boot-Anwendung reicht es aus, die JAR-Datei auf den Server zu kopieren und zu starten. Einfacher ist ein Deployment einer Java-Anwendung kaum zu realisieren.

▨ Für die Konfiguration (*https://docs.spring.io/spring-boot/docs/1.5.4.RELEASE/
   reference/html/boot-features-external-config.html*) bietet Spring Boot zahlreiche Optionen. Eine Spring-Boot-Anwendung kann zum Beispiel die Konfiguration aus einer Konfigurationsdatei oder aus Umgebungsvariablen auslesen.
   Spring Cloud bietet eine Unterstützung für Consul als Server (siehe Kapitel 15)
   für Konfigurationen an. Die Beispiele im Buch nutzen für die Konfiguration
   application.properties-Dateien, weil sie relativ einfach handzuhaben sind.

▨ Spring-Boot-Anwendungen können Logs (*https://docs.spring.io/spring-boot/
   docs/1.5.4.RELEASE/reference/html/howto-logging.html*) sehr unterschiedlich erzeugen. Üblicherweise gibt eine Spring-Boot-Anwendung die Logs in
   der Konsole aus. Die Ausgabe in einer Datei ist ebenso möglich. Kapitel 21
   zeigt eine Spring-Boot-Anwendung, die statt eines einfachen menschenlesbaren Text-Formats die Logs als JSON-Daten an einen zentralen Server schicken. JSON erleichtert die Verarbeitung der Log-Daten auf diesem Server.

▨ Für *Metriken* bietet Spring Boot einen eigenen Starter an, nämlich den Actuator (*https://docs.spring.io/spring-boot/docs/1.5.4.RELEASE/reference/html/
   production-ready.html*). Durch eine Abhängigkeit zu spring-boot-starter-
   actuator sammelt die Anwendung einige Metriken beispielsweise über die
   HTTP-Zugriffe. Außerdem bekommt die Spring-Boot-Anwendung REST-
   Endpunkte, unter denen die Metriken als JSON-Dokumente zur Verfügung
   stehen. Das Beispiel im Kapitel 20 ist eine Spring-Boot-Anwendung, die auf
   Basis von Actuator die Daten in das Monitoring-Werkzeug Prometheus
   exportiert. Spring Boot Actuator unterstützt Prometheus aber nicht. Actuator
   kann aber mit eigenem Code so erweitert werden, dass sich auch andere
   Monitoring-Systeme integrieren lassen.

6.3.9   Neue Microservices

Das Erstellen eines neuen Microservices ist mit Spring Boot sehr einfach. Ein
Build-Skript und eine Hauptklasse reichen aus, wie das Beispiel simplest-spring-
boot gezeigt hat. Um das Erstellen eines neuen Microservices weiter zu vereinfachen, kann eine Schablone für neue Microservices erstellt werden. Die Schablone
muss für einen neuen Microservice nur kombiniert und angepasst werden. In der
Schablone können Einstellungen zur Konfiguration der Microservices oder zum
Logging definiert werden. Eine Schablone vereinfacht das Erstellen neuer Microservices und das Einhalten der Makro-Architektur-Regeln.

Eine besonders einfache Möglichkeit, um ein neues Spring-Boot-Projekt zu
erstellen, bietet *http://start.spring.io/*. Der Entwickler muss das Build-Werkzeug,
die Programmiersprache und eine Spring-Boot-Version auswählen. Zusätzlich
kann er verschiedene Starter aussuchen. Daraus erstellt die Website ein Projekt,
das die Basis für die Implementierung eines Microservice sein kann.

6.3.10 Resilience

Für Resilience kann eine Bibliothek wie Hystrix (siehe Abschnitt 14.5) nützlich sein. Hystrix implementiert die typischen Resilience-Ansätze wie Timeouts für Java-Anwendungen. Spring Cloud bietet eine Integration und eine weitere Vereinfachung für Hystrix.

6.4 Go

Go (*https://golang.org/*) ist eine Programmiersprache, die zunehmend im Bereich Microservices zum Einsatz kommt. Ähnlich wie Java orientiert sich Go an der Programmiersprache C. In vielen Bereichen ist Go aber fundamental anders.

6.4.1 Code

Das Beispiel im Kapitel 9 ist zum Teil mit Go implementiert.

Das Go-Programm reagiert auf HTTP-Anfragen mit HTML-Code:

```
package main

import (
  "fmt"
  "time"
  "log"
  "net/http"
)

func main() {
  http.Handle("/common/css/",
   http.StripPrefix("/common/css/",
   http.FileServer(http.Dir("/css"))))
  http.HandleFunc("/common/header", Header)
  http.HandleFunc("/common/footer", Footer)
  http.HandleFunc("/common/navbar", Navbar)
  fmt.Println("Starting up on 8180")
  log.Fatal(http.ListenAndServe(":8180", nil))
}

// Header und Navbar ausgelassen

func Footer(w http.ResponseWriter, req *http.Request) {
  fmt.Fprintln(w,
   `<script src="/common/css/bootstrap-3.3.7-dist/js/bootstrap.min.js" />`)
}
```

Das Schlüsselwort import importiert einige Libraries unter anderem für HTTP. Das Hauptprogramm main definiert, auf welche URLs welche Methoden reagie-

ren sollen. So gibt die Methode Footer HTML-Code aus. Für die URL /common/
css liefert die Anwendung hingegen Inhalte aus Dateien.

Wie man sieht, ist es auch mit Go sehr einfach, einen REST-Service zu implementieren. Bibliotheken wie Go kit (*https://github.com/go-kit/kit*) bieten noch
viele weitere Funktionalitäten, um Microservices zu implementieren.

6.4.2 Build

Go-Compiler sind für Docker-Umgebungen besonders gut geeignet, weil sie statische Binaries erzeugen können. Statische Binaries benötigen keine weiteren
Abhängigkeiten und auch keine Linux-Distribution. Allerdings müssen die
Anwendungen zu Linux-Binaries kompiliert werden. Dazu ist eine Go-Umgebung notwendig, die Linux-Binaries erzeugen kann.

6.4.3 Docker Multi Stage Builds

Das Beispiel im Kapitel 9 nutzt Docker Multi Stage Builds. Ein solcher Build teilt
das Bauen des Docker-Images in mehrere Stages auf. So kann der erste Stage das
Programm in einem Docker-Container mit einer Go-Build-Umgebung kompilieren. Der zweite Stage kann das Go-Programm in einem Docker-Container ausführen, der nur das kompilierte Programm enthält. Dann hat die Laufzeit-Umgebung keine Build-Werkzeuge und ist daher leichtgewichtiger.

Docker Multi Stage Builds sind nicht besonders kompliziert, wie ein Blick in
das Dockerfile zeigt:

```
 1  FROM golang:1.8.3-jessie
 2  COPY /src/github.com/ewolff/common /go/src/github.com/ewolff/common
 3  WORKDIR /go/src/github.com/ewolff/common
 4  RUN CGO_ENABLED=0 GOOS=linux go build -a -installsuffix cgo -o common .
 5
 6  FROM scratch
 7  COPY bootstrap-3.3.7-dist /css/bootstrap-3.3.7-dist
 8  COPY --from=0 /go/src/github.com/ewolff/common/common /
 9  ENTRYPOINT ["/common"]
10  CMD []
11  EXPOSE 8180
```

Das Base-Image golang enthält die Go-Installation (Zeile 1). In dieses Image wird
der Go-Quellcode kopiert (Zeile 2) und schließlich kompiliert (Zeile 3/4). Damit
ist die Stage 0 des Builds beendet.

Stage 1 erzeugt ein neues Docker-Image. Das Image scratch (Zeile 6) ist ein
leeres Docker-Image. In dieses Image kopiert das Dockerfile die bootstrap-Bibliothek (Zeile 7) und das kompilierte Go-Binary aus dem Stage 0 (Zeile 8). Die
Option --from=0 zeigt an, dass die Datei von dem Stage 0 des Docker-Builds
kommt.

Schließlich definiert ENTRYPOINT das Binary, das gestartet werden soll (Zeile 9). CMD (Zeile 10) definiert, dass dem Start keine Optionen übergeben werden sollen. Normalerweise wäre der ENTRYPOINT eine Shell, die den mit CMD konfigurierten Prozess startet. In dem scratch-Image ist jedoch gar keine Shell vorhanden. Also ersetzt ENTRYPOINT die Shell durch das Go-Binary und CMD definiert, dass dieses Binary ohne Optionen gestartet werden soll. EXPOSE gibt den Port 8180, auf den der Prozess horcht, nach draußen frei.

6.4.4   Multi Stage Builds: Vorteile

Multi Stage Builds haben einige Vorteile:

- Build und Laufzeit sind klar *getrennt*. In der Laufzeit-Umgebung stehen keine Build-Werkzeuge zur Verfügung.

- Auf dem lokalen Rechner muss *keine Go-Umgebung* installiert sein. Weil das Zielsystem ein Linux-Docker-Container ist, müsste sonst auf dem lokalen Rechner sogar eine Umgebung für Go-Linux-Cross-Kompilierung installiert sein.

- Das Image ist sehr klein. Es sind 6,91 MB. 5,92 MB davon sind das Go Binary und 984 kB die bootstrap-Bibliothek.

- Das Image enthält keine Linux-Distribution und hat damit aus Sicherheitssicht eine minimale Angriffsfläche.

Ein Multi Stage Build erzeugt allerdings bei jedem Build ein neues Docker-Image, das nur für den Build-Prozess benötigt wird und danach beseitig werden kann. Irgendwann müssen diese Images gelöscht werden. Sie sind jedoch nur auf dem Build-Host oder dem Entwickler-Rechner vorhanden, sodass einfach zu einem definierten Zeitpunkt alle alten Docker-Images zum Beispiel mit docker image prune gelöscht werden können.

6.4.5   Go für Microservices?

Die Kriterien aus Abschnitt 6.1 für die Umsetzung von Microservices können als Basis dienen, um Go auf die Eignung als Microservices-Programmiersprache zu prüfen.

6.4.6   Kommunikation

Go unterstützt REST mit den Standard-Libraries. Aber auch für Messaging-Systeme wie AMQP gibt es Libraries, beispielsweise *https://github.com/streadway/ amqp*. Ebenfalls gibt es für Redis (*https://github.com/go-redis/redis*) eine Library. Aufgrund der großen Verbreitung von Go kommt mittlerweile kaum eine Kommunikations-Infrastruktur ohne Unterstützung für Go aus.

6.4.7   Betrieb

Beim Betrieb bietet Go ebenfalls viele Möglichkeiten:

▤ Das *Deployment* in einem Docker-Container ist wie schon dargestellt mit Docker Multi Stage Builds sehr einfach.

▤ Bibliotheken wie Viper (*https://github.com/spf13/viper*) unterstützen die *Konfiguration* von Go-Anwendungen. Diese Bibliothek unterstützt Formate wie YAML oder JSON.

▤ Go selber bietet bereits eine Unterstützung für Logs. Das Go-Microservices-Framework Go Kit enthält weitere Features für Logs (*https://godoc.org/github.com/go-kit/kit/log*) in komplexeren Szenarien.

▤ Für *Metriken* unterstützt Go Kit (*https://godoc.org/github.com/go-kit/kit*) eine Vielzahl von Werkzeugen wie Prometheus (siehe Kapitel 20), aber auch Graphite oder InfluxDB.

6.4.8   Neue Microservices

Für einen neuen Microservice reicht es, den Docker-Build zu erstellen und dann den Sourcecode zu schreiben. Das ist nicht sonderlich aufwendig.

6.4.9   Resilience

Das Go Kit enthält eine Implementierung von Resilience-Patterns wie Circuit Breaker (*https://godoc.org/github.com/go-kit/kit/circuitbreaker*). Ebenso gibt es eine Portierung der Hystrix-Library (*https://github.com/afex/hystrix-go*) für Go.

6.5   Variationen

Die technischen Mikro-Architektur-Entscheidungen können für jeden Microservice unterschiedlich getroffen werden. Aber es gibt einen Zusammenhang mit den Makro-Architektur-Entscheidungen. Die Einheitlichkeit der Betriebsaspekte kann durch die Makro-Architektur erzwungen werden. Wenn in einer Spring-Boot-Microservices-Architektur ein Microservice mit anderen Technologien implementiert werden soll, so kann das zu einigem Aufwand führen.

Eine Makro-Architektur-Entscheidung könnte sein, Konfigurationen aus einer application.properties auszulesen. Diese Entscheidung schränkt die Implementierungstechnologie nicht sein. Aber für eine Spring-Boot-Anwendung ist die Umsetzung sehr einfach, weil dieser Mechanismus in Spring Boot eingebaut ist. Eine Go-Anwendung müsste hingegen an diese Anforderung angepasst werden.

Dieser Effekt unterstützt eine einheitliche Technologiewahl bei den Microservices, denn eine Implementierung eines Microservice mit Spring Boot ist einfacher. Daher werden Entwickler Spring Boot vorziehen. Eine einheitliche Technologiewahl hat weitere Vorteile. Beispielsweise finden sich Entwickler eher in anderen Projekten zurecht und Entwickler unterschiedlicher Microservices können sich in Technologiefragen gegenseitig unterstützen.

Um andere Technologien wirklich gleichberechtigt zu behandeln, sollte eine andere Makro-Architektur-Entscheidung gefällt werden. Spring Boot bietet viele weitere Optionen (*https://docs.spring.io/spring-boot/docs/1.5.6.RELEASE/reference/html/boot-features-external-config.html*). So kann die Konfiguration in Umgebungsvariablen abgelegt, in der Kommandozeile übergeben oder von einem Konfigurationsserver ausgelesen werden.

6.5.1   Alternativen zu Spring Boot

Im Java-Bereich gibt es einige Alternativen zu Spring Boot:

- Eine klassische Java-EE-Anwendung mit einem Application-Server oder einem Web-Server ist als Implementierung für einen Microservice denkbar. Allerdings ist das Deployment dann aufwendiger, weil der Application-Server zusätzlich installiert werden muss. Außerdem müssen Application-Server und Anwendung konfiguriert werden und das gegebenenfalls mit zwei unterschiedlichen Technologien. Am Sinn der Application-Server gibt es sowieso Zweifel, siehe z.B. *https://jaxenter.de/zwei-jahre-nach-dem-tod-der-java-application-server-leben-totgesagte-laenger-38603*.
- Mit Wildfly Swarm (*http://wildfly-swarm.io/*) steht eine Option bereit, die ein einfaches JAR-Deployment anbietet, aber statt den Spring-APIs die standardisierten Java-EE-APIs implementiert und sie mit Technologien aus dem Microservices-Bereich wie Hystrix ergänzt.
- Dropwizard (*http://www.dropwizard.io/*) bietet schon lange die Möglichkeit an, vor allem Java-REST-Services recht einfach zu entwickeln und als JARs zu deployen.

Natürlich gibt es auch andere Möglichkeiten für die Wahl der Programmiersprache als Java oder Go. Die Kriterien aus Abschnitt 6.1 sind ein Maßstab, um die Technologien auf ihre Eignung für Microservices zu prüfen, wie es der Abschnitt 6.3 für Spring Boot und Go tut. Eine solche Bewertung empfiehlt sich für jede eingesetzte Technologie. Die Beispiele im Kapitel 8 sind zum größten Teil mit Node.js und JavaScript implementiert. Auch mit diesen Technologien können also Microservices umgesetzt werden.

6.6   Fazit

Die einzelnen Microservices können sich in der technischen Mikro-Architektur sehr stark unterscheiden. Genau diese Freiheit ist ein wesentlicher Vorteil der Microservices-Architekturen:

▓ Aus der Makro-Architektur und den Herausforderungen bei der Implementierung von Microservices lassen sich Anforderungen an die Mikro-Architektur und die Microservices-Technologien ableiten.

▓ Reactive Programming kann für die Implementierung von Microservices genutzt werden, aber das ist nicht zwingend, um die Anforderungen zu erfüllen.

▓ Spring Boot und Java erfüllen die Anforderungen, so wie Go mit den passenden Libraries das auch tut.

▓ Darüber hinaus gibt es viele weitere Alternativen.

Da jeder Microservice eine andere Mikro-Architektur und andere Technologien
nutzen kann, sind die technischen Entscheidungen auf dieser Ebene nicht so
wichtig. Sie können in jedem Microservice revidiert werden. Der Rest des Buchs
diskutiert vor allem Technologien, die eine Auswirkung auf die Makro-Architektur und damit das gesamte System haben. Diese Technologien haben viel weitrei-
chendere Auswirkungen.

7   Konzept: Frontend-Integration

Dieses Kapitel zeigt, wie Microservices im Web-Frontend integriert werden können:

- Zunächst diskutiert das Kapitel, warum das Web-Frontend einer Microser-
  vices-Architektur modularisiert sein soll.
- Single Page Apps (SPA) sind schwer zu modularisieren.
- ROCA (Resource-oriented Client Architecture) ist eine Ansatz für Web-Ober-
  flächen, der Modularisierung unterstützt.
- Des Weiteren zeigt das Kapitel auf, welche Integrationsoptionen es gibt.
- Schließlich werden Vor- und Nachteile der einzelnen Integrationsoptionen
  besprochen.

So zeigt das Kapitel, wie Frontend-Integration umgesetzt werden kann und in
welchen Szenarien es sinnvoll ist.

7.1   Frontend: Monolith oder modular?

Abbildung 7–1 zeigt einen Frontend-Monolithen, der als Frontend für mehrere
Microservices dient.

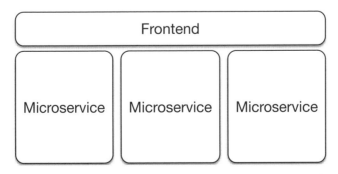

Abb. 7–1   *Frontend-Monolith mit Microservices-Backend*

7.1.1 Option: monolithisches Frontend und Backend

Im Frontend auf eine Modularisierung zu verzichten, ist inkonsequent. Auf der einen Seite steht ein Backend, das in Microservices modularisiert ist. Damit geht ein hoher Aufwand beispielsweise beim Betrieb einher. Auf der anderen Seite steht ein monolithisches Frontend. Eine solche Architektur muss hinterfragt werden. Das Ergebnis muss nicht unbedingt ein modularisiertes Frontend sein. Es kann sich auch herausstellen, dass ein monolithisches Frontend mit einem monolithischen Backend die Anforderungen ebenfalls erfüllt. Dann kann man den Aufwand für die Modularisierung des Backends in Microservices einsparen. Das kann zum Beispiel der Fall sein, wenn der Vorteil des getrennten Deployment und der weiteren Isolation in anderen Bereichen (siehe Abschnitt 1.2) doch nicht so wichtig ist.

Abbildung 7–2 zeigt einen Frontend-Monolithen, der als Frontend für ein monolithisches Backend dient.

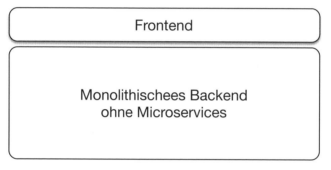

Abb. 7–2   *Frontend-Monolith mit Backend-Monolith*

7.1.2 Option: modular entwickeltes Frontend

Natürlich kann ein Frontend, das monolithisch deployt wird, modular entwickelt werden. Leider zeigt die Erfahrung, dass modulare Entwicklung oft doch zu einem unwartbaren, nicht-modularen System führt, weil die Grenzen zwischen den Modulen sich mit der Zeit auflösen. Die Grenzen zwischen getrennt deploybaren Modulen wie Microservices sind nicht so einfach zu unterlaufen, sodass die Modularisierung langfristig gesichert bleibt.

Dennoch kann beispielsweise jedem Microservice ein Modul in dem Frontend zugeordnet werden, um so die Entwicklung zu entkoppeln und zu parallelisieren. Allerdings muss dann der Frontend-Monolith immer noch als Ganzes deployt werden. Das getrennte Deployment ist der Vorteil von Microservices gegenüber anderen Modularisierungen.

Abbildung 7–3 zeigt einen Frontend-Monolithen, der in Module aufgeteilt ist.

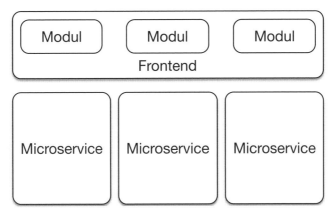

Abb. 7–3   *Frontend-Monolith mit Modulen*

7.1.3   Gründe für einen Frontend-Monolithen

Ein Frontend-Monolith kann eine gute Wahl sein:

▦ *Native mobile Anwendungen* oder *Rich-Client-Anwendungen* sind immer Deployment-Monolithen. Sie können nur als Ganzes ausgeliefert werden. Mobile Anwendungen müssen bei einem Update sogar durch einen Review-Prozess im App Store, wodurch das Deployment noch mehr Zeit benötigt. Allerdings kann man diesen Mechanismus bis zu einem gewissen Maß »unterlaufen«: Eine App kann Webseiten anzeigen. Die können von einem Microservices-System erzeugt werden, das Web-Frontend-Integration nutzt. Frameworks wie Cordova (*https://cordova.apache.org/*) erlauben Web-Anwendungen sogar, spezielle Features der Mobiltelefone auszunutzen oder eine Web-Anwendung im App Store zum Download anzubieten. Es können also Kompromisse zwischen nativen Anwendungen und Web-Anwendungen implementiert werden.

▦ *Single Page Apps (SPAs)* sind ebenfalls nur als Ganzes deploybar. Es gibt für Web-Anwendungen genügend Alternativen zu SPAs, um eine Anwendung im Frontend vollständig zu modularisieren. Die Grenzen sind fließend: SPAs können Links auf andere Seiten oder andere SPAs enthalten und HTML von einem System nachladen. So können SPAs im Frontend integriert werden. In der Praxis führen SPAs trotz dieser theoretischen Möglichkeiten typischerweise zu einem Frontend-Deployment-Monolithen.

▦ Wenn es *ein Team* gibt, dass sich mit Frontend-Entwicklung beschäftigt, kann das ein Grund sein, ein monolithisches Frontend zu entwickeln. Jedes Team sollte für eine Komponente verantwortlich sein. Wenn das Frontend-Team nicht aufgelöst werden soll, weil das eine zu große organisatorische Änderung ist oder das Team an einem anderen Ort als die übrigen Teams arbeitet, kann ein monolithisches Frontend sinnvoll sein.

▨ Schließlich kann es sein, dass die *Migration* von einem vorhandenen System besonders einfach ist, wenn das monolithische Frontend erhalten bleibt.

7.1.4   Modularisiertes Frontend

Die Alternative zu einem monolithischen Frontend ist ein vollständig modularisiertes Frontend. Abbildung 7–4 zeigt ein modularisiertes Frontend, bei dem jeder Microservice sein eigenes Frontend mitbringt. Das Frontend ist genauso wie das Backend ein Teil der getrennt deploybaren Microservices. Eine solche Modularisierung des Frontends hat viele Vorteile. Abschnitt 2.1 hat gezeigt, dass Microservices und Self-contained Systems fachlich unabhängig sein können. Wenn die Microservices jeweils einen Teil des modularisierten Frontends enthalten, dann kann eine fachliche Änderung durch Modifikation und Deployment eines Microservice umgesetzt werden, selbst wenn dazu Änderungen am Frontend notwendig sind. Wenn die UI hingegen ein Monolith ist, werden viele fachliche Änderungen auch Modifikationen am UI-Monolithen erfordern, sodass der UI-Monolith ein Änderungsschwerpunkt wird.

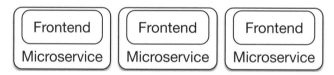

Abb. 7–4   *Modularisiertes Frontend*

7.1.5   Modularisiertes Frontend und Frontend-Integration

Um die getrennt deployten Frontends zu einem Gesamtsystem zu machen, müssen die Frontends integriert werden. Die Modularisierung soll die Entwicklung entkoppeln. Dennoch muss ein Gesamtsystem entstehen. Mit anderen Worten: Ein in verschiedene Microservices modularisiertes Frontend ist nur möglich, wenn ein Ansatz für die Frontend-Integration gewählt worden ist. Dazu sind unterschiedliche technische Ansätze möglich, die im Mittelpunkt dieses und der folgenden Kapitel stehen.

7.2   Optionen

Für die Frontend-Integration gibt es unterschiedliche Optionen:

▨ Die einfachste Option sind *Links*. Ein Frontend zeigt einen Link an, auf das ein anderes Frontend reagiert. Genau auf diesem Mechanismus setzt das

World Wide Web (WWW) auf: Ein System erzeugt einen Link zu einem anderen System.

- *Redirects* sind eine weitere Möglichkeit. Beispielsweise nutzt OAuth2 diesen Ansatz: Eine Website leitet zu einem OAuth2-Anbieter wie Facebook oder Google um. Dort gibt der Benutzer sein Passwort ein und bestätigt, dass die Website Zugriff auf bestimmte Informationen bekommen darf. Dann wird der Benutzer durch ein weiteres Redirect wieder auf die Website umgeleitet. Hinter den Kulissen bekommt die Website die Daten des Benutzers geliefert. Redirects können also eine Frontend-Integration mit einer Datenübertragung im Hintergrund kombinieren.

- Schließlich gibt es verschiedene Möglichkeiten zur *Transklusion*. Dabei werden Inhalte einer Webseite mit den Inhalten einer anderen Webseite kombiniert. Das kann entweder auf dem Server geschehen oder auf dem Client. Kapitel 8 zeigt ein Beispiel, bei dem Transklusion auf dem Client mit JavaScript umgesetzt ist. Kapitel 9 hingegen zeigt Transklusion auf Serverseite mit ESI (Edge-side Includes). Der Blog-Artikel unter *https://www.innoq.com/de/blog/transclusion/* gibt einen Überblick über weitere Möglichkeiten.

Diese Optionen können natürlich alle miteinander kombiniert werden. Das führt aber zu einer hohen technischen Komplexität. Daher sollte man zunächst versuchen, nur mit Links auszukommen, die eine sehr niedrige Komplexität haben, und erst dann weitere Optionen hinzufügen.

7.3 Resource-oriented Client Architecture (ROCA)

Die Modularisierung und Integration im Frontend haben Auswirkungen auf den Architektur-Ansatz und die Technologien im Frontend. Für eine Integration im Frontend sind SPAs eher schlecht geeignet. Es stellt sich also die Frage, welche Frontend-Architektur für eine Integration besser geeignet ist.

ROCA (Resource-oriented Client Architecture (*http://roca-style.org/*)) ist ein Ansatz für die Implementierung von Web-Anwendungen. Er setzt auf etablierte Technologien wie HTML und führt zu einer Architektur, die für Frontend-Modularisierung und Frontend-Integration viele Vorteile beinhaltet.

7.3.1 ROCA-Prinzipien

ROCA hat folgende Prinzipien:

- Der Server hält sich an *REST*. Alle Ressourcen haben eine eindeutige URL. Links auf Webseiten können per E-Mail verschickt und dann von anderen Browsern aus aufgerufen werden, wenn die dafür notwendigen Berechtigungen gegeben sind. HTTP-Methoden werden korrekt verwendet. GETs ändern beispielsweise keine Daten. Der Server ist zustandslos.

- Durch URLs identifizierte Ressourcen können *andere Repräsentationen* neben HTML wie z.B. JSON oder XML haben. So stehen die Daten nicht nur Menschen zur Verfügung, sondern Anwendungen können ebenfalls auf die Informationen zugreifen.

- Alle *Logik* ist auf dem *Server*. Dementsprechend dient JavaScript auf dem Client nur zur Optimierung der Benutzeroberfläche. Das System soll sogar durch andere Clients als Browser zugreifbar sein. Logik auf dem Server ist aus Sicherheitsgründen wünschenswert, weil der Client manipuliert sein könnte. Außerdem wird so die Änderung der Logik vereinfacht: Sie ist an einem Punkt implementiert. Es müssen nicht eine Vielzahl an Clients aktualisiert werden.

- Die *Authentifizierungsinformationen* werden im *HTTP-Request* mitgeliefert. Dazu können HTTP Basic, Digest, Client-Zertifikate oder Cookies dienen. So können die Authentifizierung und die Autorisierung alleine anhand von Informationen aus dem HTTP-Request stattfinden. Also ist keine serverseitige Session für die Authentifizierungsinformationen notwendig.

- *Cookies* dürfen nur für Authentifizierung, Tracking oder als Schutz gegen Cross Site Request Forgery genutzt werden. Sie dürfen also keine Geschäftsinformationen enthalten.

- Es darf *keine serverseitige Session* geben. Die Nutzung von Sessions widerspricht den Ideen von HTTP, weil so das Kommunikationsprotokoll nicht mehr zustandslos ist. Dieser Zustand erschwert die Implementierung von Ausfallsicherheit und Lastverteilung. Einzige Ausnahme können Daten sein, die zusätzlich zu den Authentifizierungsinformationen im HTTP-Request zur Authentifizierung notwendig sind.

- Die *Browser-Bedienelemente* wie der Back-, Forward- oder Refresh-Button sollen funktionieren. Das ist eigentlich selbstverständlich, aber viele Web-Anwendungen mit JavaScript-Logik haben damit Schwierigkeiten oder müssen viel Aufwand betreiben, um die Funktionen der Buttons sicherzustellen.

- Das *HTML* darf *keine Layout-Informationen* enthalten und sollte durch Screen Reader zugreifbar sein. Das Layout wird durch CSS definiert, sodass Layout und Inhalt getrennt sind.

- JavaScript kann verwendet werden, aber nur in Form von *Progressive Enhancement*. Die Anwendung kann sogar ohne JavaScript genutzt werden – nur nicht so einfach und bequem.

- *Logik* darf *nicht* auf Client und Server *redundant* implementiert werden. Da die Geschäftslogik auf dem Server umgesetzt ist, darf sie also nicht noch einmal auf dem Client implementiert werden.

Eigentlich sind ROCA-Anwendungen ganz normale Web-Anwendungen. Sie nutzen die Web-Prinzipien so, wie sie ursprünglich gedacht waren.

7.3.2   Vorteile der ROCA-Architektur

ROCA hat einige Vorteile:

▦ Die Anwendungen haben eine *saubere Architektur*. Die Logik ist auf dem Server. Änderungen an der Logik können einfach durch eine neue Server-Version ausgerollt werden.

▦ Ebenso können alle *Features des Webs* verwendet werden. URLs können verschickt werden, weil sie Ressourcen eindeutig identifizieren. HTTP Caches können verwendet werden, weil beispielsweise HTTP GETs keine Daten ändern dürfen. Optimierungen in den Browsern, um Nutzern möglichst schnell die ersten Teile einer Webseite zu zeigen und möglichst schnell Interaktionen mit der Webdeite zuzulassen, werden ebenfalls ausgenutzt.

▦ Die Anwendungen kommen mit *wenig Bandbreite* aus, da kaum mehr als HTML übertragen werden muss und das auch nur für die tatsächlich besuchten Webseiten. Bei einer SPA muss die gesamte Anwendung übertragen werden, bevor überhaupt eine Interaktion möglich ist.

▦ Außerdem ist die Lösung *schnell*: Gerade bei mobilen Geräten lässt die Geschwindigkeit der JavaScript-Implementierungen oft noch zu wünschen übrig. ROCA-Anwendungen kommen mit einem Minimum an JavaScript aus.

▦ Schließlich führt ein *Fehler im JavaScript* oder bei der Übertragung des Java-Script-Codes wegen eines Problems im Netzwerk nur dazu, dass die Anwendung nicht so einfach benutzbar ist. Sie steht aber immer noch zur Verfügung. Wenn Logik im JavaScript implementiert wäre, wäre das nicht der Fall und die Anwendung hätte weniger Resilience.

▦ Auch Nutzer mit *ausgeschaltetem JavaScript* können die Anwendung noch verwenden. Solche Nutzer gibt es heutzutage jedoch praktisch nicht mehr, sodass dieser Vorteil keine Rolle spielt.

7.3.3   ROCA vs SPAs

ROCA ist ein Gegenentwurf zu SPAs (Single Page Apps), bei denen der Browser nur genutzt wird, um JavaScript-Code auszuführen. ROCA nutzt die Optimierungen des Browsers für HTML und HTTP aus und auch die anderen Vorteile einer echten Web-Anwendung. Natürlich kann auch ein ROCA-System Java-Script wie diskutiert verwenden.

7.3.4   Integrationsmöglichkeiten

ROCA erlauben eine konsequente Modularisierung, weil im Frontend HTML im Vordergrund steht. JavaScript dient nur zur Verbesserung der Benutzbarkeit. So kann das System modularisiert werden, indem HTML-Seiten Links auf andere

HTML-Seiten haben, die von anderen Microservices stammen können. Oder die HTML-Seiten können sogar aus mehreren Bestandteilen zusammengestellt werden. Jeder Bestandteil kann von einem anderen Microservice kommen. Weil ROCA alle Optionen für Frontend-Integration unterstützt, stellt ROCA eine gute Basis für eine Frontend-Integration und eine Microservices-Architektur dar.

7.4   Herausforderungen

Frontend-Integration bedeutet, dass das Frontend aus mehreren Systemen zusammengestellt wird. Das führt zu Herausforderungen.

7.4.1   Einheitliches Look & Feel

Es ist beispielsweise nicht ganz so einfach, ein einheitliches Look & Feel und Design der Gesamtanwendung zur erreichen. Ein einheitliches Look & Feel ist meistens mit der gemeinsamen Nutzung von Artefakten verbunden: Mehrere Microservices müssen sich CSS, Fonts oder JavaScript-Code teilen, die zur Implementierung des Designs notwendig sind. Abschnitt 2.2 hat das Thema Look & Feel bereits erläutert und eine Lösung mit dem Ansatz der Makro-Architektur gezeigt.

7.4.2   Schnittstellen in der Frontend-Integration

Transklusion erzeugt eine subtile Art der Schnittstellendefinitionen. Normalerweise ist eine Schnittstelle durch Datentypen und Operationen definiert. Das ist bei einer Frontend-Integration offensichtlich nicht so. Dennoch gibt es eine Art Schnittstellendefinition: Beispielsweise muss HTML-Code sich in eine andere Seite integrieren, wenn es in einem anderen Frontend eingeblendet wird. Dazu kann es notwendig sein, dass gemeinsame CSS-Klassen existieren. Also müssen die Frontends dieselben CSS-Klassen besitzen. Wenn in dem eingeblendeten HTML JavaScript verwendet wird, müssen das JavaScript und die verwendeten JavaScript-Libraries in den anderen Webseiten verfügbar sein. Ingesamt bilden diese Anforderungen eine Art Schnittstellendefinition, die sicher stellt, dass HTML tatsächlich eingeblendet werden kann. Wenn Links oder Redirects verwendet werden, gibt es diese Herausforderung nicht. Nur die URL muss bekannt sein. Die verlinkte Seite kann völlig anderes CSS und JavaScript nutzen. Also bindet Transklusion die Systeme stärker aneinander als dies bei Links der Fall ist.

7.4.3   UI-Änderungen werden querschnittlich

Wenn die Änderungen an einem System typischerweise nur Änderungen an der UI erfordern, dann kann das bei einer Frontend-Modularisierung einen erhöhten

Aufwand bedeuten. Schließlich ist die UI auf die verschiedenen Frontends verteilt, so dass eine Änderung am Frontend querschnittlich wird und daher alle Frontends angepasst werden müssen. Wenn also ständig im Rahmen von Redesigns die UI neu gestaltet wird oder ständig CSS geändert wird, dann kann eine Frontend-Modularisierung den Aufwand erhöhen. Eine Frontend-Modularisierung hat aber selbst bei diesen Änderungen einen Vorteil: Die Änderung kann schrittweise erfolgen, indem nur jeweils ein Frontend angepasst wird. Das kann das Risiko der Änderungen minimieren.

Außerdem sollten Änderungen, die nur in der UI stattfinden, weit weniger häufig sein, als fachliche Änderungen, die sich durch alle Schichten ziehen.

7.5 Vorteile

Die Frontend-Integration hat einige Vorteile zu bieten, die diesen Ansatz attraktiv machen.

7.5.1 Lose Kopplung

Die Integration im Frontend erzeugt eine lose Kopplung. Wenn beispielsweise Links für die Integration verwendet werden, dann muss für eine Integration nur eine URL bekannt sein. Was sich hinter der URL verbirgt und wie die Informationen dargestellt werden, ist egal und kann geändert werden. Also kann eine Änderung auf ein Frontend begrenzt werden, selbst wenn die Seite vollständig anders aussieht.

7.5.2 Logik und UI in einem Microservices

Daraus ergibt sich ein Vorteil aus der Sicht der Architektur: Alle Logik zu einer bestimmten Funktionalität ist in einem Microservice implementiert. Beispielsweise kann ein Microservice dafür verantwortlich sein, eine To-Do-Liste zu pflegen und anzuzeigen, auch wenn die Liste in der UI eines anderen Microservice integriert dargestellt wird. Wenn in der To-Do-Liste weitere Informationen wie beispielsweise eine Priorität angezeigt werden sollen, kann die Logik, die Datenhaltung, aber auch die Darstellung durch Änderung von nur einem Microservice umgesetzt werden, selbst wenn ein anderer Microservice die Darstellung integriert.

7.5.3 Freie Wahl von Frontend-Technologien

Ein weiterer Einflussfaktor für Frontend-Integration sind die Frontend-Technologien. Gerade bei Frontend-Technologien gibt es sehr viele Innovationen. Ständig gibt es neue JavaScript-Frameworks und neue Möglichkeiten, attraktive Oberflä-

chen zu gestalten. Ein wichtiger Vorteil von Microservices ist die Technologiefreiheit. Jeder Microservice kann eigene Technologien wählen. Wenn Technologiefreiheit auch für das Frontend gelten soll, dann muss jeder Microservice sein
eigenes Frontend mitbringen, das eine eigene Technologie nutzen kann. Dazu
müssen die Frontends geeignet integriert sein. Insbesondere muss darauf geachtet
werden, dass die Integration den Einsatz von Frontend-Technologien möglichst
wenig einschränkt. Wenn die Integration beispielsweise eine bestimmte Java-
Script-Library erzwingt, dann kann das die Technologiewahl einschränken, weil
es bei JavaScript nicht möglich ist, eine andere Version dieser Library parallel zu
nutzen. So erzwingt die clientseitige Integration in Kapitel 8, dass jedes Frontend
eine bestimmte jQuery-Version nutzt.

7.6   Variationen

Insbesondere Self-contained Systems (SCS) (siehe Kapitel 3) stellen die Frontend-
Integration in den Mittelpunkt.

Die nächsten Kapitel zeigen die verschiedenen Variationen für eine Frontend-
Integration: Kapitel 8 zeigt, wie Links und eine Transklusion auf der Client-Seite
funktionieren. Kapitel 9 zeigt die Integration auf der Server-Seite mit ESI (Edge-
Side Includes).

Typischerweise nutzt ein Microservices-System über Frontend-Integration
hinaus auch synchrone Kommunikation (Kapitel 13) oder asynchrone Kommunikation (Kapitel 10). Die Verwendung mehrerer Integrationsansätze ist üblich und
ohne Weiteres möglich.

Letztendlich muss der Browser nur auf die verschiedenen Backends per
HTTP zugreifen können. Daher stellt Frontend-Integration wenig Anforderungen an die genutzten Technologien.

7.7   Fazit

Generell sollte eine Integration auf Frontend-Ebene immer betrachtet werden,
wenn es möglich ist. Zu oft werden Microservices nur als Ansatz für das Backend
umgesetzt, obwohl durch den Fokus auf das Frontend die Kopplung einfacher
und flexibler sein kann und es sichergestellt werden kann, dass tatsächlich die
gesamte Logik inklusive der Logik für die Darstellung in einem Microservice
umgesetzt ist.

Frontend-Integration erlaubt eine lose Kopplung der Microservices. Schon
die Nutzung von Links und von etwas JavaScript-Code kann ausreichend sein,
um die Frontends verschiedener Microservices zu integrieren. Wichtig ist es also,
nicht gleich einen komplexen Technologie-Stack zu definieren, sondern zunächst
auszuleuchten, was man mit einfachen Mitteln erreichen kann. Das führt zu
einem weiteren Vorteil: Die technische Komplexität der Lösung ist nicht beson-

ders hoch. Es werden nur Web-Anwendungen genutzt – zwar mehr als üblich, aber qualitativ gibt es keine neuen Bestandteile.

Aber selbst bei der Nutzung von serverseitiger Integration ist die Integration im Frontend immer noch nicht besonders aufwendig und führt dennoch zu einer losen Kopplung.

8 Rezept: Links und clientseitige Integration

Dieses Kapitel zeigt ein Beispiel für eine Frontend-Integration mit Links und JavaScript.

Der Leser erfährt in diesem Kapitel:

- Für welche Szenarien ein einfacher Ansatz für die Frontend-Integration mit Links und JavaScript tragfähig ist.

- Das Beispiel in diesem Kapitel ist kein SCS. Das zeigt, dass Frontend-Integration nicht nur in Self-contained Systems (SCS) sinnvoll ist, sondern auch in anderen Szenarien.

- Wie eine Integration mit Links und JavaScript umgesetzt werden kann.

- Mit welchen Mechanismen ein einheitliches Look & Feel bei einer solchen Integration möglich ist.

8.1 Überblick

Das Beispiel in diesem Kapitel ist eine klassische Versicherungsanwendung, die Sachbearbeiter bei der Interaktion mit Kunden unterstützen soll. Es ist als Prototyp für eine reale Versicherung entstanden. So zeigt das Beispiel, wie eine solche eher klassische Anwendung mit Frontend-Integration und als Web-Anwendung umgesetzt werden kann.

Das Beispiel zeigt die Aufteilung eines Systems in mehrere Web-Anwendungen und die Integration dieser Anwendungen. Eine Grundlage hierfür stellt ROCA dar. Das ist ein Ansatz für die Implementierung von Web-Anwendungen (siehe Abschnitt 7.3), der gerade für die Frontend-Integration einige wesentliche Vorteile besitzt.

Das Beispiel ist als Prototyp entstanden, der zeigt, wie eine Web-Anwendung mit ROCA umgesetzt werden kann und welche Vorteile dabei entstehen. Die beiden innoQ-Mitarbeitern Lucas Dohmen und Marc Jansing haben das Beispiel implementiert.

8.1.1   Suche

Die Versicherungsanwendung steht unter *https://crimson-portal.herokuapp.com/*
bereit. Sie kann auch auf einem lokalen Rechner als Docker-Container ausgeführt
werden (siehe Abschnitt 8.2).

Auf der Hauptseite gibt es eine Eingabezeile, mit der man nach Kunden
suchen kann (siehe Abbildung 8–1). Um die Daten eines Kunden anzuzeigen,
nutzt man das Suchfeld. Der Name wird während der Eingabe vervollständigt.
Dazu nutzt das Frontend jQuery.

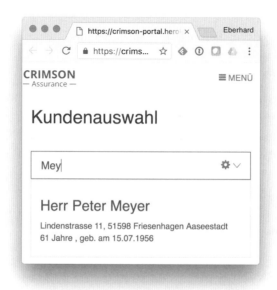

Abb. 8–1   *Screenshot Versicherungsbeispiel*

8.1.2   Postbox

Eine weitere Funktionalität ist die Postbox. Mit einem Klick auf das Postbox-
Icon auf der Hauptseite bekommt der Nutzer einen Überblick über die aktuellen
Nachrichten. Der Überblick wird in die aktuelle Hauptseite mit JavaScript einge-
blendet (siehe Abbildung 8–2).

Die gesamte Anwendung nutzt ein einheitliches Frontend. Wenn man jedoch
auf die Adresszeile schaut, stellt man fest, dass mehrere Web-Anwendungen am
Werke sind, nämlich jeweils eine Webanwendung für die Hauptanwendung
(*https://crimson-portal.herokuapp.com/*), für das Melden von Schäden (*https://
crimson-damage.herokuapp.com/*), für das Schreiben von Briefen (*https://crim-
son-letter.herokuapp.com/*) und für die Postbox (*https://crimson-postbox.hero-*

kuapp.com/). Dennoch hat das Frontend bei allen diesen Anwendungen dasselbe
Look & Feel.

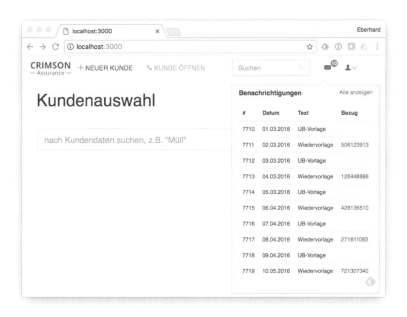

Abb. 8–2 *Eingeblendete Postbox*

8.1.3 Aufbau der Anwendung

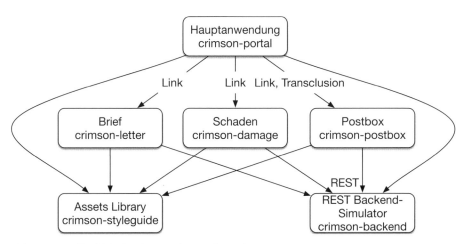

Abb. 8–3 *Überblick über das Versicherungsbeispiel*

Abbildung 8–3 zeigt, wie die einzelnen Anwendungen zusammenhängen:

▓ Die *Hauptanwendung* dient zur Suche von Kunden und zur Anzeige der Basisdaten eines Kunden. Der Code steht unter *https://github.com/ewolff/crimson-portal* zur Verfügung. Dort findet sich auch eine Anleitung, wie die Anwendung kompiliert und gestartet werden kann. Die Anwendung ist in Node.js geschrieben.

▓ Die *Assets* unter *https://github.com/ewolff/crimson-styleguide* enthalten Artefakte, die von allen Anwendungen genutzt werden, um ein einheitliches Look & Feel zu erreichen. Die anderen Projekte referenzieren dieses Projekt im `package.json`. Dadurch kann der npm-Build die Artefakte aus diesem Projekt nutzen. npm ist ein Build-Tool aus dem JavaScript-Bereich. In dem Assets-Projekt sind CSS, Fonts, Bilder und JavaScript-Code enthalten. Bevor die Assets in den anderen Projekten genutzt werden, optimiert sie der Build im Asset-Projekt. Beispielsweise wird der JavaScript-Code minifiziert.

▓ Die Anwendung zum Melden eines *Schadens* ist ebenfalls in Node.js geschrieben. Der Code findet sich unter *https://github.com/ewolff/crimson-damage*.

▓ Auch die *Brief*-Anwendung ist in Node.js geschrieben. Der Code steht unter *https://github.com/ewolff/crimson-letter* zur Verfügung.

▓ Der Code der *Postbox* steht unter *https://github.com/ewolff/crimson-postbox* zur Verfügung. Die Postbox ist mit Java und Spring Boot umgesetzt. Um das gemeinsame Asset-Projekt nutzen zu können, ist der Build zweigeteilt: Das Build-Werkzeug Maven kompiliert den Java-Code, während npm dafür zuständig ist, die Assets zu integrieren. npm kopiert die Assets dann in den Maven-Build.

▓ Schließlich steht der *Backend-Simulator* unter *https://github.com/ewolff/crimson-backend* zur Verfügung. Er nimmt REST-Aufrufe entgegen und gibt Daten über Kunden, Verträge usw. zurück. Auch dieser Simulator ist in Node.js geschrieben.

8.1.4   Integration mit Redirects

Wenn ein Benutzer in der Schaden-Anwendung einen Schaden für ein Auto aufnimmt, gelangt der Benutzer danach wieder zum Überblick über das Auto, der vom Portal angezeigt wird. Der Übergang von der Schaden-Anwendung zum Portal ist mit einem Redirect implementiert: Die Schaden-Anwendung schickt nach dem Melden des Schadens einen HTTP-Redirect, der zu der Webseite der anderen Anwendung führt. Ein Redirect ist eine sehr einfache Integration. Die Schaden-Anwendung muss nur die URL für den Redirect kennen. Das Portal könnte diese URL der Schaden-Anwendung sogar übergeben, um die Entkopplung weiterzutreiben.

Eine solche Integration nutzen Verfahren, mit denen man sich mit seinem Google-Account bei einer Website registrieren kann. Nachdem der Benutzer sich

auf der Google-Website mit der Registrierung einverstanden erklärt hat, sendet
die Google-Website einen Redirect zurück zur Website.

8.1.5   Integration mit Links

Die Integration der Anwendungen geschieht im Wesentlichen über Links wie
*https://crimson-letter.herokuapp.com/template?contractId=996315077&partne-
rId=4711* um eine Webseite für das Schreiben eines Briefes anzuzeigen. Sie enthal-
ten alle wesentlichen Informationen, die für die Webseite zum Schreiben des
Briefs notwendig sind: die Vertragsnummer und die Partnernummer. So kann die
Brief-Anwendung sich von dem Backend-Simulator die Daten holen und in der
Oberfläche darstellen. Die Kopplung zwischen der Hauptanwendung und der
Anwendung zum Erfassen des Briefs ist sehr lose: Es ist nur ein Link mit zwei
Parametern. Was sich hinter dem Link verbirgt, muss die Hauptanwendung nicht
wissen. So kann die Anwendung für die Briefe ihre UI jederzeit beliebig ändern.
Allerdings nutzen alle Anwendungen eine gemeinsame Datenbasis aus dem
Backend-Simulator und sind damit doch eng gekoppelt. Eine Änderung an den
Daten würde nämlich das Backend und den jeweiligen Microservice betreffen.

8.1.6   Integration mit JavaScript

Die Integration der Frontends erfolgt praktisch immer über Links. Die Integration zwischen der Postbox und der Hauptanwendung blendet einen Überblick
über die aktuellen Nachrichten ein. Dazu ist ein einfacher Link nicht ausreichend.
Aber auch diese Integration ist ein Link. Ein Blick in den Sourcecode zeigt:

```
<a href="https:&#x2F;&#x2F;crimson-postbox.herokuapp.com/m50000/messages"
   class="preview" data-preview="enabled"
   data-preview-title="Benachrichtigungen"
   data-preview-selector="table.messages-overview"
   data-preview-error-msg="Briefkasten zurzeit nicht erreichbar!"
   data-preview-count="tbody>tr" data-preview-window>
```

In dem Link sind zusätzliche Attribute enthalten. Sie sorgen dafür, dass die Informationen der Postbox in der aktuellen Seite angezeigt werden, und definieren,
wie das genau passiert. Diese Informationen werden von weniger als 60 Zeilen
JavaScript-Code aus dem Asset-Projekt interpretiert (siehe *https://github.com/
ewolff/crimson-styleguide/tree/master/components/preview*). Der Code nutzt
jQuery, sodass jede Anwendung im System nun diese Version von jQuery nutzen
muss, wenn sie diesen Code aus dem Asset-Projekt verwendet. Allerdings ist das
nicht zwingend: Genauso gut kann jedes Projekt, das die Postbox mit einem solchen Link integriert, eigenen Code zur Interpretation des Links schreiben.
Schließlich schreibt ja auch sonst jedes Projekt eigenen Code, um beispielsweise
Daten aus JSON auszulesen.

Diese Art der Integration nutzt also JavaScript, um die verschiedenen Backends zu integrieren (siehe Abbildung 8–4). Der JavaScript-Code läuft im Browser, lädt Teile der anderen Webanwendung und blendet sie in der aktuellen Webseite ein.

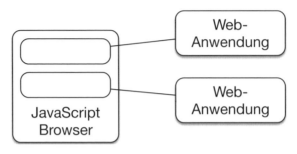

Abb. 8–4   *Integration mit JavaScript*

8.1.7   Darstellungslogik in der Postbox

Durch das Einblenden behält die Postbox die Kontrolle darüber, wie die Nachrichten dargestellt werden, selbst wenn die Nachrichten in einer Vorschau in einem anderen Service angezeigt werden. Das führt zu einer sauberen Architektur: Der Code für die Darstellung und Bearbeitung der Postbox liegt im Postbox-Service, auch wenn die Postbox in einem anderen Service angezeigt wird. Das zeigt, wie die Frontend-Integration zu einer eleganten Lösung und Architektur beitragen kann.

Der Ansatz, Inhalte von anderen URLs dynamisch einzubinden, wird nicht nur für die Postbox verwendet. Bei jedem Kunden gibt es auch einen Überblick über die Angebote, Anträge, Schäden und Verträge. Die Links dazu befinden sich unterhalb des Postbox-Icons und zusätzlich noch einmal weiter unten im Bestand. Auch diese Informationen werden mit Links referenziert, deren Inhalt der JavaScript-Code in die Webseite einblendet. In diesem Fall sind die URLs zwar im selben Microservice, aber auch hier ergibt sich eine bessere Modularisierung. Außerdem zeigt sich, dass der Code ein allgemeines technisches Problem löst und über die Integration zwischen Microservices hinaus wiederverwendbar ist.

8.1.8   Assets beim integrierten HTML

Transklusion bettet HTML-Fragmente in andere Seiten ein. Das HTML kann Assets benötigen wie CSS oder JavaScript. Um sicherzustellen, dass diese Assets vorhanden sind, gibt es unterschiedliche Ansätze:

▧   Das HTML kommt ganz ohne Assets aus. Dann müssen auch keine Assets zur Verfügung gestellt werden.

▓ Das HTML nutzt nur die Assets aus der gemeinsamen Asset-Bibliothek, also im Beispiel `crimson-styleguide`. Dann sind ebenfalls keine besonderen Maßnahmen notwendig.

▓ Das HTML kann auch selber Assets mitbringen oder verlinken. Allerdings muss man dann aufpassen, dass man die Assets nicht mehrfach lädt, wenn in einer Seite mehrere Inhalte transkludiert werden.

Till Schulte-Coerne hat zu diesem Thema einen Blog-Post (*https://www.innoq.com/de/blog/transklusion/*) geschrieben.

8.1.9 Resilience

Die Anwendung erreicht durch die konsequente Nutzung von Links ein hohes Maß an Resilience und Ausfallsicherheit. Wenn eine Anwendung ausfällt, funktionieren die anderen Anwendungen weiter. Sie können immer noch die Links darstellen. Der JavaScript-Code kontaktiert die Postbox, um die Anzahl der Nachrichten in die Seite einzublenden. Wenn das nicht funktioniert, zeigt der Code ein Ausrufezeichen an – die Anwendung funktioniert aber weiterhin. Erst bei einem Klick auf den Link kommt es zu einem echten Problem. Das gilt sogar für das Einblenden der Informationen über die Postbox: Wenn die Postbox nicht zur Verfügung steht, dann werden die Informationen einfach nicht mehr eingeblendet. Die Anwendung kann aber sonst weiter genutzt werden.

Das Nachladen geschieht dank JavaScript parallel und im Hintergrund, sodass der Ausfall eines Systems das Transkludieren der anderen Inhalte nicht beeinflusst und eine hohe Performance erreicht wird.

8.1.10 Mit und ohne JavaScript

Der Nutzer kann die Anwendungen auch nutzen, wenn JavaScript deaktiviert ist. Zwar funktioniert dann z.B. die automatische Vervollständigung der Namen der Kunden nicht und auch das Einblenden des Überblicks über die Nachrichten in der Postbox funktioniert nicht mehr. Dennoch bleibt die Anwendung benutzbar. Die Startseite wird vollständig als HTML auf dem Server gerendert und kommt ohne clientseitige Templates aus. Bei der Postbox wird einfach statt des eingeblendeten Überblicks ein Link angeboten. Klickt der Benutzer auf diesen Link, gelangt er zur Postbox.

8.2 Beispiel

Im Quick Start in der Einleitung ist beschrieben, welche Software installiert sein muss, um das Beispiel zu starten.

Dieses Beispiel steht nicht nur in der Heroku Cloud bereit, sondern auch als Sammlung von Docker-Containern (*https://github.com/ewolff/crimson-assurance-demo*), sodass man es auf einem lokalen Rechner laufen lassen kann. Dazu muss man zunächst mit `git clone https://github.com/ewolff/crimson-assurance-demo` den Code herunterladen. `docker-compose up -d` erstellt mithilfe von Docker Compose (siehe Abschnitt 5.6) alle notwendigen Docker-Container und startet sie. Wenn die Docker-Container nicht unter `localhost` erreichbar sind, muss der Hostname des Servers der Umgebungsvariable `CRIMSON_SERVER` zugewiesen werden.

Eine ausführliche Beschreibung, wie man das Beispiel starten kann, findet sich unter *https://github.com/ewolff/crimson-assurance-demo/blob/master/WIE-LAUFEN.md*.

8.2.1   Aufteilung der Ports

Die Anwendung steht unter Port 3000 auf dem Docker-Host zur Verfügung, also unter *http://localhost:3000*. Die Postbox hat den Port 3001, Brief den Port 3002 und Schaden den Port 3003 (siehe Abbildung 8–5). Die Frontend-Dienste kommunizieren mit dem Backend, das in einem separaten Docker-Container läuft.

Natürlich könnten die Ports der Docker-Container auf beliebige andere Ports des Docker-Hosts umgeleitet werden. Ebenso können alle Anwendungen in den Docker-Containern dieselben Ports nutzen. Wenn die Portnummern der Container wie im Beispiel mit denen der Hosts identisch sind, ist das aber am wenigsten verwirrend.

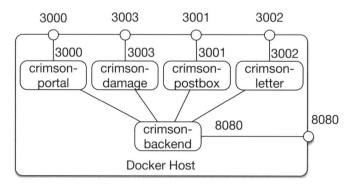

Abb. 8–5   *Docker-Container im Beispiel*

Man kann das System auch direkt im Web bei Heroku (*https://crimson-portal.herokuapp.com/*) ausprobieren. Die Links verweisen dann auf die Anwendungen für Postbox, Brief und Schaden, die ebenfalls bei Heroku deployt sind. Heroku ist ein PaaS, das in der Public Cloud zur Verfügung steht.

8.3 Rezept-Variationen

Das Beispiel nutzt ein Node-Projekt für die gemeinsamen Assets. Eine Alternative wäre ein Asset-Server, der die Assets speichert. Da die Assets statische Dateien sind, die über HTTP geladen werden, reicht dafür ein Webserver.

Über die Zeit werden sich die Assets ändern. Bei dem Asset-Projekt aus dem Beispiel müsste eine neue Version des Asset-Projekts erstellt werden. Die neue Version muss in jede Anwendung integriert werden. Das hört sich erstmal nach einem Overhead an, aber so kann jede Anwendung mit einer neuen Version der Assets getestet werden.

Daher sollte auch bei einem Asset-Server eine neue Version der Assets nicht einfach der Anwendung untergeschoben werden, sondern die Anwendungen sollten auf die neue Version umgestellt und auch mit den Assets getestet werden. Dazu kann die Version der Assets in den URL-Pfad aufgenommen werden. So kann die Version 3.3.7 von Bootstrap unter /css/bootstrap-3.3.7-dist/css/ bootstrap.min.css zur Verfügung stehen. Eine neue Version wäre unter einem anderen Pfad verfügbar.

8.3.1 Einfacherer JavaScript-Code

Der JavaScript-Code aus dem Beispiel ist recht flexibel und kann auch mit dem Ausfall eines Services umgehen. Eine primitive Alternative zeigt das SCS-jQuery-Projekt (*https://github.com/ewolff/SCS-jQuery/*). Im Kern nutzt es den folgenden JavaScript-Code:

```
$(document).ready(function() {
  $("a.embeddable").each(function(i, link) {
    $("<div />").load(link.href, function(data, status, xhr) {
      $(link).replaceWith(this);
    });
  });
});
```

Der Code sucht mit jQuery nach Hyperlinks (<a ...>) mit der CSS-Klasse embeddable und ersetzt dann den Inhalt, der sich hinter dem Link verbirgt.

Das zeigt, wie einfach eine Client-Integration mit JavaScript umgesetzt werden kann.

Integration mit anderen Frontend-Integrationen

Natürlich können die clientseitige Integration und Links mit serverseitiger Integration (siehe Kapitel 9) kombiniert werden. Beide Ansätze haben unterschiedliche Vorteile:

▨ Seiten mit serverseitiger Integration kommen vollständig vom Server. Also ist die Integration sinnvoll, wenn die Seite nur als Ganzes korrekt angezeigt werden kann.

▨ Bei clientseitiger Integration wird die Transklusion nicht ausgeführt, wenn der andere Server nicht zur Verfügung steht. Die Seite wird dennoch angezeigt, nur ohne Transklusion. Das kann die bessere Option sein.

Allerdings muss für eine serverseitige Integration eine Infrastruktur aufgebaut werden. Das ist bei der clientseitigen Integration nicht notwendig. Daher ist es sinnvoll, mit der clientseitigen Integration zu beginnen und die serverseitige zu ergänzen, wenn es notwendig ist.

Andere Integrationen

Synchrone Kommunikation (Kapitel 13) oder asynchrone Kommunikation (Kapitel 10) dienen der Kommunikation der Backend-Systeme und können daher natürlich mit der clientseitigen Frontend-Integration kombiniert werden.

8.4 Experimente

▨ Starte das Beispiel und schalte im Browser JavaScript aus. Bleibt das Beispiel benutzbar? Funktioniert insbesondere die Integration der Postbox noch?

▨ Untersuche den JavaScript-Code zur Transklusion *https://github.com/ewolff/ crimson-styleguide/tree/master/components/preview*. Wie schwierig ist es, ihn durch eine Implementierung mit einer anderen JavaScript-Bibliothek auszutauschen?

▨ Ergänze das System mit einem zusätzlichen Microservice:

- Als Beispiel kann ein Microservice dienen, der eine Notiz für ein Gespräch mit einem Partner anlegt.
- Natürlich kannst du dazu einen der vorhandenen NodeJS oder den Spring Boot Microservice kopieren und modifizieren.
- Der Microservice muss von dem Portal-Microservice aus zugreifbar sein. Dazu musst du in das Portal einen Link zu dem neuen Microservice integrieren.
- Der Link kann die Partner ID an den neuen Microservice übergeben.
- Nach der Eingabe der Notiz kann der Microservice einen Redirect zurück zum Portal auslösen.
- Für das einheitliche Look & Feel musst du die Assets aus dem Styleguide-Projekt übernehmen. Das Spring-Boot-Projekt für die Postbox zeigt die Integration für Spring/Java und das Portal für Node.js. Natürlich kannst du auch andere Technologien für die Implementierung nutzen.

- Die Daten zum Gespräch kann der Microservice in einer eigenen Datenbank speichern.
- Schließlich kannst du den Microservice in ein Docker Image einpacken und im `docker-compose.yml` referenzieren.

8.5 Fazit

Dieses Beispielsystem steht bewusst am Anfang des Kapitels über Frontend-Integration. Es zeigt, wie viel mit einer einfachen Integration über Links bereits möglich ist. Lediglich für die Postbox ist etwas JavaScript notwendig. Bevor man also die fortgeschrittenen Technologien zur Frontend-Integration nutzt, sollte man zunächst verstehen, was alles mit einem so einfachen Ansatz möglich ist.

Das Beispiel integriert unterschiedliche Technologien: Neben den Node.js-Systemen gibt es auch eine Java/Spring-Boot-Anwendung, die sich nahtlos in das System integriert. Das zeigt, dass eine Frontend-Integration nur wenige Einschränkungen für die Technologie-Auswahl bedeutet.

8.5.1 ROCA

Gerade bei dieser Art der Integration hilft ROCA. Die Microservices können durch Links angesprochen werden. Das ermöglicht eine sehr einfache Integration. Dabei sind die Anwendungen bezüglich Deployments und Technologie weitgehend entkoppelt: Wenn eine Anwendung in einer neuen Version deployt werden soll, ist das ohne Weiteres möglich und beeinflusst die anderen Anwendungen nicht. Ebenso können die Anwendungen in unterschiedlichen Technologien umgesetzt werden.

Gleichzeitig ist die ROCA-Oberfläche angenehm und einfach zu nutzen. Es müssen gegenüber einer Single Page App (SPA) keine Abstriche beim Benutzerkomfort hingenommen werden.

8.5.2 Assets

Schließlich zeigt die Anwendung, wie man mit Assets umgehen kann: in diesem Fall mithilfe eines gemeinsamen Node.js-Projekts. Dadurch kann jede Anwendung selber entscheiden, wann es eine neue Version der Assets übernimmt oder wann nicht. Das ist wichtig, weil sonst eine Änderung der Assets automatisch an alle Anwendungen ausgerollt wird und sie gegebenenfalls brechen kann. Allerdings sollten nur vorübergehend mehrere Versionen der Assets auf der Website vorhanden sein: Schließlich sollen das Design und das Look & Feel einheitlich erscheinen. Das Asset-Projekt so zu behandeln, dass nicht alle Services immer die aktuelle Version verwenden, soll nur das Risiko eines Updates minimieren, nicht aber zu langfristigen Inkonsistenzen führen.

Allerdings sorgt das Asset-Projekt auch dafür, dass alle Webseiten jQuery enthalten und zwar in der Version, die von dem Asset-Projekt genutzt wird. Durch das Asset-Projekt ist also die Freiheit der einzelnen Projekte bezüglich der JavaScript-Bibliotheken beschränkt.

8.5.3   Self-contained Systems

Im Gegensatz zu Self-contained Systems (siehe Kapitel 3) nutzt diese Lösung ein gemeinsames Backend. Bei einem SCS sollte die Logik ebenfalls in dem jeweiligen System integriert und nicht in einem anderen System beheimatet sein. Es ist also möglich, einige SCS-Ideen auch dann zu nutzen, wenn alle Systeme ein gemeinsames Backend verwenden. Die Systeme müssen sich nicht so viel wie SCS mit der Kommunikation und Übertragung von Daten beschäftigen, weil die im Backend liegen. So zeigt dieses System, wie ein gut modularisiertes Portal für ein monolithische Backend umgesetzt werden kann.

Aber dieses Vorgehen birgt auch Herausforderungen: Jede Änderung des Systems wird vermutlich eine der Frontend-Anwendungen und auch das Backend betreffen. Dann müssen die Entwicklung und das Deployment der beiden Komponenten koordiniert werden.

8.5.4   Vorteile

▥ Lose Kopplung

▥ Resilience

▥ Keine zusätzlichen Server-Komponenten

▥ Niedrige technische Komplexität

▥ Oft reichen Links

8.5.5   Herausforderungen

▥ Einheitliches Look & Feel

9 Rezept: serverseitige Integration mit Edge Side Includes (ESI)

Auch Server können mehrere Frontends integrieren. In diesem Kapitel steht ESI (*https://www.w3.org/TR/esi-lang*) (Edge Side Includes) im Vordergrund. Die Leser erfahren:

- Wie der Web Cache Varnish ESI implementiert.
- Wie Anwendungen eine Integration mit ESI umsetzten können.
- Welche Vorteile, Nachteile und Alternativen zu ESI es gibt, um serverseitige Frontend-Integration umzusetzen.

9.1 ESI: Konzepte

ESI (Edge Side Includes) ermöglichen es einer Web-Anwendung, HTML-Fragmente anderer Web-Anwendung zu integrieren (siehe Abbildung 9–1). Dazu schickt die Web-Anwendung HTML, das ESI-Tags enthält. Die ESI-Implementierung wertet die ESI-Tags aus und bindet dann an den richtigen Stellen HTML-Fragmente anderer Web-Anwendungen ein.

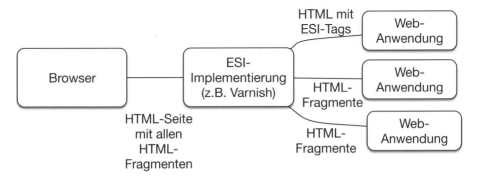

Abb. 9–1 *Integration mit ESI*

9.1.1   Caches implementieren ESI

Im Beispiel dient der Web-Cache Varnish (*https://varnish-cache.org/*) als ESI-Implementierung. Auch andere Caches wie Squid (*http://www.squid-cache.org/*) unterstützen ESI. Diese Caches nutzt eine Website, um bei eingehenden Request-Daten aus dem Cache zu liefern und nur bei Cache-Misses die Daten aus dem Server auszuliefern. So kann die Website beschleunigt werden und die Webserver werden entlastet.

9.1.2   CDN implementieren ESI.

Content Delivery Networks wie Akamai (*http://www.akamai.com/html/support/esi.html*) setzten den ESI-Standard auch um. CDNs dienen eigentlich dazu, statische HTML-Seiten und Images von Servern auszuliefern. Dazu betreiben CDNs Server an Knotenpunkten im Internet, sodass jeder Nutzer die Seiten und Images von einem Server in der Nähe laden kann und die Ladezeiten reduziert werden. Durch die Unterstützung von ESI kann das Zusammensetzen der HTML-Fragmente auf einem Server des CDNs in der Nähe des Benutzers geschehen.

CDNs und Caches implementieren ESI, um Seiten aus verschiedenen Bestandteilen zusammenstellen zu können. Statische Anteile können gecacht werden, selbst wenn andere Bestandteile dynamisch generiert werden. So können dynamische Seiten zumindest teilweise gecacht werden, die sonst vom Cachen ausgenommen werden müssten. Das verbessert die Performance. Daher bietet ESI nicht nur Features für die Frontend-Integration, sondern auch Features, die vor allem für das Caching nützlich sind.

9.2   Beispiel

Das Beispiel (*https://github.com/ewolff/SCS-ESI*) zeigt, wie mit Edge Side Includes (ESI) HTML-Fragmente aus verschiedenen Quellen zusammengestellt werden können und das gesamte HTML an den Browser geschickt werden kann. Dazu sind im HTML spezielle ESI-Tags enthalten, die durch HTML-Fragmente ersetzt werden.

Abbildung 9–2 zeigt einen Überblick über den Aufbau des Beispiels. Der Varnish Cache leitet den HTTP-Request an den Order-Microservice oder den Common-Service weiter. Der Order-Microservice enthält die Logik für die Abwicklung von Bestellungen. Der Common-Service bietet CSS-Assets und HTML-Fragmente an, die Microservices in ihre HTML-Oberflächen integrieren müssen. Das Beispiel zeigt also ein typisches Szenario: Die Anwendungen liefern Content, der in einen Rahmen dargestellt wird, den alle Anwendungen einheitlich integrieren können.

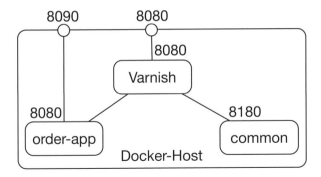

Abb. 9–2 Überblick über das ESI-Beispiel

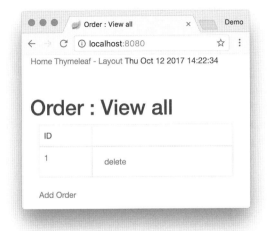

Abb. 9–3 Screenshot des ESI-Beispiels

Abbildung 9–3 zeigt eine Seite des ESI-Beispiels. Die Links zu Home und Thymeleaf sowie das Datum gibt der Common-Service aus. Auch das CSS und damit das Layout kommen vom Common-Service. Der Order-Service gibt nur die Liste der Order aus. Wenn also weitere Microservices in das System integriert werden sollen, dann müssen sie nur die jeweiligen Informationen ausgeben. Den Rahmen und das Layout fügt der Common-Service hinzu.

Bei einem Reload wird die Zeit aktualisiert. Allerdings passiert das nur alle 30 Sekunden, denn so lange werden die Daten gecacht. Der Cache funktioniert nur, wenn im Request keine Cookies geschickt werden.

9.2.1   Beispiel ablaufen lassen

Im Abschnitt »Quick Start« in der Einleitung ist beschrieben, welche Software für das Beispiel installiert sein muss.

Um das Beispiel zu starten, muss man den Code zunächst mit `git clone https://github.com/ewolff/SCS-ESI.git` herunterladen. Dann muss man im Unterverzeichnis `scs-demo-esi` mit `mvn clean package` die Java-Anwendung kompilieren. Anschließend kann man im Verzeichnis `docker` mit `docker-compose build` bauen und `docker-compose up -d` das Beispiel starten.

https://github.com/ewolff/SCS-ESI/blob/master/WIE-LAUFEN.md stellt den Ablauf für die Installation und den Start des Beispiels im Detail dar.

Auf dem Docker-Host steht unter Port 8080 der Varnish bereit, der die HTTP-Requests entgegennimmt und die ESIs zusammenstellt. Wenn die Docker-Container auf dem lokalen Rechner laufen, dann kann man Varnish unter *http://localhost:8080* erreichen.

9.3   Varnish

Varnish (*https://varnish-cache.org/*) ist ein Web Cache und dient im Beispiel als ESI-Implementierung. Der Einsatzbereich von Varnish ist vor allem die Optimierung des Zugriffs auf Webserver. HTTP-Zugriffe auf Web Server werden durch Varnish geleitet. Varnish cacht die Zugriffe und leitet nur solche Zugriffe an die Webserver, die nicht im Cache liegen. Das verbessert die Performance der Lösung.

9.3.1   Lizenz und Support

Varnish steht unter einer BSD-Lizenz (*https://github.com/varnishcache/varnish-cache/blob/master/LICENSE*). Der Cache wird im Wesentlichen von der Firma Varnish Software (*https://www.varnish-software.com/*) entwickelt, die auch kommerziellen Support anbietet.

9.3.2   Caching mit HTTP und HTTP-Headern

Daten richtig zu cachen, ist keine triviale Aufgabe. Vor allem ist die Frage, wann Inhalte aus dem Cache bedient werden können und wann die Daten vom Webserver ausgelesen werden müssen, weil die Daten im Cache nicht mehr den aktuellen Stand repräsentieren. Varnish nutzt dazu eigene HTTP-Header. Das HTTP-Protokoll hat durch HTTP-Header eine sehr gute Unterstützung für Caching. Die Kontrolle darüber, ob Daten gecacht werden oder nicht, liegt beim Webserver, der dem Cache die Einstellungen über HTTP-Header mitteilt. Nur der Webserver kann entscheiden, ob eine Seite gecacht werden kann oder nicht. Das hängt nämlich von den Fachlichkeiten ab.

9.3.3   Varnish-Docker-Container

Varnish läuft im Beispiel in einem Docker-Container, der ein Ubuntu 14.04 LTS enthält. Darauf wird ein Varnish aus dem offiziellen Varnish Repository installiert.

9.3.4   Varnish-Konfiguration

Varnish bietet eine mächtige Konfigurationssprache. Für das Beispiel ist Varnish in einem eigenen Docker-Container installiert. Die Konfiguration ist in der Datei default.vcl im Verzeichnis docker/varnish/ im Beispiel zu finden. Hier ein Ausschnitt mit den wesentlichen Einstellungen:

```
vcl 4.0;

backend default {
    .host = "order";
    .port = "8080";
}

backend common {
    .host = "common";
    .port = "8180";
}

sub vcl_recv vcl_recv {
    if (req.url ~ "^/common") {
        set req.backend_hint = common;
    }
}

sub vcl_backend_response{
    set beresp.do_esi = true;
    set beresp.ttl = 30s;
    set beresp.grace = 15m;
}
```

▦ vcl 4.0; wählt die Version 4 der Varnish Configuration Language.

▦ Das erste Backend hat den Namen default. Jeder Request, der beim Varnish Cache ankommt, wird an diesen Webserver weitergegeben, wenn es keine andere Konfiguration gibt. Der Hostname order wird von Docker Compose aufgelöst. Das default-Backend ist also der Order-Microservice, der alle Funktionalität implementiert, um Bestellungen aufzunehmen und anzuzeigen.

▦ Das zweite Backend hat den Namen common und wird von dem gleichnamigen Host bereit gestellt. Auch in diesem Fall löst Docker Compose den Namen zu einem Docker-Container auf. Der Common-Service stellt Header und Footer für die HTML-Seiten der Microservices und Bootstrap (*http://getboot-*

strap.com/) als gemeinsame Bibliothek für das Look & Feel der Microservices bereit.

▦ Wenn ein HTTP-Request für eine URL eintrifft, bei dem der Pfad mit /common anfängt, wird der HTTP-Request auf das Backend common umgeleitet. Dafür ist der Code der Subroutine vcl_recv verantwortlich. Diese Routine ruft Varnish automatisch auf, um die Routen für die Requests zu ermitteln.

▦ Die Subroutine vcl_backend_response konfiguriert Varnish mit beresp.do_esi so, dass Varnish ESI-Tags interpretiert. beresp.ttl schaltet das Caching ein. Jede Seite wird für 30 Sekunden im Cache gehalten. Und schließlich sorgt beresp.grace dafür, dass bei einem Ausfall eines Backends die Seiten 15 Minuten im Cache gehalten werden. Dadurch kann ein Ausfall eines Backends vorübergehend kompensiert werden. Allerdings ist dieses Caching sehr einfach. Wenn eine neue Bestellung angelegt worden ist, wird sie erst angezeigt, wenn der Cache invalidiert worden ist. Das kann bis zu 30 Sekunden dauern. Besser wäre es natürlich, wenn eine neue Bestellung zur Invalidierung des Caches führt. Das ist in dem Beispiel noch relativ einfach implementierbar, aber in einer komplexen Anwendung kann es schwierig sein, die richtigen Seiten zu invalidieren. Schließlich werden beispielsweise Waren auf Produktseiten und Seiten mit Bestellungen angezeigt. Daher kann ein einfaches zeitbasiertes Caching die bessere Lösung sein.

Die vorliegende Konfiguration ermöglicht nicht nur ESIs, sondern setzt auch die Funktionalität eines Reverse Proxies um: Die Konfiguration leitet bestimmte Anfragen an bestimmte Microservices.

9.3.5   Bewertung von VCL

Wie man sieht, ist VCL eine sehr mächtige Sprache, die viele Möglichkeiten zur Manipulation von HTTP-Requests hat. Das ist auch notwendig. Beispielsweise kann man nur sicher sein, dass ein Request gecacht werden kann, wenn er keine Cookies enthält. Schließlich könnten die Cookies die Response ändern. Also muss VCL beispielsweise Cookies entfernen können.

Eine umfangreiche Dokumentation von Varnish findet sich im kostenlosen Varnish Book (*http://book.varnish-software.com/*).

9.3.6   Order-Microservice

Der Order-Microservice bietet eine normale Web-Oberfläche an, die allerdings an einigen Stellen um ESI-Tags ergänzt worden ist.

Eine typische HTML-Seite des Order-Microservice sieht folgendermaßen aus:

```
<html>
<head>

  ...
  <esi:include src="/common/header"></esi:include>
</head>

<body>
  <div class="container">
    <esi:include src="/common/navbar"></esi:include>

    ...
  </div>
  <esi:include src="/common/footer"></esi:include>
</body>
</html>
```

9.3.7 HTML mit ESI-Tags im Beispiel

Der Order-Microservice ist auf den Port 8090 des Docker-Hosts verfügbar. Die Ausgabe geht am Varnish vorbei und enthält noch die ESI-Tags. Unter *http:// localhost:8090/* kann man sich das HTML mit den ESI-Tags anschauen.

Die ESI-Tags sehen also wie ganz normale HTML-Tags aus. Sie haben lediglich einen esi-Prefix. Ein Web-Browser kann sie natürlich nicht interpretieren.

9.3.8 ESI-Tags im head

Im head dienen die ESI-Tags dazu, gemeinsame Assets wie Bootstrap in alle Seiten zu integrieren. Eine Änderung am Header unter "/common/header" führt dazu, dass alle Seiten neue Versionen von Bootstrap oder anderen Bibliotheken bekommen. Wenn die Seiten mit einer neuen Version nicht mehr korrekt angezeigt werden, verursacht eine solche Umstellung Probleme. Daher sollten die Seiten selber dafür verantwortlich sein, neue Versionen zu nutzen. Dazu kann beispielsweise eine Versionsnummer in der URL kodiert werden.

9.3.9 ESI-Tags im restlichen HTML

Der ESI-Include für "/common/navbar" stellt sicher, dass jede Seite dieselbe Navigationsleiste hat. Schließlich kann "/common/footer" Skripte enthalten oder einen Footer für die Seite.

9.3.10 Ergebnis: HTML beim Browser

Varnish holt diese HTML-Schnipsel vom Common-Service ab, sodass beim Browser folgendes HTML ankommt:

```
<html>
<head>
...
  <link rel="stylesheet"
   href="/common/css/bootstrap-3.3.7-dist/css/bootstrap.min.css" />
  <link rel="stylesheet"
   href="/common/css/bootstrap-3.3.7-dist/css/bootstrap-theme.min.css" />
</head>

<body>
  <div class="container">
    <a class="brand"
     href="https://github.com/ultraq/thymeleaf-layout-dialect">
     Thymeleaf - Layout </a>
    Mon Sep 18 2017 17:52:01 </div></div>
    ...
  </div>
  <script src="/common/css/bootstrap-3.3.7-dist/js/bootstrap.min.js" />
</body>
</html>
```

Die ESI-Tags sind also durch passende HTML-Snippets ersetzt worden.

ESI bietet viele weitere Features, mit denen beispielsweise ein System gegen den Ausfall eines Webservers abgesichert werden kann oder HTML-Fragmente nur unter bestimmten Bedingungen eingebaut werden.

9.3.11   Keine Tests ohne ESI-Infrastruktur

Ein Problem des ESI-Ansatzes ist, dass die einzelnen Services nicht ohne ESI-Infrastruktur getestet werden können. Sie geben zumindest keine Seiten mit sinnvollem Inhalt aus, denn dazu müssten die ESI-Tags interpretiert werden. Das funktioniert nur, wenn die HTTP-Requests durch Varnish geleitet werden. Also müssen für die Entwicklung passende Umgebungen bereit gestellt werden, die einen Varnish enthalten.

9.3.12   Auswirkungen auf die Anwendungen

Die Anwendung ist eine ganz normale Spring-Boot-Webanwendung ohne weitere Abhängigkeiten von Spring Cloud oder irgendwelchen ESI. Das zeigt, dass eine reine Frontend-Integration zu einer sehr losen Kopplung führt und nur wenige Auswirkungen auf die Anwendungen hat.

9.3.13   Common-Microservice

Im Beispiel ist der Common-Service eine sehr einfache Go (*https://golang.org/*)-Anwendung. Sie reagiert auf die drei URLs "/common/header", "/common/navbar" und "/common/footer". Für diese URLs erzeugt der Go-Code passende HTML-Fragmente.

9.3.14 Asset-Server

Außerdem enthält der Go-Code einen Webserver, der unter "/common/css/" statische Ressourcen bereitstellt – nämlich das Bootstrap-Framework. Damit übernimmt der Common-Microservice die Funktion eines Asset-Server. Ein solcher Server bietet den Anwendungen CSS, Images oder JavaScript-Code an. Das ESI-Beispiel zeigt so eine Alternative für die Einbindung gemeinsamer Assets. Im Kapitel 8 hat ein gemeinsames Asset-Projekt dafür gesorgt, dass alle Anwendungen dieselben Assets nutzen können. In dem Beispiel in diesem Kapitel dient dazu ein Asset-Server.

In der Navigationsleiste zeigt die Anwendung die aktuelle Zeit an. Das zeigt, dass mit ESI-Includes auch dynamische Inhalte angezeigt werden können. Der Abschnitt 6.4 hat bereits erläutert, wie dieser Teil des Systems funktioniert und gebaut werden kann.

9.4 Rezept-Variationen

Natürlich könnte statt Varnish auch eine andere ESI-Implementierung beispielsweise von Squid (*http://www.squid-cache.org/*) oder von einem CDNs wie Akamai (*https://www.akamai.com/us/en/support/esi.jsp*) genutzt werden.

9.4.1 SSI

Eine andere Option für serverseitige Frontend-Integration ist SSI (*https://de.wikipedia.org/wiki/Server_Side_Includes*) (Server-side Includes). Das ist ein Feature, das die meisten Webserver anbieten. *https://scs-commerce.github.io/* ist ein Beispiel für ein System, das SSI mit nginx zur Integration der Frontends nutzt.

SSI und ESI haben unterschiedliche Vor- und Nachteile:

- Webserver sind oft für SSL/TLS-Terminierung oder aus anderen Gründen schon in der Infrastruktur vorhanden. Da Webserver SSI implementieren können, spart man gegenüber ESI zusätzliche Infrastruktur wie einen Varnish ein.

- Caches können nicht nur die Anwendungen beschleunigen, sondern auch Ausfälle der Webserver für einige Zeit kompensieren und so die Resilience verbessern. Das spricht für ESI und einen Cache wie Varnish. ESI hat auch mehr Features, um das Caching weiter zu optimieren. Allerdings kann ein korrektes Caching auch kompliziert umzusetzen sein. So kann die Änderung der Daten einer Ware eine Kaskade von Invalidierungen auslösen. Schließlich muss jede Seite und jedes HTML-Fragment, das Informationen über die Ware enthält, neu erzeugt werden.

9.4.2   Tailor

Tailor (*https://github.com/zalando/tailor*) ist ein System für die serverseitige Front-end-Integration, das Zalando als Teil von Mosaic (*https://www.mosaic9.org/*) implementiert hat. Es optimiert darauf, dem Benutzer möglichst schnell die ersten Teile der HTML-Seite zu zeigen. Im ECommerce-Umfeld ist der schnelle Aufbau einer Webseite für die Benutzer sehr wichtig und kann den Umsatz erhöhen. Dazu implementiert es eine BigPipe (*https://de-de.facebook.com/notes/facebook-engineering/bigpipe-pipelining-web-pages-for-high-performance/389414033919/*). Zunächst wird ein sehr einfaches HTML übertragen, um eine einfache Seite sehr schnell darstellen zu können. JavaScript dient dazu, schrittweise weitere Details nachzuladen. Das realisiert Tailor durch asynchrones I/O mithilfe von Node.js-Streams.

9.4.3   Clientseitige Integration

clientseitige Integration nutzt keine zusätzliche Infrastruktur und kann die einfachere Option für Frontend-Integration sein. Daher ist es sinnvoll, vor dem Einsatz von serverseitiger Frontend-Integration herauszufinden, wie weit man mit einer clientseitigen Integration kommt.

Für eine Integration eines Headers und Footers wie im Beispiel zu diesem Kapitel ist eine serverseitige Integration die bessere Wahl, weil eine Seite ohne diese Elemente nicht angezeigt werden kann. Die Seiten sollten vom Server so ausgeliefert werden, dass sie angezeigt werden können.

Also ist eine clientseitige Integration für optionale Elemente sinnvoll. Der Umgang mit ausgefallenen Services muss der Client-Code dann behandeln.

9.4.4   Gemeinsame Bibliothek

Das Beispiel aus Kapitel 8 nutzt eine Bibliothek, um Assets auszuliefern. Theoretisch könnten die HTML-Fragmente, die in diesem Beispiel mit ESI integriert werden, auch als Library ausgeliefert werden. Dann müssten aber für einen zusätzlichen Link in der Navigation alle Systeme neu gebaut und deployt werden. Bei der ESI-Lösung muss nur das HTML-Fragment auf dem Server geändert werden. Für Assets kann eine Bibliothek die bessere Wahl sein, weil die Version dann unter der Kontrolle der integrierenden Systeme steht.

9.4.5   Weitere Integration

Es ist unwahrscheinlich, dass eine reine Frontend-Integration ausreicht. Daher wird ein System die Integration im Backend mit synchronen (siehe Kapitel 13) oder asynchronen (siehe Kapitel 10) Kommunikationsmechanismen mit einer Frontend-Integration kombinieren. Eine Ausnahme ist ein Szenario wie aus Kapitel 8, bei der eine komplexe Portal-Anwendung implementiert wird. Die Teile des Portals können durch eine Frontend-Integration kommunizieren. Eine Backend-Integration ist nicht unbedingt notwendig, weil die Services nicht besonders viel Logik implementieren und keine Datenbank haben, sondern nur eine Weberoberfläche erzeugen.

9.5 Experimente

▨ Ergänze das System mit einem zusätzlichen Microservice:

- Als Beispiel kann ein Microservice dienen, der einfach eine statische HTML-Seite anzeigt.
- Natürlich kannst du dazu den vorhandenen Go oder den Spring Boot Microservice kopieren und modifizieren.
- Der Microservice sollte die Header, die Navigationsleiste und den Footer vom Common-Microservice mit ESI-Tags integrieren
- Packe den Microservice in ein Docker Image ein und referenziere ihn im docker-compose.yml. Dort kannst du auch den Namen des Docker-Containers festlegen.
- Der Microservice soll über den Varnish zugreifbar sein. Dazu musst du in default.vcl ein neues Backend mit dem Namen des Docker-Containers integrieren und das Routing in vcl_recv() anpassen.
- Nun solltest du unter *http:localhost:8080/name* auf den neuen Microservice zugreifen können, wenn die Docker-Container auf dem lokalen Rechner laufen und der neue Service im Routing im Varnish mit name konfiguriert ist. Die ESI-Tags sollten durch das HTML ersetzt worden sein.

▨ Die Go-Anwendung liefert nur ein dynamisches HTML-Fragment – nämlich die Navigationsleiste mit der aktuellen Uhrzeit. Statt der Go-Anwendung kann also genauso ein Webserver statische Seiten ausliefern. Ersetze die Go-Anwendung beispielsweise durch einen Apache-httpd-Server, der die HTML-Fragmente und die Bootstrap-Bibliothek ausliefert. Die Uhrzeit muss nicht unbedingt in der Navigationsleiste angezeigt werden, sodass statische HTML-Fragmente ausreichen.

▨ Ändere das Caching so ab, dass die Seiten sofort invalidiert werden, wenn neue Bestellungen vorliegen. Dazu kannst du entweder passende HTTP-Header nutzen, wie es in einem Kapitel (*http://book.varnish-software.com/4.0/chapters/HTTP.html*) des Varnish-Buchs erläutert ist. Eine Alternative ist es, Objekte direkt aus dem Cache zu entfernen. Dazu enthält das Varnish-Buch ebenfalls ein eigenes Kapitel (*http://book.varnish-software.com/4.0/chapters/Cache_Invalidation.html*).

▨ Ersetze den Varnish-Cache im Beispiel durch Squid (*http://www.squid-cache.org/*), der ebenfalls ESI implementiert.

▦ Ersetze ESI durch SSI und den Varnish-Cache durch einen Apache httpd oder
  nginx.

▦ Was passiert, wenn die Webserver ausfallen? Simuliere den Ausfall mit
  `docker-compose up --scale common=0` bzw. `docker-compose up --scale order=0`.
  Welche Teile der Website funktionieren noch? Kann man beispielsweise noch
  Bestellungen aufgeben?

9.6   Fazit

ESI sind eine mögliche Implementierung einer Frontend-Integration und führen
zu einer losen Kopplung. Die Anwendungen sind einfache Web-Anwendungen,
die bis auf die ESI-Tags keine Abhängigkeiten zur Infrastruktur haben.

Die Integration mit ESIs hat den Vorteil, dass die Webseiten vom Cache vollständig zusammengesetzt werden und direkt im Browser angezeigt werden können. Es kann also nicht vorkommen, dass die Seite zwar ausgeliefert wird, aber
für den Nutzer nicht verwendet werden kann, weil einige Fragmente noch nachgeladen werden müssen.

Die Nutzung eines Caches zusammen mit ESI hat den Vorteil, dass Fragmente
gecacht werden können. Dadurch können nicht nur statische Seiten, sondern
auch statische Teile dynamischer Seiten im Cache gehalten werden, was der Performance zugute kommt. Die Seiten können sogar von einem CDN, das ESI
unterstützt, gecacht und zusammengesetzt werden, was die Performance weiter
verbessert.

Durch den Cache kann auch eine gewisse Resilience erreicht werden. Wenn
ein Webserver ausfällt, kann der Cache die alten Daten zurückgeben. So bleibt die
Website verfügbar, gibt aber möglicherweise ungültige Informationen zurück.
Dazu muss der Cache die Seiten jedoch sehr lange vorhalten. Außerdem muss der
Cache sich darum kümmern, die Verfügbarkeit der Services zu überprüfen.

9.6.1   Vorteile

▦ Seite wird immer vollständig ausgeliefert

▦ Resilience durch Cache

▦ Höhere Performance durch Cache

▦ Kein Code im Browser

9.6.2   Herausforderungen

▦ Einheitliches Look & Feel

▦ Zusätzliche Server-Infrastruktur notwendig

10 Konzept: Asynchrone Microservices

Asynchrone Microservices haben gegenüber synchronen Microservices Vorteile.
Dieses Kapitel zeigt:

▓ Wie Microservices asynchron kommunizieren können.

▓ Welche Protokolle für die asynchrone Kommunikation genutzt werden können.

▓ Wie Events und asynchrone Kommunikation zusammenhängen.

▓ Welche Vor- und Nachteile asynchrone Kommunikation hat.

10.1 Definition

Asynchrone Microservices grenzen sich von synchronen Microservices ab. Kapitel 13 beschreibt synchrone Microservices detailliert. Der Begriff »synchrone Microservices« steht für Folgendes:

> *Ein Microservice ist synchron, wenn er bei der Bearbeitung von*
> *Requests selber einen Request an andere Microservices stellt und auf*
> *das Ergebnis wartet.*

Asynchrone Microservices warten also nicht auf die Antwort anderer Systeme, wenn sie gerade selber einen Request bearbeiten. Dazu gibt es zwei Möglichkeiten:

▓ Der Microservice kommuniziert während der Bearbeitung eines Requests gar nicht mit anderen Systemen. Dann wird der Microservice typischerweise zu einem anderen Zeitpunkt mit den anderen Systemen kommunizieren (siehe Abbildung 10–1). Der Microservice kann beispielsweise Daten replizieren, die bei der Bearbeitung eines Requests genutzt werden. So können Kundendaten repliziert werden, um dann bei der Bearbeitung einer Bestellung auf die lokal vorhandenen Kundendaten zuzugreifen statt synchron bei jedem Request die jeweils notwendigen Kundendaten mit einem Request zu laden.

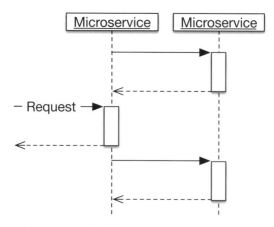

Abb. 10–1 *Kommunikation nur außerhalb des Requests*

Der Microservice schickt einem anderen Microservice einen Request, wartet aber nicht auf eine Antwort (siehe Abbildung 10–2). Ein Microservice für die Abwicklung einer Bestellung kann eine Nachricht an einen anderen Microservice schicken, der die Rechnung erstellt. Eine Antwort auf diese Nachricht ist nicht notwendig und muss daher nicht abgewartet werden.

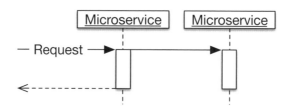

Abb. 10–2 *Kommunikation ohne Warten auf Antwort*

Abbildung 10–3 zeigt eine beispielhafte asynchrone Architektur. In diesem ECommerce-System werden Bestellungen verarbeitet. Kunden können mit dem Katalog Waren für eine Bestellung auswählen. Der Bestellprozess erstellt die Bestellungen. Für die Bestellung wird eine Rechnung erstellt. Neue Kunden bringt der Registrierung-Microservice in das System. Der Einlisten-Microservice ist für neue Waren zuständig.

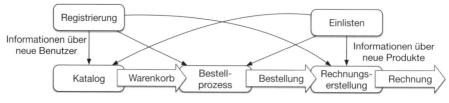

Abb. 10–3 *Architektur für ein asynchrones System*

10.1.1 Asynchrone Kommunikation ohne Antwort

Für die Bearbeitung von Bestellungen schicken sich die vier Systeme Katalog, Bestellprozess, Rechnungserstellung und Lieferung asynchrone Benachrichtigungen. Der Katalog sammelt Waren im Warenkorb. Wenn der Benutzer den Inhalt des Warenkorbs bestellen will, dann übergibt der Katalog den Warenkorb an den Bestellprozess. Der Bestellprozess macht aus dem Warenkorb eine Bestellung. Aus der Bestellung wird dann eine Rechnung und eine Lieferung. Solche Aufrufe können problemlos asynchron erfolgen, weil keine Daten zurückfließen müssen. Die Verantwortung für die Bestellung geht auf den nächsten Prozessschritt über.

10.1.2 Datenreplikation und Bounded Context

Komplizierter wird die Sache, wenn Daten zum Ausführen eines Requests notwendig sind. So müssen für viele Funktionalitäten im Katalog, im Bestellprozess und bei der Rechnungserstellung Daten über Produkte und Kunden abgefragt werden. Dafür hat jedes der Systeme einen Teil der Informationen über diese Geschäftsobjekte. Der Katalog muss die Produkte darstellen können. Also muss er Bilder und Beschreibungen für Produkte haben. Bei der Rechnung sind hingegen Preise und Steuersätze wichtig. Das entspricht den Bounded Contexts aus Abschnitt 2.1, die jeweils ein eigenes Datenmodell haben.

Dazu muss ein drittes System wie die Registrierung für die Kundendaten oder das Einlisten für die Produkte diese Daten an die jeweiligen Systeme übergeben. Auch das kann asynchron geschehen. Die Systeme speichern dann die übergebenen Informationen in ihrer lokalen Datenbank.

10.1.3 Synchrone Kommunikationsprotokolle

Asynchrone Kommunikation, wie sie oben definiert ist, trifft keine Annahmen über das verwendete Kommunikationsprotokoll. Es gibt synchrone Kommunikationsprotokolle, bei denen es auf jede Anfrage eine Antwort des Servers geben muss. Ein Beispiel ist REST und HTTP: Ein Request führt zu einer Response, die einen Status-Code enthält und zusätzlich Daten enthalten kann. Es ist möglich, asynchrone Kommunikation mit einem synchronen Kommunikationsprotokoll zu implementieren. Das wird in Kapitel 12 vorgestellt.

10.1.4 Asynchrone Kommunikationsprotokolle

Bei einem asynchronen Kommunikationsprotokoll ist das nicht der Fall. Ein asynchrones Kommunikationprotokoll verschickt Nachrichten und erwartet keine Antwort. Messaging-Systeme wie Kafka (siehe Kapitel 11) implementieren diesen Ansatz und können natürlich auch asynchrone Kommunikation umsetzen.

Es gibt auch eine Präsentation (*https://www.slideshare.net/ewolff/rest-vs-messaging-for-microservices*), die den Unterschied zwischen REST und Messaging darstellt und verdeutlicht, dass mit beiden Technologien synchrone Kommunikation wie Request/Reply umgesetzt werden kann, aber auch asynchrone Kommunikation wie Fire & Forget oder Events.

10.2   Events

Die asynchrone Kopplung von Systemen kann unterschiedlich weit getrieben werden. Wie schon erwähnt, könnte das System für die Bestellabwicklung dem System für die Rechnungsstellung asynchron mitteilen, dass eine Rechnung geschrieben werden muss. Das Bestellsystem bestimmt also genau, was das Rechnungssystem zu tun hat. Es soll eine Rechnung schreiben. Ebenso schickt es eine Nachricht an den Lieferung-Bounded-Context, um die Lieferung auszulösen.

Das System kann auch anders aufgebaut werden. Im Mittelpunkt steht dann ein Event wie »Es gibt eine neue Bestellung«. Jeder Microservice kann geeignet darauf reagieren: Das Rechnungssystem kann eine Rechnung schreiben und das Lieferungssystem kann die Waren zum Versand vorbereiten. Also bestimmte jeder Microservice selber, wie er auf die Events reagiert.

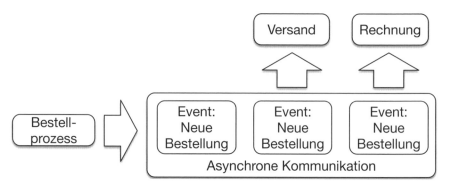

Abb. 10–4   *Asynchrone Events*

Das führt zu einer besseren Entkopplung: Wenn ein Microservice anders auf eine neue Bestellung reagieren muss, kann der Microservice diese Änderung alleine umsetzen. Ebenso kann ein neuer Microservice ergänzt werden, der beispielsweise bei einer neuen Bestellung eine spezielle Statistik erzeugt.

10.2.1   Events und DDD

Ganz so einfach ist dieser Ansatz jedoch nicht umsetzbar. Die entscheidende Frage ist, welche Daten in dem Event stehen. Wenn die Daten zu so unterschiedlichen Zwecken wie dem Schreiben einer Rechnung, einer Statistik oder Empfehlungen genutzt werden sollen, dann müssen in dem Event sehr viele unterschiedliche Daten abgelegt sein.

Das ist problematisch, denn Domain-driven Design zeigt, dass jedes Domänenmodell nur in einem Bounded Context gültig ist (siehe Abschnitt 2.1). Für die Rechnung müssen Preise und Steuersätze bekannt sein. Für die Lieferung die Größe und das Gewicht der Waren, um einen geeigneten Transport zu organisieren.

10.2.2 Pattern aus dem Strategic Design

Die Sicht der Rechnungserstellung und der Lieferung auf die Daten einer Bestellung stellen also zwei Bounded Contexts dar, die von einem dritten Bounded Context »Bestellprozess« Daten bekommen können. Domain-driven Design definiert dafür Patterns (siehe Abschnitt 2.1). So kann bei Customer/Supplier das Team für die Rechnungserstellung und die Lieferung definieren, welche Daten es bekommen muss. Das Team, das die Daten für die Bestellung zur Verfügung stellt, muss diese Anforderungen erfüllen. Dieses Pattern definiert das Zusammenspiel der Teams, die die Bounded Contexts entwickeln, die an der Kommunikationsbeziehung teilnehmen. Eine solche Abstimmung ist unabhängig davon notwendig, ob Events verschickt werden oder die Kommunikation bilateral zwischen Komponenten teilnimmt.

Mit anderen Worten: Events scheinen zwar das System zu entkoppeln, aber eine Abstimmung über die notwendigen Daten muss dennoch stattfinden. Das bedeutet, dass Events nicht unbedingt zu einem wirklich entkoppelten System führen. Im Extremfall kann es sogar dazu führen, dass die Abhängigkeiten versteckt sind: Wer reagiert denn nun auf einen Event? Wenn diese Frage nicht mehr beantwortet werden kann, dann ist das System auch kaum noch änderbar, weil Änderungen an den Events unabsehbare und dramatische Konsequenzen haben können.

10.2.3 Minimale Daten im Event schicken

Es gibt noch einen anderen Weg, mit diesem Problem umzugehen. In dem Event schickt man nur eine Identifikation mit, also beispielsweise die Nummer einer neuen Bestellung. Dann kann jeder Bounded Context selber entscheiden, wie er die notwendigen Daten bekommt. Es kann für jeden Bounded Context eine spezielle Schnittstelle geben, die die passenden Daten jeweils für einen der anderen Bounded Contexts anbietet.

10.2.4 Event Sourcing

Eine Ausrichtung der Architektur auf Events kann noch andere Vorteile bringen. Der Zustand jedes Microservices ist das Ergebnis der Events, die er bekommen hat. Man kann den Zustand eines Microservices also wiederherstellen, wenn man ihm alle Events erneut schickt, die er bis dahin bekommen hat. Der Microservice kann sogar sein internes Datenmodell ändern und dann die Events wieder verarbeiten, um seinen Datenbestand erneut aufzubauen. So kann jeder Microservice seine eigene Datenmodellierung entsprechend dem Bounded-Context-Pattern haben, aber dennoch hängen alle Microservices zusammen, weil sie durch Events gekoppelt sind. Es gibt zwar keinen Gesamtzustand des Systems mehr, aber wenn alle Events gespeichert werden und wieder abgerufen werden können, kann so der Zustand jedes Microservice rekonstruiert werden. Diese Ideen bildet die Grundlage für Event Sourcing.

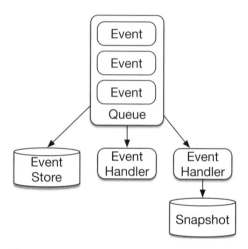

Abb. 10–5   *Event Sourcing*

Die Elemente einer Event-Sourcing-Implementierung zeigt Abbildung 10–5:

- Die *Event Queue* schickt die Events an die Empfänger.
- Der *Event Store* speichert die Events.
- *Event Handler* verarbeiten die Events. Sie können ihren Zustand als *Snapshot* in einer Datenbank speichern.

Der Event Handler kann den aktuellen Zustand aus dem Snapshot auslesen. Der Snapshot kann gelöscht werden. Der Wiederaufbau des Snapshosts erfolgt dann anhand der Events, die aus dem Event Store wieder abgerufen werden können. Als Optimierung kann ein Event Handler seinen Zustand auch aus einer älteren Version des Snapshots rekonstruieren.

10.2.5   Eigener oder gemeinsamer Event Store?

Der Event Store kann Teil des Microservice sein, der die Events empfängt und dann auch im eigenen Event Store speichert. Alternativ kann die Infrastruktur die Events nicht nur verschicken, sondern auch speichern. Auf den ersten Blick scheint es besser zu sein, wenn die Infrastruktur die Events speichert, weil das die Implementierung der Microservices vereinfacht. Dann wäre der Event Store in der Event Queue implementiert.

Wenn jeder Microservice die Events in einem eigenen Event Store selber speichert, kann der Microservice alle relevanten Daten im Event speichern, die der Microservice gegebenenfalls aus verschiedenen Quellen zusammengetragen hat. Bei einer Speicherung der Events in der Infrastruktur muss eine Modellierung des Events gefunden werden, die alle Microservices zufriedenstellt. Eine solche eigene Modellierung der Events kann wegen Bounded Context (siehe Abschnitt 2.1) eine Herausforderung sein. Schließlich ist jeder Microservice ein eigener Bounded Context mit einem eigenen Domänenmodell.

10.3 Herausforderungen

Wenn die Kommunikationsinfrastruktur für Event Sourcing alte Events vorhalten soll, dann muss die Kommunikationsinfrastruktur erhebliche Datenmengen vorhalten. Gegebenenfalls kann der Zustand eines Microservice nicht mehr aus den Events rekonstruiert werden, wenn alte Events fehlen. Als Optimierung wäre es denkbar, Events zu löschen, die nicht mehr relevant sind. Wenn ein Kunde mehrfach umgezogen ist, ist vermutlich nur noch der letzte Umzug wirklich relevant. Die anderen können dann gelöscht werden.

Außerdem müssen auch alte Events weiterhin prozessiert werden können. Wenn sich zwischenzeitlich das Schema der Events ändert, dann müssen alte Events angepasst werden. Sonst muss jeder Microservice mit Events in allen alten Datenformaten umgehen können. Das ist insbesondere schwierig, wenn neue Daten in den Events vorhanden sein müssen, die in alten Events noch nicht abgespeichert wurden.

10.3.1 Inkonsistenz

Aufgrund der asynchronen Kommunikation ist das System nicht konsistent. Einige Microservices haben eine bestimmte Information bereits, andere noch nicht. Beispielsweise kann die Bestellabwicklung schon Informationen zu einer Bestellung haben, aber die Rechnungserstellung oder die Lieferung noch nicht. Dieses Problem ist nicht lösbar: Es dauert eben, bis asynchrone Kommunikation alle Systeme erreicht hat.

10.3.2 CAP-Theorem

Diese Inkonsistenzen sind keine praktischen Probleme, sondern auch in der Theorie nicht zu lösen. Laut dem CAP-Theorem (*https://de.wikipedia.org/wiki/CAP-Theorem*) gibt es in einem verteilten System drei Eigenschaften:

▦ *Konsistenz* (C, Consistency) bedeutet, dass alle Bestandteile des Systems dieselben Informationen haben.

▦ *Verfügbarkeit* (A, Availability) heißt, dass kein System seine Arbeit einstellt, weil gerade ein anderes System ausgefallen ist.

▦ *Partitionstoleranz* (P, Partition Tolerance) bedeutet, dass ein System bei beliebigen Paketverlusten im Netzwerk weiterhin funktioniert.

Das CAP-Theorem besagt, dass ein System von diesen drei Eigenschaften maximal zwei haben kann. Die Partitionstoleranz ist ein Sonderfall: Ein System muss darauf reagieren, wenn das Netzwerk ausfällt. Genau genommen ist noch nicht einmal ein Ausfall notwendig, es reicht schon, wenn viele Pakete verloren gehen oder die Antwortzeit sehr lang wird. Ein System, das sehr langsam antwortet, ist von einem System nicht zu unterscheiden, das ausgefallen ist.

10.3.3 Begründung des CAP-Theorems

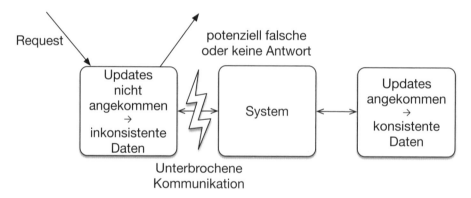

Abb. 10–6   *Fällt die Kommunikation mit anderen Systemen aus, kann das System bei einem Request entweder eine potenziell falsche Antwort geben (AP) oder gar keine (CP).*

Wenn die Kommunikation gestört ist, gibt es nur zwei Möglichkeiten, wie ein System auf einen Request reagieren kann:

▦ Das System gibt *eine Antwort*. Dann kann diese Antwort falsch sein, weil Änderungen bei dem System nicht angekommen sind. Das ist der AP-Fall: Das System ist zwar verfügbar, aber es gibt möglicherweise eine andere Antwort zurück als Systeme, die neuere Informationen bekommen haben. Also gibt es Inkonsistenzen.

▦ Oder das System gibt *keine Antwort* zurück. Dann ist es CP: Es ist zwar bei einem Problem nicht mehr verfügbar, aber alle Systeme geben immer dieselben Antworten zurück und sind somit konsistent, wenn es gerade keine Netzwerkpartitionierung gibt.

10.3.4 Kompromisse bei CAP

Genau genommen kann man Kompromisse eingehen: Nehmen wir ein System mit fünf Replikas. Beim Schreiben stellt jedes Replika eine Bestätigung aus, dass die Daten tatsächlich geschrieben worden sind. Beim Lesen können mehrere Systeme angefragt werden, um den letzten Stand der Daten zu finden, falls noch nicht alle Systeme die Replikation vollzogen haben. Ein solches System mit fünf Replikas, bei dem von einer Replik gelesen wird und beim Schreiben nur auf die Bestätigung von einem Replik gewartet wird, hat den Fokus auf Verfügbarkeit: Bis zu vier Knoten können ausfallen, ohne dass das System ausfällt. Aber es garantiert keine hohe Konsistenz: Es ist ohne Weiteres möglich, dass auf einen Knoten ein Datum geschrieben wird, die Replikation auf die anderen Knoten etwas dauert und daher von einem anderen Knoten ein alter Wert gelesen wird. Wird immer auf die Bestätigung des Schreibens von fünf Knoten gewartet und von fünf Knoten gelesen, sind die Daten immer konsistent, aber der Ausfall eines einzigen Knotens lässt das System stillstehen. Ein Kompromiss kann sein, auf die Bestätigung des Schreibens von drei Knoten zu warten und von drei Knoten zu lesen. Dann können Inkonsistenzen immer noch ausgeschlossen werden und der Ausfall von bis zu zwei Knoten kann kompensiert werden.

10.3.5 CAP, Events und Datenreplikation

Eigentlich betrachtet das CAP-Theorem Datenspeicher wie NoSQL-Datenbanken, die mit Replikation Performance und Ausfallsicherheit erreichen. Aber ähnliche Effekte ergeben sich auch, wenn Systeme Events oder Datenreplikation nutzen. Letztendlich kann ein Event als eine Art Datenreplikation über mehrere Microservices aufgefasst werden, obwohl jeder Microservice anders auf den Event reagieren kann und gegebenenfalls nur Teile der Daten verwendet. Ein Microservice, der auf asynchrone Kommunikation, Events und Datenreplikation setzt, entspricht einem AP-System. Microservices können einige Events noch nicht bekommen haben, sodass die Daten inkonsistent sein können. Das System kann aber Requests anhand der lokalen Daten bearbeiten. Das CAP-Theorem besagt, dass die einzige Alternative ein CP-System ist. Das wäre zwar konsistent, aber nicht verfügbar. Beispielsweise könnte es die Daten in einem zentralen Microservice ablegen, auf den alle zugreifen. Dann würden alle Microservices die aktuellen Daten bekommen. Bei einem Ausfall des zentralen Microservice würden allerdings auch alle anderen Microservices nicht mehr zur Verfügung stehen.

10.3.6 Sind Inkonsistenzen akzeptabel?

Also ist die Inkonsistenz eines asynchronen Systems unausweichlich, außer man will die Verfügbarkeit aufgeben. Es ist daher wichtig, den Spielraum bezüglich der Konsistenz zu kennen, was etwas Geschick erfordert. Kunden wollen ein zuverlässiges System. Daten-Inkonsistenz scheint dem zu widersprechen, weshalb bekannt sein sollte, was passiert, wenn die Daten vorübergehend inkonsistent sind, und ob dann tatsächlich Probleme entstehen. Schließlich sollten die Inkonsistenzen nach Sekundenbruchteilen oder Sekunden verschwunden sein. Außerdem kann es vielleicht fachlich bestimmte Inkonsistenzen nicht geben, weil immer nur ein Sachbearbeiter einen Datensatz bearbeitet oder Ähnliches. Ebenso können bestimmte Inkonsistenzen sogar fachlich tolerabel sein. Wenn beispielsweise Waren Tage vor dem ersten Verkauf eingelistet werden, sind Inkonsistenzen zunächst akzeptabel und müssen erst zum Verkaufsstart behoben sein.

Wenn Inkonsistenzen überhaupt nicht akzeptabel sind, dann ist asynchrone Kommunikation keine Option. Das führt dazu, dass synchrone Kommunikation mit ihren Nachteilen eingesetzt werden muss. Wenn also der Spielraum für vorübergehend inkonsistente Daten nicht bekannt ist, kann das zu einer falschen Entscheidung bezüglich der Kommunikationsvariante führen.

10.3.7　Inkonsistenzen reparieren

Im einfachsten Fall verschwinden die Inkonsistenzen, sobald alle Events alle Systeme erreicht haben. Allerdings kann es Ausnahmen geben. Ein Beispiel: Nach der Anlage bekommt ein Kunde ein Startguthaben. Das Event für das Startguthaben kommt bei einem Microservice an, aber die Anlage hat der Kunde noch nicht bekommen. Der Microservice kann das Startguthaben nicht gutschreiben, weil der Kunde nicht angelegt ist. Wenn die Anlage des Kunden später ankommt, müsste auch das Startguthaben noch einmal ausgeführt werden.

Das Problem ist lösbar, wenn die Reihenfolge der Events garantiert werden kann. Dann tritt das Problem nicht auf. Leider können viele Lösungen die Reihenfolge nicht garantieren.

Event Sourcing kann ebenfalls helfen. Der Zustand des Microservice kann so immer aus den Events rekonstruiert werden. Also könnte der Zustand verworfen und aus den Events wieder erzeugt werden, wenn diese vollständig vorliegen.

10.3.8　Garantierte Zustellung

In einem asynchronen System kann die Zustellung der Nachrichten garantiert werden, wenn das System entsprechend implementiert ist: Der Sender lässt sich die Übernahme der Nachricht vom Messaging-System quittieren. Das Messaging-System lässt sich anschließend den Empfang der Nachricht vom Empfänger quittieren. Wenn der Empfänger die Daten allerdings nie abholt und so eine Zustellung verhindert, hat der Sender zwar eine Quittung, aber die Nachricht kommt dennoch nicht an.

Es ist schwierig, die Zustellung zu garantieren, wenn die Empfänger anonym sind. Dann ist unklar, wer die Nachricht empfangen soll und ob es überhaupt

Empfänger gibt, welche die Nachricht bekommen sollen. Also ist somit auch unklar, wer Quittungen ausstellen muss.

10.3.9   Idempotenz

Werden die Nachrichten vom Empfänger nicht quittiert, dann werden sie erneut übertragen. Wenn der empfangende Microservice die Nachricht zwar verarbeitet hat, aber wegen eines Problems oder eines Absturzes den Empfang dennoch nicht quittiert, dann bekommt der Empfänger die Nachricht ein zweites Mal, obwohl er sie bereits verarbeitet hat. Das ist eine At-Least-Once-Strategie: Die Nachrichten werden mindestens einmal übertragen und gegebenenfalls mehrfach.

Typischerweise versucht man daher, verteilte Systeme so zu entwerfen, dass die Microservices idempotent sind. Das bedeutet, dass eine Nachricht mehrfach verarbeitet werden kann, aber sich der Zustand des Services dann nicht mehr ändert. Beispielsweise kann ein Rechnung-Microservice beim Erstellen der Rechnung zunächst in der eigenen Datenbank nachschauen, ob bereits eine Rechnung erstellt worden ist. So erstellt nur der erste Empfänger die Rechnung. Alle folgenden Empfänger werden die Nachricht ignorieren.

10.3.10 Ein Empfänger

Es kann darüber hinaus notwendig sein, dass nur eine Instanz eines Microservices eine Nachricht verarbeitet. Beispielsweise wäre es fachlich falsch, wenn mehrere Instanzen des Rechnung-Microservice die Bestellung erhalten und alle eine Rechnung schreiben. So entstehen nämlich statt einer Rechnung mehrere. Messaging-Systeme haben dazu meistens eine Möglichkeit, Nachrichten nur an einen bestimmten Empfänger zu schicken. Dieser muss Empfang und Bearbeitung dann quittieren. Eine solche Kommunikationsform heißt auch Point-to-Point-Kommunikation.

Leider können die Regeln für die Verarbeitung komplex sein. Bei Änderungen an den Daten von Kunden sollte die Verarbeitung möglichst parallelisiert werden, um eine hohe Performance zu gewährleisten. Bei den Änderungen der Daten eines spezifischen Kunden muss aber wahrscheinlich eine Reihenfolge eingehalten werden. Beispielsweise wäre es nicht gut, wenn Änderungen an der Rechnungsadresse erst bearbeitet werden, nachdem die Rechnung geschrieben wurde. Dann enthält die Rechnung nämlich noch die falsche Adresse. Aus diesem Grund kann es wichtig sein, die Reihenfolge von Nachrichten zu garantieren.

10.3.11 Test

Auch bei asynchronen Microservices müssen die Continuous-Delivery-Pipelines unabhängig sein, um ein unabhängiges Deployment zu ermöglichen. Dazu müssen auch die Tests der Microservices unabhängig von anderen Microservices sein.

Ein Tests kann bei asynchroner Kommunikation eine Nachricht an den Microservice schicken und überprüfen, ob sich das System so verhält wie gedacht. Das Timing kann schwierig sein, weil nicht klar ist, wann der Microservice die Nachricht bearbeitet hat und wie lange der Test auf die Verarbeitung warten soll. Der Test kann dann überprüfen, ob der Microservice die richtigen Nachrichten als Antwort schickt. Das erlaubt ein sehr einfaches Black-Box-Testing, also einen Test anhand der Schnittstelle ohne Wissen über den internen Aufbau des Microservice. Außerdem stellen solche Tests keine besonders großen Anforderungen an die Testumgebung: Sie muss nur Nachrichten übertragen können. Insbesondere ist es nicht notwendig, eine Vielzahl anderer Microservices in der Testumgebung zu installieren. Stattdessen können die Nachrichten, die andere Microservices schicken oder von dem getesteten Microservice erwarten, die Basis für die Tests darstellen.

10.4 Vorteile

Die Entkopplung durch Events wurde in Abschnitt 10.2 dargestellt. Eine solche Architektur erzielt ein hohes Maß an fachlicher Entkopplung.

Gerade für verteilte Systeme hat asynchrone Kommunikation einige entscheidende Vorteile:

▓ Beim Ausfall eines Kommunikationspartners wird die Nachricht später übertragen, wenn der Kommunikationspartner wieder verfügbar ist. So bietet asynchrone Kommunikation *Resilience*, also eine Absicherung gegen den Ausfall von Teilen des Systems.

▓ Die Übertragung und auch die Bearbeitung einer Nachricht kann fast immer *garantiert* werden: Die Nachrichten werden langfristig gespeichert. Irgendwann werden sie bearbeitet. Dass sie bearbeitet werden, kann man beispielsweise absichern, indem die Empfänger die Nachricht quittieren (Acknowledge).

So löst asynchrone Kommunikation Herausforderungen, die verteilte Systeme mit sich bringen.

10.5 Variationen

Für die Umsetzung asynchroner Kommunikation zeigen die nächsten beiden Kapitel konkrete Technologien:

▓ Kapitel 11 zeigt Apache Kafka als ein Beispiel für eine Message-oriented Middleware (MOM). Kafka bietet die Möglichkeit, Nachrichten sehr lange zu speichern. Das kann bei Event Sourcing hilfreich sein. Diese Eigenschaft unterscheidet Kafka von anderen MOMs, die ebenfalls gute Optionen sind.

Kapitel 12 zeigt die Implementierung asynchroner Kommunikation mit REST
und dem Atom-Datenformat. Das kann hilfreich sein, wenn MOMs als
zusätzliche Infrastruktur ein zu großer Aufwand sind.

Asynchrone Kommunikation kann gut mit Frontend-Integration kombiniert werden (siehe Kapitel 7), denn diese beiden Integrationen setzen auf unterschiedlichen Ebenen an: Frontend und Logik. Allerdings können bei der UI-Integration
Inkonsistenzen leicht auffallen: Wenn zwei Microservices auf einer Webseite
ihren Zustand gleichzeitig darstellen, können Inkonsistenzen offensichtlich werden. Wenn die Microservices fachlich unterschiedliche Dinge implementieren,
werden sie unterschiedliche Daten nutzen und daher kaum inkonsistent sein.

Die Kombination von asynchroner mit synchroner Kommunikation (siehe
Kapitel 13) sollte hingegen vermieden werden, weil synchrone und asynchrone
Kommunikation beide auf der Logik-Ebene ansetzen. Aber auch diese Kombination kann in einigen Fällen sinnvoll sein. So kann synchrone Kommunikation
notwendig sein, wenn sofort eine Antwort des Services erforderlich ist.

10.6 Fazit

Asynchrone Kommunikation sollte aufgrund der Lösungen für Resilience und
Entkopplung im Vergleich zu synchroner Kommunikation zwischen Microservices vorgezogen werden. Der einzige Grund, der dagegen sprechen kann, ist die
Inkonsistenz. Daher ist es wichtig, gerade in dem Bereich die Anforderungen
genau zu kennen, um so die technisch richtige Entscheidung zu treffen. Eine Entscheidung für asynchrone Kommunikation hat das Potenzial, die wesentlichen
Herausforderungen der Microservices-Architektur elegant zu lösen, und sollte
daher auf jeden Fall erwogen werden.

11 Rezept: Messaging und Kafka

Dieses Kapitel zeigt die Integration von Microservices mithilfe einer Message-oriented Middleware (MOM). Eine MOM verschickt Nachrichten und stellt sicher, dass die Nachrichten beim Empfänger ankommen. MOMs sind asynchron. Sie implementieren also kein Request/Reply wie bei synchronen Kommunikationsprotokollen, sondern verschicken nur Nachrichten. Es gibt MOMs mit unterschiedlichen Eigenschaften wie hoher Zuverlässigkeit, niedriger Latenz oder hohem Durchsatz. MOMs haben eine lange Historie. Sie stellen die Basis zahlreicher geschäftskritischer Systeme dar.

Dieses Kapitel vermittelt:

▨ Zunächst zeigt der Text einen Überblick über die verschiedenen MOMs und ihre jeweiligen Unterschiede. So kann der Leser entscheiden, welche MOM seinen Anwendungsfall am besten unterstützt.

▨ Die Einführung in Kafka zeigt, warum Kafka für ein Microservices-System besonders geeignet ist und wie Event Sourcing (siehe Abschnitt 10.2) mit Kafka umgesetzt werden kann.

▨ Das Beispiel im Kapitel verdeutlicht auf Code-Ebene, wie ein Event-Sourcing-System mit Kafka praktisch aufgebaut werden kann.

11.1 Message-oriented Middleware (MOM)

Durch eine MOM werden Microservices entkoppelt. Ein Microservice schickt eine Nachricht an die MOM oder empfängt sie von der MOM. Dadurch kennen sich Sender und Empfänger nicht, sondern nur einen Kommunikationskanal. Service Discovery ist daher nicht notwendig: Sender und Empfänger finden sich durch den Kanal, auf dem sie Nachrichten austauschen. Ebenso ist eine Lastverteilung unkompliziert möglich: Wenn mehrere Empfänger sich für einen Kommunikationskanal registriert haben, dann kann eine Nachricht von einem der Empfänger verarbeitet werden und so die Last verteilt werden. Eigene Infrastruktur ist dafür nicht notwendig.

Allerdings ist eine MOM eine komplexe Software, durch die alle Kommunikation abgewickelt wird. Also muss die MOM hochverfügbar sein und einen hohen Durchsatz bieten. MOMs sind generell sehr reife Produkte, aber die Sicherstellung einer ausreichenden Leistung auch unter widrigen Umständen erfordert viel Know-How beispielsweise bei der Konfiguration.

11.1.1 Spielarten von MOMs

In dem Bereich MOM spielen folgende Produkte eine Rolle:

- JMS (*https://jcp.org/aboutJava/communityprocess/final/jsr914/index.html*) (Java Messaging Service) ist eine standardisierte API für die Programmiersprache Java und Teil des Java-EE-Standards. Bekannte Implementierungen sind Apache ActiveMQ (*http://activemq.apache.org/*) oder IBM MQ (*http:// www-03.ibm.com/software/products/en/ibm-mq*), das früher IBM MQSeries hieß. Es gibt allerdings noch viele weitere JMS-Produkte (*https://en.wikipedia.org/wiki/Java_Message_Service#Provider_implementations*). Java Application Server, die nicht nur das Web Profile sondern das vollständige Java-EE-Profil unterstützen, müssen eine JMS enthalten, sodass JMS oft schon ohnehin verfügbar ist.

- AMQP (*https://www.amqp.org/*) (Advanced Message Queuing Protocol) standardisiert keine API, sondern ein Netzwerk-Protokoll auf TCP/IP-Ebene. Das ermöglicht einen einfacheren Austausch der Implementierung. RabbitMQ (*https://www.rabbitmq.com/*), Apache ActiveMQ (*http://activemq.apache.org/*) und Apache Qpid (*https://qpid.apache.org/*) sind die bekanntesten Umsetzungen des AMQP-Standards. Auch bei AMQP gibt es weitere Alternativen (*https:// en.wikipedia.org/wiki/Advanced_Message_Queuing_Protocol#Implementations*).

Darüber hinaus gibt es beispielsweise ZeroMQ (*http://zeromq.org/*), das keinem der Standards entspricht. MQTT (*http://mqtt.org/*) ist ein Messaging-Protokoll, das vor allem im Bereich Internet of Things eine Rolle spielt.

Es ist mit allen diesen MOM-Technologien möglich, ein Microservices-System aufzubauen. Gerade wenn eine bestimmte Technologie schon genutzt wird und Wissen über den Umgang vorhanden ist, kann eine Entscheidung für eine bekannte Technologie sinnvoll sein. Ein Microservices-System ist aufwendig zu betreiben. Der Einsatz einer bekannten Technologie ermöglicht eine willkommene Reduktion von Risiko und Aufwand. Die Anforderungen an Verfügbarkeit und Skalierbarkeit der MOM sind hoch. Eine bekanntes MOM kann helfen, diese Anforderungen auf einfache Art zu erfüllen.

11.2 Die Architektur von Kafka

Im Microservices-Umfeld ist Kafka (*https://kafka.apache.org/*) eine interessante Alternative. Neben typischen Zielen wie hohem Durchsatz und niedriger Latenz kann Kafka durch Replikation den Ausfall einzelner Server kompensieren und mit einer größeren Anzahl Server skalieren.

11.2.1 Kafka speichert die Nachrichten-Historie.

Vor allem ist Kafka dazu in der Lage, auch eine umfangreiche Record-Historie zu speichern. Üblicherweise zielen MOMs darauf ab, Nachrichten an die Empfänger auszuliefern. Danach löscht die MOM die Nachricht, da diese die Zuständigkeit der MOM verlassen hat. Das spart Ressourcen. Es bedeutet aber auch, dass Ansätze wie Event Sourcing (siehe Abschnitt 10.2) nur möglich sind, wenn jeder Microservice die Event-Historie selber speichert. Kafka hingegen speichert Records dauerhaft. Kafka kann auch große Datenmengen bewältigen und auf mehrere Server verteilt werden. Außerdem hat Kafka Möglichkeiten für Stream Processing. Dabei transformieren Anwendungen die Records in Kafka.

11.2.2 Kafka: Lizenz und Committer

Kafka steht unter der Apache-2.0-Lizenz. Diese Lizenz räumt den Nutzern weitgehende Freiheiten ein. Das Projekt ist in der Apache Software Foundation organisiert, die mehrere Open-Source-Projekte verwaltet. Viele Committer arbeiten für die Firma Confluent, die auch kommerziellen Support, eine Kafka-Enterprise-Lösung und eine Lösung in der Cloud anbietet.

11.2.3 APIs

Kafka bietet für die drei unterschiedlichen Aufgaben eine MOM jeweils eine eigene API an:

- Die *Producer API* dient zum Senden von Daten.
- Den Empfang von Daten ermöglicht die *Consumer API*.
- Schließlich gibt es die *Streams API* zum Transformieren der Daten.

Kafka ist in Java geschrieben. Die APIs werden mit einem sprachneutralen Protokoll angesprochen. Es gibt Clients (*https://cwiki.apache.org/confluence/display/ KAFKA/Clients*) für viele Programmiersprachen.

11.2.4 Records

Kafka organisiert Daten in *Records*. Sie enthalten den transportierten Wert als *Value*. Kafka behandelt den *Value* als eine Black Box und interpretiert die Daten nicht. Außerdem haben *Records* einen Schlüssel (*Key*) und einen Zeitstempel (*Timestamp*). Kafka speichert darüber hinaus keine Metadaten zu den Records. Es gibt also keine weiteren Header, wie dies bei vielen anderen MOMs der Fall ist.

Ein Record könnte eine neue Bestellung oder eine Änderung an einer Bestellung sein. Der Key kann dann aus der Identität des Records und der Änderung zusammengesetzt werden.

11.2.5   Topics

Topics fassen Records zusammen. Wenn sich Microservices in einem ECommerce-System für neue Bestellungen interessieren oder neue Bestellungen anderen Microservices bekannt machen wollen, könnten sie dazu einen Topic nutzen. Neue Kunden wären ein anderer Topic.

11.2.6   Partitionen

Topics sind in *Partitionen* unterteilt. Wenn ein Producer einen neuen Record erstellt, wird er an eine Partition angehängt. Kafka speichert für jeden Consumer den Offset für jede Partition. Dieser Offset zeigt an, welchen Record in der Partition der Consumer zuletzt gelesen hat.

Partitionen erlauben Producern das Anhängen neuer Records. Producer profitieren davon, dass das Anhängen von Daten zu den effizientesten Operationen auf einem Massenspeicher gehört. Außerdem sind solche Operationen sehr zuverlässig und einfach zu implementieren.

Die Zuordnung von Records zu Partitionen erfolgt üblicherweise durch einen Hash des Keys. Man kann aber eine eigene Funktion implementieren.

Für Partitionen gilt, dass die Ordnung der Records erhalten bleibt: Die Reihenfolge, in der die Records in die Partition geschrieben werden, ist auch die Reihenfolge, in der Consumer die Records lesen. Über Partitionen hinweg ist die Ordnung nicht garantiert. Partitionen sind also auch ein Konzept für parallele Verarbeitung. Das Lesen in einer Partition ist linear, über Partitionen hinweg ist es parallel.

Mehr Partitionen haben verschiedene Auswirkungen (*http://www.confluent.io/ blog/how-to-choose-the-number-of-topicspartitions-in-a-kafka-cluster/*). Typisch sind Hunderte von Partitionen.

11.2.7   Commit

Wenn Consumer einen Record verarbeitet haben, committen sie einen neuen Offset. So weiß Kafka jederzeit, welche Records welcher Consumer bearbeitet hat und welche noch bearbeitet werden müssen. Natürlich können die Consumer Records committen, bevor sie tatsächlich bearbeitet sind. Dann kann es vorkommen, dass Records nicht bearbeitet werden.

Ein Consumer kann ein Batch von Records committen, wodurch eine bessere Performance möglich wird, weil weniger Commits notwendig sind. Dann können aber Duplikate auftreten. Das passiert, wenn der Consumer abstürzt, nachdem er nur einen Teil eines Batches bearbeitet hat, aber den Batch noch nicht committet hat. Beim Neustart würde die Anwendung den kompletten Batch erneut lesen, weil Kafka beim letzten committeten Record wieder aufsetzt und damit am Anfang des Batches.

Kafka unterstützt auch Exactly once (*https://www.confluent.io/blog/exactly-once-semantics-are-possible-heres-how-apache-kafka-does-it/*), also eine garantiert einmalige Zustellung.

11.2.8   Polling

Die Consumer pollen die Daten. Mit anderen Worten: Sie holen sich neue Daten ab und verarbeiten sie. Bei einem Push würden ihnen die Daten hingegen zugestellt werden. Polling scheint wenig elegant zu sein. Ohne einen Push der Records zu den Consumern sind die Consumer aber davor geschützt, unter zu viel Last zu geraten, wenn gerade eine große Zahl von Records geschickt wird und verarbeitet werden muss. Die Consumer können selbst entscheiden, wann sie die Records verarbeiten. Bibliotheken wie das im Beispiel verwendete Spring Kafka pollen im Hintergrund neue Records. Der Entwickler muss nur die Methoden implementieren, die Spring Kafka mit den neuen Records aufrufen muss. Das Polling ist dann vor dem Entwickler verborgen.

11.2.9   Records, Topics, Partitionen und Commits im Überblick

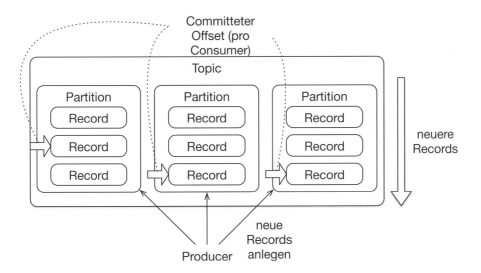

Abb. 11–1   *Partitionen und Topics in Kafka*

Abbildung 11–1 zeigt ein Beispiel: Der Topic ist in drei Partitionen aufgeteilt, die jeweils drei Records enthalten. Unten in der Abbildung befinden sich die neueren

Records, sodass dort der Producer neue Records anlegt. Der Consumer hat für die erste Partition den neuen Record noch nicht committet, aber für alle anderen Partitionen.

11.2.10 Replikation

Partitionen speichern Daten und können über Server verteilt werden. Jeder Server bearbeitet dann einige Partitionen. Das erlaubt Lastverteilung. Außerdem können die Partitionen repliziert werden. Dann liegen die Daten auf mehreren Servern. So kann Kafka ausfallsicher gemacht werden.

Die Anzahl »N« der Replicas kann konfiguriert werden. Beim Schreiben lässt sich festlegen, wie viele In-Sync-Replicas Änderungen committen müssen. Bei N=3 Replicas und zwei In-Sync-Replicas bleibt der Cluster einsatzfähig, wenn eines der drei Replicas ausfällt. Es kann dann nämlich immer noch auf zwei Replicas geschrieben werden. Beim Ausfall einer Replica gehen keine Daten verloren, da jedes Schreiben mindestens auf zwei Replicas erfolgreich gewesen sein muss. Selbst beim Verlust einer Replica müssen die Daten also noch mindestens auf einer weiteren Replica gespeichert sein. Kafka bietet damit bezüglich des CAP-Theorems verschiedene Kompromisse an (siehe Abschnitt 10.2).

11.2.11 Leader und Follower

Die Replikation ist so umgesetzt, dass ein Leader schreibt und die restlichen Replicas als Follower schreiben. Der Producer schreibt direkt an den Leader. Mehrere Schreiboperationen können in einem Batch zusammengefasst werden. Es dauert dann länger, bis ein Batch vollständig ist und die Änderungen tatsächlich abgespeichert werden. Dafür erhöht sich der Durchsatz, weil es effizienter ist, mehrere Datensätze auf einmal zu speichern.

11.2.12 Schreiben wiederholen

Wenn eine Schreiboperation nicht erfolgreich war, kann der Producer über die API festlegen, dass die Übertragung erneut versucht wird. Die Standardeinstellung ist, dass das Verschicken eines Records nicht wiederholt wird. Dadurch können Records verloren gehen. Wenn die Übertragung mehrfach erfolgt, kann es vorkommen, dass der Record trotz des Fehlers erfolgreich übertragen wurde. In diesem Fall würde es ein Duplikat geben, womit der Consumer umgehen können muss. Eine Möglichkeit ist es, den Consumer so zu entwickeln, dass er idempotente Verarbeitung anbietet. Damit ist gemeint, dass der Consumer in demselben Zustand ist, egal wie oft der Consumer einen Record verarbeitet (siehe Abschnitt 10.3). Beispielsweise kann der Consumer bei einem Duplikat feststellen, dass er den Record bereits bearbeitet hat und ihn ignorieren.

11.2.13 Consumer Groups

Consumer sind in Consumer Groups organisiert. Jede Partition hat genau einen Consumer in der Consumer Group. Ein Consumer kann für mehrere Partitionen zuständig sein.

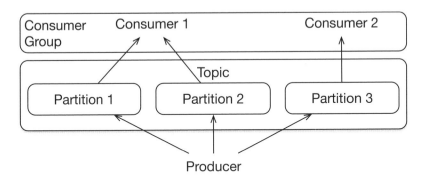

Abb. 11–2 *Consumer Groups und Partitionen*

Ein Consumer bekommt dann also die Nachrichten von einem oder mehreren Partitionen. Abbildung 11–2 zeigt ein Beispiel: Der Consumer 1 bekommt die Nachrichten aus den Partitionen 1 und 2. Der Consumer 2 erhält die Nachrichten aus Partition 3.

Wenn ein Consumer eine Nachricht mit einem Key bekommt, erhält er auch alle Nachrichten mit demselben Key, weil alle zur selben Partition gehören. Ebenso ist die Reihenfolge der Nachrichten pro Partition festgelegt. Somit können Records parallel bearbeitet werden und gleichzeitig ist die Reihenfolge bei bestimmten Records garantiert. Das gilt natürlich nur, wenn die Zuordnung stabil bleibt. Wenn zum Beispiel zur Skalierung neue Consumer zu der Consumer Group dazukommen, dann kann sich die Zuordnung ändern.

Die maximale Anzahl der Consumer in einer Consumer Group ist gleich der Anzahl der Partitionen, weil jeder Consumer mindestens für eine Partition verantwortlich sein muss. Idealerweise gibt es mehr Partitionen als Consumer, um bei einer Skalierung noch weitere Consumer hinzufügen zu können.

Wenn jeder Consumer alle Records aus allen Partitionen bekommen soll, dann muss es für jeden Consumer eine eigene Consumer Group mit nur einem Mitglied geben.

11.2.14 Persistenz

Kafka ist eine Mischung aus einem Messaging-System und einem Datenspeicher: Die Records in den Partitionen können von Consumern gelesen und von Producern geschrieben werden. Sie werden dauerhaft gespeichert. Die Consumer speichern lediglich ihren Offset.

Ein neuer Consumer kann daher alle Records verarbeiten, die jemals von einem Producer geschrieben worden sind, um so seinen eigenen Zustand auf den aktuellen Stand zu bringen.

11.2.15 Log Compaction

Allerdings führt das dazu, dass Kafka mit der Zeit immer mehr Daten speichern muss. Einige Records werden jedoch irgendwann irrelevant. Wenn ein Kunde mehrfach umgezogen ist, will man vielleicht nur noch den letzten Umzug als Record in Kafka halten. Dazu dient Log Compaction. Dabei werden alle Records mit demselben Key bis auf den letzten entfernt. Deswegen ist die Wahl des Keys sehr wichtig und muss aus fachlicher Sicht betrachtet werden, um auch mit Log Compaction noch alle relevanten Records verfügbar zu haben.

11.3   Events mit Kafka

Systeme, die über Kafka kommunizieren, können recht einfach Events austauschen (siehe auch Abschnitt 10.2):

▓ Die Records werden dauerhaft gespeichert. Also kann ein Consumer die Historie auslesen und so seinen Zustand wieder aufbauen. Dazu muss der Consumer die Daten nicht lokal speichern, sondern kann sich auf Kafka verlassen. Das bedeutet allerdings, dass alle relevanten Informationen im Record gespeichert sein müssen. Abschnitt 10.2 hat die Vor- und Nachteile dieses Ansatzes diskutiert.

▓ Wenn ein Event durch ein neues Event irrelevant wird, können die Daten durch Log Compaction von Kafka gelöscht werden.

▓ Durch Consumer Groups kann ein ausgewählter Consumer einen Record bearbeiten. Das vereinfacht die Zustellung beispielsweise, wenn eine Rechnung geschrieben werden soll. Dann sollte nämlich nur ein Consumer eine Rechnung schreiben und nicht mehrere Consumer parallel mehrere Rechnungen erstellen.

11.3.1   Events verschicken

Der Producer kann die Events zu unterschiedlichen Zeiten verschicken. Die einfachste Option ist es, das Event zu verschicken, nachdem die eigentliche Aktion stattgefunden hat. Also bearbeitet der Producer zunächst eine Bestellung, bevor er mit einem Event die anderen Microservices über die Bestellung informiert. Es kann dann vorkommen, dass der Producer zwar die Daten in der Datenbank ändert, aber das Event nicht verschickt, weil er beispielsweise zuvor abstürzt.

Der Producer kann die Events aber auch verschicken, bevor die Änderung an den Daten tatsächlich stattfindet. Wenn also eine neue Bestellung eintrifft, verschickt der Producer zunächst das Event, bevor er die Daten in der lokalen Datenbank speichert. Das ist nicht sonderlich sinnvoll, da Events eigentlich eine Information über ein Ereignis darstellen, das bereits passiert ist. Schließlich kann bei der Aktion ein Fehler auftauchen. Dann ist das Event schon verschickt, obwohl die Aktion nie stattgefunden hat.

Technisch hat das Verschicken der Events vor der eigentlichen Aktion außerdem den Nachteil, dass die eigentliche Aktivität verzögert wird, weil erst das Event verschickt wird, bevor die eigentliche Aktion stattfindet. Das kann zu einem Performance-Problem führen.

Es ist auch denkbar, die Events in einer lokalen Datenbank zu sammeln und in einem Batch zu schicken. Dann kann das Schreiben der geänderten Daten und das Erzeugen der Daten für das Event in der Datenbank in einer Transaktion erfolgen. Die Transaktion kann absichern, dass entweder die Änderung der Daten stattfindet und ein Event in der Datenbank erzeugt wird oder beides nicht stattfindet. Außerdem erreicht diese Lösung einen höheren Durchsatz, weil Batches in Kafka genutzt werden können. Allerdings ist die Latenz höher. Eine Änderung findet sich erst in Kafka wieder, wenn der nächste Batch geschrieben worden ist.

11.4 Beispiel

Das Beispiel in diesem Abschnitt orientiert sich an dem Beispiel für Events aus dem Abschnitt 10.2 (siehe Abbildung 11–3). Der Microservice *microservice-kafka-order* ist dafür zuständig, die Bestellung zu erfassen. Er schickt die Bestellungen an einen Kafka Topic. Zwei Microservices lesen die Bestellungen aus: Der Microservice *microservice-kafka-invoicing* schreibt für eine Bestellung eine Rechnung, der Microservice *microservice-kafka-shipping* liefert die bestellten Waren aus.

11.4.1 Datenmodell für die Kommunikation

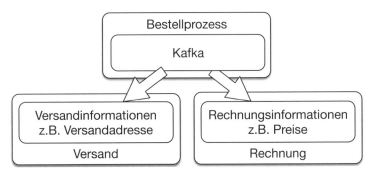

Abb. 11–3 Beispiel für Kafka

Die beiden Microservices *microservice-kafka-invoicing* und *microservice-kafka-shipping* benötigen unterschiedliche Informationen. Der Rechnung-Microservice benötigt die Rechnungsadresse und Informationen über die Preise der bestellten Waren. Der Versand-Microservices benötigt die Lieferadresse und kommt ohne Preise aus.

Beide Microservices lesen die notwendigen Informationen aus demselben Kafka Topic und denselben Records. Nur welche Daten sie aus den Records auslesen, unterscheidet sich. Das ist technische einfach möglich, weil die Daten über die Bestellungen als JSON ausgeliefert werden. Überflüssige Felder können die beiden Microservices einfach ignorieren.

11.4.2   Domain-Driven Design und Strategic Design

In der Demo sind die Kommunikation und die Konvertierung der Daten mit Absicht einfach gehalten. Sie entsprechen dem DDD-Pattern *Publish Language*. Es gibt ein standardisiertes Datenformat, aus dem alle Systeme die jeweils notwendigen Daten auslesen. Bei einer großen Anzahl an Kommunikationspartnern kann das Datenmodell unübersichtlich groß werden.

Dann könnte *Customer/Supplier* genutzt werden: Die Teams, die für Versand und Rechnungen zuständig sind, schreiben dem Bestellung-Team vor, welche Daten eine Bestellung enthalten muss, um den Versand und die Erstellung der Rechnung zu ermöglichen. Das Bestellung-Team stellt dann die notwendigen Daten bereit. Die Schnittstellen können dann sogar getrennt werden. Das scheint ein Rückschritt zu sein: Schließlich bietet Published Language eine gemeinsame Datenstruktur, die alle Microservices nutzen können. In Wirklichkeit ist es aber eine Vermischung der beiden Modelle, die zwischen Versand und Rechnung auf der einen Seite und Bestellung auf der anderen Seite festgelegt worden sind. Eine Trennung dieses einen Modells in zwei Modelle für die Kommunikationen zwischen Rechnung und Bestellung bzw. Lieferung und Bestellungen macht deutlich, welche Daten für welche Microservices relevant sind, und erleichtert es, die Auswirkungen von Änderungen abzuschätzen. Die beiden Datenmodelle können unabhängig voneinander weiterentwickelt werden. Das dient dem Ziel von Microservices, Software einfacher änderbar zu machen und die Auswirkungen einer Änderung zu begrenzen.

Die Patterns Customer/Supplier und Published Language kommen aus dem Strategic Design des Domain-Driven Design (DDD) (siehe Abschnitt 2.1).

11.4.3   Technische Umsetzung der Kommunikation

Technisch ist die Kommunikation folgendermaßen implementiert: Die Java-Klasse *Order* aus dem Projekt *microservice-kafka-order* wird in JSON serialisiert. Aus diesem JSON beziehen die Klassen *Invoice* aus dem Projekt *microser-*

vice-kafka-invoicing und *Shipping* aus dem Projekt *microservice-kafka-shipping* ihre Daten. Sie ignorieren Felder, die in den Systemen nicht benötigt werden. Die einzige Ausnahme sind die *orderLines* aus *Order*, die in *Shipping shippingLines* und in *Invoice invoiceLine* heißen. Für die Umwandlung gibt es eine Methode *setOrderLine()* in den beiden Klassen, um die Daten aus JSON zu deserialisieren.

11.4.4 Datenmodell für die Datenbank

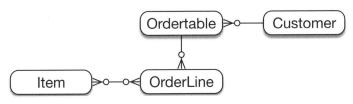

Abb. 11–4 Datenmodellierung im System microservice-kafka-order

Die Datenbank des Order-Microservice (siehe Abbildung 11–4) enthält eine Tabelle für die Bestellungen (Ordertable) und die einzelnen Posten in der Bestellungen (OrderLine). Waren (Item) und Kunden (Customer) haben ebenfalls eigene Tabellen.

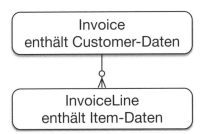

Abb. 11–5 Datenmodellierung im System microservice-kafka-order

Im Microservices *microservice-kafka-invoice* fehlen die Tabellen für Kunden und Waren. Die Daten der Kunden werden nur als Teil von *Invoice* gespeichert und die Daten der Waren als Teil der *InvoiceLine*. Die Daten in den Tabellen sind Kopien der Daten des Kunden und der Ware zu dem Zeitpunkt, als die Bestellung in das System übernommen wurde. Wenn also ein Kunde seine Daten ändert oder eine Ware den Preis ändert, beeinflusst das nicht die bisherigen Rechnungen. Das ist fachlich korrekt. Schließlich soll eine Preisänderung nicht auf bereits geschriebene Rechnungen durchschlagen. Diese Trennung der Änderungen kann sonst nur mit einer komplizierten Historisierung der Daten umgesetzt werden. Ebenfalls ist es mit dieser Modellierung sehr einfach, Rabatte oder Sonderangebote an die Rechnung zu übergeben. Es muss nur ein anderer Preis für eine Ware eingetragen werden.

Aus demselben Grund hat der Microservice *microservice-kafka-shipping* nur die Tabellen *Shipping* und *ShippingLine*. Daten für Kunden und Waren werden in diese Tabellen kopiert, so dass die Daten dort so hinterlegt sind, wie sie beim Auslösen der Lieferung waren.

Das Beispiel zeigt, wie Bounded Context die Modellierung vereinfacht.

11.4.5　Inkonsistenzen

Außerdem zeigt das Beispiel einen anderen Effekt: Die Informationen in dem System können inkonsistent sein. Bestellungen ohne Rechnungen oder Bestellungen ohne Lieferungen können vorkommen. Aber solche Zustände sind nicht dauerhaft. Irgendwann wird der Kafka Topic mit den neuen Bestellungen ausgelesen und die neuen Bestellungen erzeugen eine Rechnung und eine Lieferung.

11.4.6　Technischer Aufbau

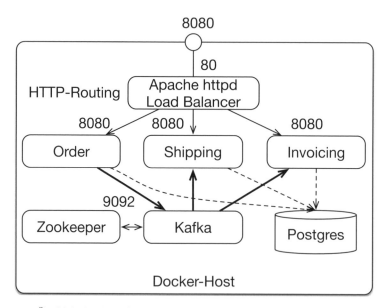

Abb. 11–6　　*Überblick über das Kafka-System*

Abbildung 11–6 zeigt, wie das Beispiel technisch aufgebaut ist:

▓ Der *Apache httpd Load Balancer* verteilt eingehende HTTP-Requests. So kann es von jedem Microservice mehrere Instanzen geben. Das ist nützlich, um die Verteilung von Records auf mehrere Empfänger zu zeigen. Außerdem muss so nur der Apache-httpd-Server nach draußen sichtbar sein. Die anderen Microservices sind nur intern erreichbar.

▨ *Zookeeper* dient zur Koordination der Kafka-Instanzen und speichert unter anderem Informationen über die Verteilung der Topics und Partitionen. Das Beispiel nutzt das Image von *https://hub.docker.com/r/wurstmeister/zookeeper/*.

▨ Die *Kafka-Instanz* stellt die Kommunikation zwischen den Microservices sicher. Der Order-Microservice schickt die Bestellungen an die Shipping- und Invoicing-Microservices. Das Beispiel nutzt das Kafka-Image von *https://hub.docker.com/r/wurstmeister/kafka/*.

▨ Schließlich nutzen die Order-, Shipping- und Invoicing-Microservices dieselbe *Postgres-Datenbank*. Innerhalb der Datenbank-Instanz hat jeder Microservice ein eigenes, getrennte Datenbank-Schame. So sind die Microservices bezüglich der Datenbank-Schemas völlig unabhängig. Gleichzeitig reicht eine Datenbank-Instanz aus, um alle Microservices zu betreiben. Die Alternative wäre, jedem Microservice eine eigene Datenbank-Instanz zu geben. Das würde allerdings die Anzahl der Docker-Container erhöhen.

Im Abschnitt »Quick Start« in der Einleitung ist beschrieben, welche Software installiert sein muss, um das Beispiel zu starten.

Das Beispiel findet sich unter *https://github.com/ewolff/microservice-kafka*. Um es zu starten, muss man zunächst mit `git clone` `https://github.com/ewolff/` `microservice-kafka.git` den Code herunterladen. Anschließend muss im Verzeichnis `microservice-kafka` das Kommando `mvn clean package` ausgeführt werden. Dann muss im Verzeichnis `docker` erst `docker-compose build` zum Erzeugen der Docker-Images und `docker-compose up -d` zum Starten der Umgebung ausgeführt werden. Der Apache httpd Load Balancer steht unter Port 8080 zur Verfügung. Wenn Docker lokal läuft, findet man ihn also unter *http://localhost:8080/*. Von dort aus kann man den Order-Microservice nutzen, um eine Bestellung anzulegen. Die Microservices Shipping und Invoicing sollten nach einiger Zeit die Daten der Bestellung anzeigen.

Unter *https://github.com/ewolff/microservice-kafka/blob/master/WIE-LAUFEN.md* steht eine umfangreiche Dokumentation bereit, die Schritt für Schritt die Installation und das Starten des Beispiels erläutert.

11.4.7 Key für die Records

Kafka überträgt die Daten in Records. Jeder Record enthält eine Bestellung. Der Key ist die ID der Bestellung mit Zusatz `created`, also beispielsweise `1created`. Es reicht nicht aus, nur die ID der Bestellung zu nutzen. Bei einer Log Compaction werden alle Records mit demselben Key gelöscht, außer dem letzten Record. Für einen Order kann es verschiedene Records geben. Ein Record kann die Erstellung des Orders signalisieren und andere Records die verschiedenen Updates. Dann sollte der Key mehr als nur die ID des Orders enthalten, um so beim Log Compacting alle Records zu einem Order zu behalten. Wenn der Key der ID des Orders entspricht, würde bei einer Log Compaction nur noch der letzte Record übrig bleiben.

Allerdings hat dieser Ansatz den Nachteil, dass Records zu einer Bestellung in unterschiedlichen Partitionen und Consumern landen können, weil sie unterschiedliche Keys haben. Also können beispielsweise Records für dieselbe Bestellung parallel bearbeitet werden, was zu Fehlern führen kann.

Um dieses Problem zu lösen, müsste eine eigene Funktion implementiert werden, die alle Records für eine Bestellung einer Partition zuweist. Eine Partition wird von einem einzigen Consumer verarbeitet und die Reihenfolge der Nachrichten ist in einer Partition garantiert. Somit kann also sichergestellt werden, dass alle Nachrichten für eine Bestellung von einem Consumer in der richtigen Reihenfolge verarbeitet werden.

11.4.8 Alle Informationen über die Bestellung im Record mitschicken

Eine Alternative wäre es, als Key doch nur die ID der Bestellung zu nutzen. Um dem Problem der Log Compaction zu entgehen, kann man in jedem Record den vollständigen Stand der Bestellung mitschicken, sodass ein Consumer seinen Zustand aus den Daten in Kafka rekonstruieren kann, obwohl nur der letzte Record für eine Bestellung nach der Log Compaction erhalten bleibt. Das setzt jedoch ein Datenmodell voraus, das für alle Consumer alle Daten enthält. So ein Datenmodell zu entwerfen, kann sehr aufwendig sein. Außerdem kann es sehr kompliziert und schwer wartbar werden.

11.4.9 Aufteilung der Records auf Partitionen selber implementieren

Außerdem ist es möglich, mit einem Partitioner (*https://kafka.apache.org/0110/ javadoc/org/apache/kafka/clients/producer/Partitioner.html*) eigenen Code für die Aufteilung von Records auf die Partitionen zu schreiben. Dadurch könnte man alle Records, die fachlich zusammengehören, in dieselbe Partition schreiben und vom selben Consumer bearbeiten lassen, obwohl sie unterschiedliche Keys haben.

11.4.10 Technische Parameter der Partitionen und Topics

Der Topic order enthält die Order-Records. Docker Compose konfiguriert den Kafka-Docker-Container aufgrund der Umgebungsvariable KAFKA_CREATE_TOPICS in der Datei docker-compose.yml so, dass der Topic order angelegt wird.

Der Topic order ist in fünf Partitionen aufgeteilt. Mehr Partitionen erlauben mehr Parallelität. In dem Beispiel-Szenario ist ein hoher Grad an Parallelität unwichtig. Mehr Partitionen benötigen mehr File Handles auf dem Server und

mehr Memory auf dem Client. Beim Ausfall eines Kafka-Knotens muss gegebenenfalls für jede Partition ein neuer Leader gewählt werden, was länger dauert,
wenn es mehr Partitionen gibt. Das spricht für eine eher geringe Zahl von Partitionen, wie sie im Beispiel genutzt werden, um so Ressourcen zu sparen.

Die Anzahl der Partitionen in einem Topic kann nach der Anlage des Topics
noch geändert werden. Dann ändert sich jedoch die Zuordnung von Records zu
Partitionen. Das kann zu Problemen führen, weil die Zuordnung von Records zu
Consumern nicht mehr eindeutig ist. Also sollte die Anzahl der Partitionen von
Anfang an ausreichend hoch gewählt werden.

11.4.11 Keine Replikation im Beispiel

Eine Replikation über mehrere Server ist für eine Produktionsumgebung notwendig, um den Ausfall einzelner Server zu kompensieren. Für eine Demo ist die
dafür notwendige Komplexität übertrieben, sodass nur ein Kafka-Knoten läuft.

11.4.12 Producer

Der Order-Microservice muss die Informationen über die Bestellungen an die
anderen Microservices schicken. Dazu nutzt der Microservice das KafkaTemplate.
Diese Klasse aus dem Spring-Kafka-Framework kapselt die Producer API und
erleichtert das Verschicken der Records. Nur die Methode send() muss aufgerufen werden. Das zeigt der Codeausschnitt aus der Klasse OrderService im Listing.

```
public Order order(Order order) {
  if (order.getNumberOfLines() == 0) {
    throw new IllegalArgumentException("No order lines!");
  }
  order.setUpdated(new Date());
  Order result = orderRepository.save(order);
  fireOrderCreatedEvent(order);
  return result;
}

private void fireOrderCreatedEvent(Order order) {
  kafkaTemplate.send("order", order.getId() + "created", order);
}
```

Hinter den Kulissen konvertiert Spring Kafka die Java-Objekte zu JSON-Daten
mithilfe der Jackson-Bibliothek. Weitere Konfigurationen wie beispielsweise die
Konfiguration der JSON-Serialisierung sind in der Datei application.properties
im Java-Projekt zu finden. In docker-compose.yml sind Umgebungsvariablen für
Docker Compose definiert, die Spring Kafka auswertet. Das sind vor allem der
Kafka Host und der Port. So können mit einer Änderung an docker-compose.yml
der Docker-Container mit dem Kafka-Server umkonfiguriert werden und die Producer so angepasst werden, dass sie den neuen Kafka-Host nutzen.

11.4.13 Consumer

Die Consumer werden ebenfalls in `docker-compose.yml` und mit dem `applica-tion.properties` im Java-Projekt konfiguriert. Spring Boot und Spring Kafka bauen automatisch eine Infrastruktur mit mehreren Threads auf, in der Records ausgelesen und bearbeitet werden können. Im Code findet sich nur in der Klasse `OrderKafkaListener` eine Methode, die mit `@KafkaListener(topics = "order")` annotiert ist:

```
@KafkaListener(topics = "order")
public void order(Invoice invoice, Acknowledgment acknowledgment) {
  log.info("Revceived invoice " + invoice.getId());
  invoiceService.generateInvoice(invoice);
  acknowledgment.acknowledge();
}
```

Ein Parameter der Methode ist ein Java-Objekt, das die Daten aus dem JSON im Kafka-Record enthält. Bei der Deserialisierung findet die Datenkonvertierung statt: Invoicing und Shipping lesen nur die Daten aus, die sie jeweils benötigen. Die restlichen Informationen werden ignoriert. Natürlich ist es in einem realen System auch denkbar, komplexere Logik als ein Ausfiltern der relevanten Felder zu implementieren.

Der andere Parameter der Methode ist vom Typ `Acknowledgement`. Damit kann der Record committet werden. Bei einem Fehler kann der Code das Acknowled-gement verhindern. Dann würde der Record noch einmal verarbeitet werden.

Die Verarbeitung der Daten im Kafka-Beispiel ist idempotent. Wenn ein Record verarbeitet werden soll, wird zunächst überprüft, ob die Datenbank Daten enthält, weil der Record schon verarbeitet worden ist. Dann ist der Record offensichtlich ein Duplikat und wird nicht ein zweites Mal verarbeitet.

11.4.14 Consumer Groups

Die Einstellung `spring.kafka.consumer.group-id` in der Datei `application.proper-ties` in den Projekten `microservice-kafka-invoicing` und `microservice-kafka-shipping` definiert die Consumer Group, zu der die Microservices gehören. Alle Instanzen von Shipping oder Invoicing bilden jeweils eine Consumer Group. Genau eine Instanz von Shipping oder Invoicing bekommt daher jeweils einen Record zugestellt. So ist gewährleistet, dass eine Bestellung nicht parallel von mehreren Instanzen verarbeitet wird.

Mit `docker-compose up --scale shipping=2` können mehr Instanzen des Ship-ping-Microservice gestartet werden. Wenn man mit `docker logs -f mskafka_ship-ping_1` sich die Log-Ausgaben einer Instanz ansieht, so kann man erkennen, wel-che Partitionen dieser Instanz zugewiesen sind und dass sich die Zuweisung ändert, wenn man mehr Instanzen startet. Ebenso sieht man beim Erzeugen einer neuen Bestellung, welche der Instanzen einen Record verarbeitet.

Es ist auch möglich, sich den Inhalt des Topics anzuschauen. Dazu muss man zunächst mit `docker exec -it mskafka_kafka_1 /bin/sh` eine Shell auf dem Kafka-Container starten. Der Befehl `kafka-console-consumer.sh --bootstrap-server kafka:9092 --topic order --from-beginning` zeigt den vollständigen Inhalt des Topics an. Da die Microservices jeweils zu einer Consumer Group gehören und die verarbeiteten Records committen, bekommen sie nur jeweils die neuen Records. Eine neue Consumer Group würde aber tatsächlich alle Records noch einmal verarbeiten.

11.4.15 Tests mit Embedded Kafka

In einem JUnit-Test kann ein Embedded-Kafka-Server genutzt werden, um die Funktionalität der Microservices zu überprüfen. Dann läuft ein Kafka-Server in derselben JVM (Java Virtual Machine) wie der Test. Es muss also keine Infrastruktur für den Test aufgebaut werden und es ist auch nicht notwendig, die Infrastruktur nach dem Test wieder abzubauen.

Im Wesentlichen sind dazu zwei Dinge notwendig:

▓ Es muss ein Embedded Kafka gestartet werden. Dazu dient eine Variable wie

```
public static KafkaEmbedded embeddedKafka = new KafkaEmbedded(1, true, "order");
```

, die mit der JUnit-Annotation `@ClassRule` versehen wird. Dadurch startet JUnit den Kafka-Server vor den Tests und fährt ihn nach den Tests wieder herunter.

▓ Mit

```
System.setProperty("spring.kafka.bootstrap-servers",
  embeddedKafka.getBrokersAsString());
```

wird die Sping-Boot-Konfiguration so angepasst, dass Spring Boot den Kafka-Server nutzt. Dieser Code steht in einer Methode, die mit `@BeforeClass` annotiert ist, sodass sie vor den Tests ausgeführt wird.

11.4.16 Avro als Datenformat

Avro (*http://avro.apache.org/*) ist ein Datenformat, das zusammen mit Kafka (*https://www.confluent.io/blog/avro-kafka-data/*) und Big-Data-Lösungen aus dem Hadoop-Bereich recht oft genutzt wird. Avro ist ein binäres Protokoll, bietet aber auch eine JSON-basierte Repräsentation an. Avro-Bibliotheken gibt es beispielsweise für Python, Java, C#, C++ und C.

Avro hat ein Schema. Jeder Datensatz wird zusammen mit seinem Schema gespeichert oder übertragen. Zur Optimierung kann auch eine Referenz auf ein Schema aus einem Schema-Repository übertragen werden. Dadurch ist klar, welches Format die Daten haben. Das Schema enthält eine Dokumentation der Felder. Das stellt sicher, dass die Daten langfristig interpretiert werden können und die Semantik der Daten klar ist. Außerdem können die Daten beim Lesen in ein anderes Format konvertiert werden. Das erleichtert die Schema-Evolution (*https://martin.kleppmann.com/2012/12/05/schema-evolution-in-avro-protocol-buffers-thrift.html*). Neue Felder können hinzugefügt werden, wenn Default-Werte definiert sind, sodass sich alte Daten in das neue Schema konvertieren lassen, indem der Default-Wert verwendet wird. Wenn Felder entfernt werden, kann ebenfalls ein Default-Wert angegeben werden, sodass neue Daten in das alte Schema konvertiert werden können. Auch die Reihenfolge der Felder lässt sich ändern, weil die Namen der Felder abgespeichert werden.

Vorteil der Flexibilität bei der Schema-Migration ist, dass sehr alte Records mit aktueller Software und dem aktuellen Schema verarbeitet werden können und auf einem alten Schema basierende Software neue Daten verarbeiten kann. Solche Anforderungen hat Message-oriented Middleware (MOM) typischerweise nicht, weil Nachrichten nicht lange gespeichert werden. Erst mit einer langfristigen Speicherung der Records wird die Schema-Evolution zu einer größeren Herausforderung.

11.5 Rezept-Variationen

Das Beispiel schickt in den Records die Daten für das Event mit. Dazu gibt es Alternativen (siehe auch Abschnitt 11.4):

- Man schickt immer den kompletten Datensatz mit, also die vollständige Bestellung.

- In den Records könnte nur ein Schlüssel des betroffenen Datensatzes stehen. Der Empfänger kann sich dann die Informationen über den Datensatz selber abholen.

- Für jeden Client gibt es ein eigenes Topic. Die Records haben jeweils eine an den Client angepasste Datenstruktur.

11.5.1 Andere MOM

Die Alternative zu Kafka wäre eine andere MOM, was beispielsweise bei umfangreicher Erfahrung mit einer anderen MOM die bessere Lösung sein kann. Kafka unterscheidet sich von anderen MOMs dadurch, dass Kafka die Records langfristig speichert. Das ist jedoch nur bei Event Sourcing relevant. Und selbst dann kann jedes System die Events selber speichern. Eine Speicherung in der MOM ist also nicht unbedingt notwendig. Sie kann sogar schwierig sein, weil sich die Frage nach dem Datenmodell stellt.

Ebenso kann asynchrone Kommunikation mit Atom (siehe Kapitel 12) implementiert werden. In einem Microservices-System sollte es nur eine Lösung für asynchrone Kommunikation geben, um den Aufwand nicht zu groß werden zu lassen. Sowohl die Nutzung von Atom als auch von Kafka oder einer anderen MOM sollte also vermieden werden.

Kafka kann mit Frontend-Integration (siehe Kapitel 7) kombiniert werden. Die Ansätze arbeiten auf unterschiedlichen Ebenen, sodass eine gemeinsame Nutzung kein großes Problem darstellt. Eine Kombination mit synchronen Mechanismen (siehe Kapitel 13) erscheint weniger sinnvoll, da die Microservices entweder synchron oder asynchron kommunizieren sollten. Die Kombination kann sinnvoll sein, wenn in einigen Situationen synchrone Kommunikation notwendig ist.

11.6 Experimente

▦ Ergänze das System mit einem zusätzlichen Microservice:

- Als Beispiel kann ein Microservice dienen, der dem Kunden abhängig vom Wert der Bestellung einen Bonus gutschreibt oder die Bestellungen zählt.
- Natürlich kannst du einen der vorhandenen Microservcies kopieren und entsprechend modifizieren.
- Implementiere einen Kafka Consumer für den Topic order des Kafka Servers kafka. Er soll dem Kunden einen Bonus bei einer Bestellung gutschreiben oder die Nachrichten zählen.
- Außerdem sollte der Microservice eine HTML-Seite mit den Informationen (Anzahl Aufrufe oder Bonus der Kunden) darstellen.
- Packe den Microservice in ein Docker-Image ein und referenziere ihn im docker-compose.yml. Dort kannst du auch den Namen des Docker-Containers festlegen.
- Erzeuge im docker-compose.yml einen Link vom Container apache zum Container mit dem neuen Service und vom Container mit dem neuen Service zum Container kafka.
- Der Microservice muss von der Homepage aus zugreifbar sein. Dazu musst du in der Datei 000-default.conf im Docker-Container apache einen Load Balancer für den neuen Docker-Container erzeugen. Nutze dazu den Namen des Docker-Containers. Dann musst du im index.html einen Link zu dem neuen Load Balancer integrieren.

▦ Es ist möglich, mehr Instanzen des Shipping- oder Invoicing-Microservice zu starten. Dazu kann docker-compose up -d --scale shipping=2 oder docker-compose up -d --scale invoicing=2 dienen. Mitdocker logs mskafka_invoicing_2 kann man die Logs betrachten. Dort gibt der Microservice dann auch aus, welche Partitionen er bearbeitet.

▦ Kafka kann auch Daten transformieren. Dazu dient Kafka Streams. Recherchiere diese Technologie!

▦ Aktuell nutzt die Beispielanwendung JSON. Implementiere eine Übertragung mit Avro (*http://avro.apache.org/*). Ein möglicher Startpunkt dazu kann *https://*

www.codenotfound.com/2017/03/spring-kafka-apache-avro-example.html sein.

▨ Log Compaction ist eine Möglichkeit, überflüssig Records aus einem Topic zu löschen. Die Kafka Documentation (*https://kafka.apache.org/documentation/ #compaction*) erläutert dieses Feature. Um Log Compaction zu aktivieren, muss es beim Erzeugen des Topic eingeschaltet werden. Siehe dazu *https:// hub.docker.com/r/wurstmeister/kafka/*. Stelle das Beispiel so um, dass Log Compaction aktiviert ist.

11.7 Fazit

Kafka bietet einen interessanten Ansatz für die asynchrone Kommunikation zwischen Microservices:

11.7.1 Vorteile

▨ Kafka kann die Records dauerhaft speichern, was den Einsatz von Event Sourcing in einen Szenarien vereinfacht. Zusätzlich gibt es Ansätze wie Avro, um Probleme wie Schema-Evolution zu lösen.

▨ Der Overhead für die Consumer ist gering. Sie müssen sich nur die Position in jeder Partition merken.

▨ Mit Partitionen hat Kafka ein Konzept für die parallele Verarbeitung und mit Consumer Groups ein Konzept, um die Reihenfolge der Records für Consumer zu garantieren. So kann Kafka die Zustellung an einen Consumer garantieren und gleichzeitig die Arbeit auf mehrere Consumer verteilen.

▨ Kafka kann die Zustellung von Nachrichten garantieren. Der Consumer committet, welche Records er erfolgreich bearbeitet hat. Bei einem Fehler committet er den Record nicht und versucht erneut, ihn zu verarbeiten.

Daher lohnt sich gerade für Microservices der Blick auf diese Technologie, auch wenn andere asynchrone Kommunikationsmechanismen sicher ebenso sinnvoll einsetzbar sind.

11.7.2 Herausforderungen

Allerdings hält Kafka auch einige Herausforderungen bereit:

▨ Kafka ist eine zusätzliche Infrastruktur-Komponente. Sie muss betrieben werden. Gerade bei Messaging-Lösungen ist die Konfiguration oft nicht sehr einfach.

▨ Wenn Kafka als Speicher für die Events genutzt wird, müssen die Records alle Daten enthalten, die alle Clients benötigen. Das ist wegen Bounded Context (siehe Abschnitt 2.1) oft nicht leicht umzusetzen.

12 Rezept: Asynchrone Kommunikation mit Atom und REST

In diesem Kapitel geht es um die Integration von Microservices mithilfe des Atom-Datenformats. Dazu gibt es ein Beispiel (*https://github.com/ewolff/micro-service-atom*), das anhand eines einfachen Szenarios zeigt, wie eine Integration mithilfe von Atom und REST aussehen kann.

Die Leser lernen:

- Was das Atom-Format ist, wie es funktioniert und wie man es für die asynchrone Kommunikation von Microservices nutzen kann.

- Welche Alternativen zu Atom für die asynchrone Kommunikation über REST/HTTP bestehen und welche Vor- und Nachteile die verschiedenen Formate haben.

- Wie HTTP und REST nicht nur für asynchrone Kommunikation effizient genutzt werden können.

- Wie eine beispielhafte Implementierung eines asynchronen Systems mit HTTP, REST und Atom aussehen kann.

12.1 Das Atom-Format

Atom ist ein Datenformat, das ursprünglich entwickelt wurde, um Blogs für Leser verfügbar zu machen. In einem Blog erscheinen in einer zeitlichen Abfolge Beiträge, die Abonnenten lesen. Atom stellt Informationen über neue Beiträge zur Verfügung. Neben Blogs kann Atom auch für Podcasts genutzt werden. Weil das Protokoll so flexibel ist, bietet es sich für andere Arten von Daten ebenfalls an. So kann ein Microservice Informationen über neue Bestellungen anderen Microservices als Atom-Feed anbieten. Das entspricht dem REST-Ansatz, der etablierte Web-Protokolle wie HTTP für die Integration von Anwendungen nutzt.

Atom (*https://validator.w3.org/feed/docs/atom.html*) ist kein Protokoll, sondern nur ein Datenformat. Ein GET-Request zu einer URL wie *http://innoq.com/order/feed* kann ein Dokument mit Bestellungen im Atom-Format zurückgeben. Dieses Dokument enthält Links zu den detaillierten Darstellungen der Bestellungen.

12.1.1 MIME-Typ

HTTP-basierte Kommunikation kennzeichnet den Typ des Inhalts mithilfe eines MIME-Typs (Multipurpose Internet Mail Extensions). Der MIME-Typ für Atom ist `application/atom+xml`. Dank Content Negotiation können neben Atom auch andere Repräsentationen der Daten angeboten werden. Content Negotiation ist in HTTP eingebaut. Dabei signalisiert der HTTP-Client mit einem Accept-Header, welche Datenformate er verarbeiten kann. Der Server schickt eine Response in einem passenden Format. Durch Accept-Header kann also ein Client alle Bestellungen als JSON oder die letzten Änderungen als Atom-Feed unter derselben URL anfordern.

12.1.2 Feed

```
<?xml version="1.0" encoding="UTF-8"?>
<feed xmlns="http://www.w3.org/2005/Atom">
  <title>Order</title>
  <link rel="self" href="http://localhost:8080/feed" />
  <author>
    <name>Big Money Online Commerce Inc.</name>
  </author>
  <subtitle>List of all orders</subtitle>
  <id>tag:ewolff.com/microservice-atom/order</id>
  <updated>2017-04-20T15:28:50Z</updated>
  <entry>
  ...
  </entry>
</feed>
```

Bei einem Dokument im Atom-Format spricht man von einem Atom-Feed. Ein Atom-Feed hat verschiedene Bestandteile. Zunächst sind in dem Feed Metadaten definiert. Einige Elemente müssen in den Metadaten enthalten sein:

- *id*: ist eine global eindeutige und permanente URI. Sie muss den Feed identifizieren. Dazu dient eine Tag URI (*https://en.wikipedia.org/wiki/Tag_URI_scheme*).

- *title* ist der Titel des Feeds in menschenlesbarer Form.

- *updated* enthält den Zeitpunkt, an dem der Feed das letzte Mal geändert worden ist. Diese Information ist wichtig, um herauszufinden, ob es neue Daten gibt.

- Einen *author* muss es auch geben (mit *name*, *email* und *uri*). Das erscheint für Atom-Feeds, die nur Daten transportieren, nicht besonders sinnvoll. Es kann aber nützlich sein, um beispielsweise einen Ansprechpartner bei Problemen zu benennen.

▓ Empfohlen sind mehrere *link*-Einträge. Jeder Eintrag hat ein Attribut *rel*, um den Zusammenhang zwischen dem Feed und dem Link anzugeben und ein Attribut *href*, das den eigentlichen Link enthält. Diese Datenstruktur ist beispielsweise eine Möglichkeit, um einen Link zu einer HTML-Repräsentation der Daten anzugeben. Außerdem kann der Feed mit einem *self*-Link angeben, unter welcher URL er zur Verfügung steht.

Es gibt weitere Metadaten-Elemente, die optional sind:

▓ *category* grenzt das Themengebiet des Feeds ein, beispielsweise auf einen Bereich wie Sport. Das ist für Daten natürlich wenig sinnvoll.

▓ *contributor* enthält analog zu *author* Informationen zu Personen, die an der Erstellung des Feeds beteiligt sind.

▓ *generator* bezeichnet die Software, die den Feed erstellt hat.

▓ *icon* ist ein kleines Icon, während *logo* ein größere Icon ist. So kann ein Blog oder Podcast auf dem Desktop dargestellt werden, wenig sinnvoll für einen Feed mit Daten.

▓ *rights* definiert z.B. das Copyright. Dieses Element ist ebenfalls vor allem für Blogs oder Podcasts interessant.

▓ *subtitle* ist schließlich eine menschenlesbare Beschreibung des Feeds.

Wie das Listing zeigt, sind *id*, *title* und *updated* für einen Atom-Feed mit Daten ausreichend. Ein *subtitle* ist als Dokumentation hilfreich. Ebenfalls sollte es einen *link* geben, um so die URL des Feeds zu dokumentieren.

12.1.3   Entry

Im Beispiel oben fehlt das Wichtigste, nämlich die Einträge im Feed. So ein Eintrag hat folgendes Format:

```
<entry>
  <title>Order 1</title>
  <id>tag:ewolff.com/microservice-atom/order/1</id>
  <updated>2017-04-20T15:27:58Z</updated>
  <content type="application/json"
    src="http://localhost:8080/order/1" />
  <summary>This is the order 1</summary>
</entry>
```

Im Feed sind Entries enthalten. Ein Entry muss folgendes Daten enthalten:

▓ *id* ist die global eindeutige ID als URI. Es kann also in diesem Feed keinen zweiten Eintrag mit der id `tag:ewolff.com/microservice-atom/order/1` geben. Diese URI ist eine Tag URI (*https://en.wikipedia.org/wiki/Tag_URI_scheme*), die für solche global eindeutigen Identifier gedacht ist.

▓ *title* ist ein menschenlesbarer Titel für den Eintrag.

▓ *updated* ist der Zeitpunkt, zu dem der Eintrag das letzte Mal geändert wurde. Er muss gesetzt sein, damit der Client entscheiden kann, ob er den aktuellen Stand eines bestimmten Entries bereits kennt.

Diese Teile des Entries müssen gefüllt sein. Empfohlen sind außerdem:

▓ *author* ist wie schon beim Feed beschrieben der Autor des Entries.

▓ *link* kann Links enthalten, z.B. *alternate* als Link zu dem eigentlichen Eintrag.

▓ *summary* ist eine Zusammenfassung des Inhalts. Sie muss vorhanden sein, wenn der Content nur durch einen Link zugreifbar ist oder keine XML-Media-Type hat. Genau das ist im Beispiel der Fall.

▓ *content* kann der vollständige Inhalt des Entries sein oder ein Link auf den eigentlichen Inhalt. Um einen Zugriff auf die Daten des Entries zu ermöglichen, muss entweder *content* angeboten werden oder ein *link* mit *alternate*.

▓ Optional sind außerdem *category* und *contributor* analog zu den gleichnamigen Feldern des Feeds. *published* kann das erste Datum der Veröffentlichung angeben. Das Element *rights* steht für die Rechte bereit. *source* kann die ursprüngliche Quelle angeben, falls der Eintrag eine Kopie aus einem anderen Feed war.

Im Beispiel sind die Felder *id*, *title*, *summary* und *updated* gefüllt. Zugriff auf die Daten ist über einen Link im *content* möglich. Die Daten könnten auch direkt im *content*-Element im Dokument enthalten sein, aber dann wäre das Dokument sehr groß. Durch die Links bleibt das Dokument klein. Jeder Client muss über Links auf die weiteren Daten zugreifen und kann sich dabei auf die Daten beschränken, die für den Client tatsächlich relevant sind.

12.1.4   Tools

Unter *https://validator.w3.org/feed/#validate_by_input* steht ein Validator bereit, der überprüfen kann, ob ein Atom-Feed gültig ist.

Es gibt Systeme wie Atom Hopper (*http://atomhopper.org/*), die einen Server mit dem Atom-Format anbieten. So muss eine Anwendung keine Atom-Daten erstellen, sondern kann neue Daten an den Server melden. Der Server wandelt die Informationen in Atom um. Die Atom-Daten können dann von interessierten Clients vom Server abgeholt werden.

12.1.5   Effizientes Polling des Atom-Feeds

Die asynchrone Kommunikation mit Atom setzt voraus, dass der Client die Daten vom Server regelmäßig anfordert und neue Daten abarbeitet. Man spricht von Polling.

Der Client kann regelmäßig den Feed auslesen und anhand des *updated*-Felds im Feed herausfinden, ob sich die Daten geändert haben. Wenn das der Fall ist, kann der Client über die *updated*-Felder der Entries herausfinden, welche Entries neu sind, und diese neuen Entries verarbeiten.

Das ist sehr aufwendig, denn der gesamte Feed muss erzeugt und übertragen werden. Zuletzt werden nur einige wenige Entries aus dem Feed ausgelesen. Die meisten Requests werden ergeben, dass es keine neue Entries gibt. Dafür ist es nicht sinnvoll, dass der komplette Feed erzeugt und übertragen wird.

12.1.6 HTTP-Caching

Eine sehr einfache Möglichkeit, dieses Problem zu lösen, ist HTTP-Caching (siehe Abbildung 12–1). HTTP sieht vor, im HTTP-Response einen Header mit der Bezeichnung *Last-Modified* mitzuschicken. Dieser Header zeigt an, wann die Daten das letzte Mal geändert worden sind. Dieser Header übernimmt die Funktion des *updated*-Felds aus dem Feed.

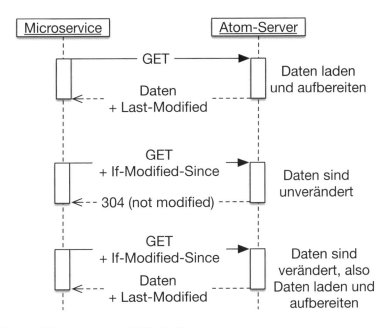

Abb. 12–1   *Effizientes Pooling mit HTTP-Caching*

Der Client merkt sich den Wert dieses Headers. Beim nächsten HTTP-GET-Request schickt der Client beim GET-Request den ausgelesenen Wert im *If-Modified-Since*-Header mit. Der Server kann nun mit einem HTTP-Status 304 (Not Modified) antworten, wenn sich an den Daten nichts geändert hat. Außer dem Status werden dann keine Daten übertragen.

Ob sich Daten geändert haben, kann oft sehr einfach ermittelt werden. Beispielsweise lässt sich eine Logik implementieren, die den Zeitpunkt der letzten Änderung ermittelt. Das ist wesentlich effizienter, als alle Daten in eine Atom-Darstellung umzuwandeln.

Wenn die Daten sich tatsächlich geändert haben, wird der Request ganz normal mit einem Status 200 (OK) und dem Feed beantwortet. Außerdem wird ein neuer Wert im *Last-Modified*-Header mitgeschickt, sodass der Client das HTTP-Caching wieder nutzen kann.

Ein solches Vorgehen ist in der Demo umgesetzt. Bei einem Request mit einem gesetzten *If-Modified-Since* wird aus der Datenbank der Zeitpunkt der letzten Änderung ermittelt, mit dem Wert aus dem Header verglichen und dann gegebenenfalls ein HTTP-Status 304 zurückgegeben. In dem Fall ist also nur eine Datenbankabfrage notwendig, um den HTTP-Request zu beantworten.

Ein Alternative wäre, den Atom-Feed einmal zu erstellen und auf einem Webserver als statische Ressource zu hinterlegen. Dann wird die dynamische Generierung nur einmal durchgeführt. Dieser Ansatz funktioniert auch für sehr große Feeds.

12.1.7   ETags

Ein weiterer Ansatz wäre ein HTTP-Caching mit ETags (*https://de.wikipedia.org/wiki/HTTP_ETag*). Hierbei gibt der Server zusammen mit den Daten einen ETag zurück. Der ETag kann eine Art Versionsnummer oder Prüfsumme sein. Der Client schickt bei weiteren Requests den ETag mit. Der Server stellt über den ETag fest, ob sich die Daten in der Zwischenzeit geändert haben und liefert nur Daten, wenn neue Daten vorliegen. Im Beispiel ist es jedoch sehr viel einfacher herauszufinden, ob seit einem bestimmten Zeitpunkt neue Bestellungen angenommen worden sind.

12.1.8   Paginierung und Filterung

Wenn ein Client nicht an allen Events interessiert ist, kann er das durch Parameter in der URL signalisieren. Dadurch ist eine Paginierung möglich, beispielsweise mit einer URL wie *http://ewolff.com/order?from=23&to=42*. Ebenso können die Events gefiltert werden: *http://ewolff.com/order?name=Wolff*. Natürlich können die Paginierung und die Filterung mit Caching kombiniert werden. Wenn allerdings jeder Client eigene Paginierungen und Filter nutzt, dann kann das Caching auf der Server-Seite ineffizient werden, weil zu viele Daten für die verschiedenen Clients vorgehalten werden müssen. Eventuell muss also die Möglichkeiten zur Paginierung und Filterung einschränken, um die Effektivität des Caches zu erhöhen.

12.1.9 Push vs. Pull

HTTP-Optimierungen wie conditional GETs können die Kommunikation erheblich beschleunigen. Aber es bleibt ein Pull-Mechanismus: Der Client fragt beim Server an. Bei einem Push-Mechanismus wird der Client hingegen vom Server aktiv über Änderungen benachrichtigt. Das Push-Modell scheint effizienter zu sein. Aber Pulls haben den Vorteil, dass der Client neue Daten anfordert, wenn er sie tatsächlich verarbeiten kann. So lassen sich Überlastungen vermeiden.

Atom über HTTP kann die Zustellung der Daten nicht garantieren. Der Server bietet die Daten nur an. Ob sie überhaupt abgeholt werden, ist eine offene Frage. Monitoring kann helfen, Probleme zu erkennen und gegebenenfalls Abhilfe zu schaffen. So wäre es sehr ungewöhnlich, wenn die Atom-Ressourcen nie abgefragt werden. Das HTTP-Protokoll kennt aber keine Maßnahmen, um Empfangsquittungen auszustellen.

12.1.10 Alte Ereignisse

Prinzipiell kann ein Atom-Feed alle Ereignisse enthalten, die jemals aufgetreten sind. Wie im Abschnitt 10.2 erwähnt, ist das bei Event Sourcing möglicherweise interessant. Dann kann ein Microservice seinen Zustand rekonstruieren, indem er alle alten Events wieder abarbeitet.

Falls die Daten über alte Ereignisse sowieso schon in einem Microservice vorliegen, müssen diese nur noch zur Verfügung gestellt werden. Wenn beispielsweise ein Service schon alle Bestellungen enthält, kann er diese Informationen gegebenenfalls einfach zusätzlich als Atom-Feed anbieten. Dann ist keine explizite Speicherung alter Events notwendig, sondern die alten Events werden ebenfalls von diesem Service bereitgestellt, weil er die dafür notwendigen Daten sowieso gespeichert hat. Der Aufwand dafür, die alten Events zugreifbar zu machen, ist sehr gering.

12.2 Beispiel

Das Beispiel findet sich unter *https://github.com/ewolff/microservice-atom*.

Das Beispiel für Atom ist analog zu dem Beispiel im Kafka-Kapitel (Abschnitt 11.4) und orientiert sich an dem Beispiel für Events aus dem Abschnitt 10.2. Bestellungen kommen in das System und werden vom Order-System erzeugt. Aus den Daten in der Bestellung erstellt der Invoicing-Microservice Rechnungen und der Shipping-Microservice Lieferungen. Auch die Datenmodelle und die Datenbankschemata sind identisch mit dem Kafka-Beispiel. Lediglich die Kommunikation erfolgt nun über Atom.

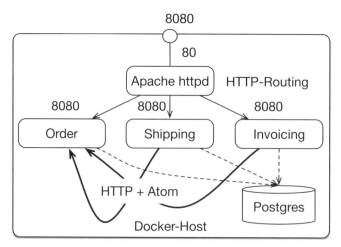

Abb. 12–2   *Überblick über das Atom-System*

Abbildung 12–2 zeigt, wie das Beispiel aufgebaut ist:

▥ Der *Apache httpd* verteilt Aufrufe an die Microservices. Dazu nutzt der Apache httpd Docker Compose Service Links. Docker Compose bietet ein einfaches Load-Balancing. Einen externen Zugriff leitet der Apache httpd also mit der Lastverteilung von Docker Composes auf eine der Microservice-Instanzen weiter.

▥ Der *Order-Microservice* bietet einen Atom-Feed an, aus dem der Invoicing- und der Shipping-Microservice die Informationen über neue Bestellungen auslesen können.

▥ Alle Microservices nutzen dieselbe *Postgres-Datenbank*. Innerhalb der Datenbank hat jeder Microservice ein eigenes, getrenntes Datenbank-Schema. So sind die Microservices bezüglich der Datenbank-Schemas völlig unabhängig. Gleichzeitig reicht eine Datenbank-Instanz aus, um alle Microservices zu betreiben.

Im Abschnitt »Quick Start« in der Einleitung ist beschrieben, welche Software installiert sein muss, um das Beispiel zu starten. Das Beispiel findet sich unter *https://github.com/ewolff/microservice-atom*. Um es zu starten, muss man zunächst mit `git clone https://github.com/ewolff/microservice-atom.git` den Code herunterladen. Dann muss im Verzeichnis `microservice-atom` das Kommando `mvn clean package` ausgeführt werden. Als nächster Schritt muss im Verzeichnis `docker-compose build` zum Erzeugen der Docker-Images und `docker-compose up -d` zum Starten der Umgebung ausgeführt werden. Der Apache-httpd-Load-Balancer steht dann unter Port 8080 zur Verfügung, also beispielsweise unter *http://localhost:8080/*. Von dort aus kann man die anderen Microservices nutzen.

https://github.com/ewolff/microservice-atom/blob/master/WIE-LAUFEN.md
erläutert im Detail die einzelnen Schritte, um das Beispiel ablaufen zu lassen.

12.2.1 Technische Umsetzung des Atom Views

Die Klasse *OrderAtomFeedView* im Projekt *microservice-atom-order* implementiert den Atom-Feed als einen View mit dem Framework Spring MVC. Spring MVC teilt das System in MVC (Model, View, Controller) auf: Der Controller enthält die Logik, das Model die Daten und die View zeigt die Daten aus dem Model an. Spring MVC bietet Unterstützung für eine Vielzahl von View-Technologien, beispielsweise für HTML. Für Atom nutzt Spring die Rome-Library (*https:// rometools.github.io/rome/*). Sie bietet verschiedene Java-Objekte an, um die Daten von Feeds und Entries aufzunehmen und darzustellen.

12.2.2 Umsetzung des Controllers

```
public ModelAndView orderFeed(WebRequest webRequest) {
  if ((orderRepository.lastUpdate() != null)
   && (webRequest.checkNotModified(orderRepository.lastUpdate().getTime())))) {
   return null;
  }
  return new ModelAndView(new OrderAtomFeedView(orderRepository),
   "orders", orderRepository.findAll());
}
```

Die Methode *orderFeed()* in der Klasse *OrderController* ist dafür zuständig, mithilfe der *OrderAtomFeedView* den Atom-Feed anzuzeigen. Wie man im Listing erkennen kann, wird dazu *OrderAtomFeedView* als View zurückgegeben und eine Liste der Order als Model. Die View stellt dann die Bestellungen aus dem Model im Feed dar.

12.2.3 Umsetzung des HTTP-Caching auf dem Server

Die Methode *checkNotModified()* stellt Spring in der Klasse *WebRequest* bereit, um die Behandlung des HTTP-Cachings zu vereinfachen. Der Methode wird die Zeit des letzten Updates übergeben. Die Methode *lastUpdate()* des *OrderRepositorys* ermittelt diesen Zeitpunkt mit einer Datenbankabfrage. Jede Bestellung enthält die Zeit, zu der sie aufgegeben worden ist. *lastUpdate()* ermittelt den maximalen Wert. *checkNotModified()* vergleicht diesen übergebenen Wert mit dem Wert aus dem *If-Modified-Since*-Header im Request. Müssen keine aktuelleren Daten zurückgegeben werden, gibt die Methode *true* zurück. Dann gibt *orderFeed()* *null* zurück, sodass Spring MVC einen HTTP-Status-Code 304 zurückgibt (Not Modified). Der Server stellt also in diesem Fall lediglich eine einfache

Anfrage an die Datenbank und gibt einen HTTP-Response mit einem Status-Code zurück. Daten liefert der Server nicht.

12.2.4 Umsetzung des HTTP-Caching auf dem Client

Auf der Client-Seite muss das HTTP-Caching natürlich auch umgesetzt werden. Die Microservices *microservice-order-invoicing* und *microservice-order-shipping* implementieren das Polling des Atom-Feeds in der Methode *pollInternal()* der Klasse *OrderPoller*. Sie setzen den *If-Modified-Since*-Header in der Anfrage (siehe Zeil 4 im Listing). Den Wert dafür ermitteln sie aus der Variable lastModified. Sie enthält den Wert des *Last-Modified*-Headers des letzten HTTP-Zugriffs (Zeile 16). Wenn in der Zwischenzeit keine Daten geändert worden sind, wird der GET-Request also direkt mit einem HTTP-Status 304 beantwortet und es ist klar, dass keine neue Daten vorliegen. Dementsprechend werden nur Daten verarbeitet, wenn der Status nicht NOT_MODIFIED ist (Zeile 11).

```
1  public void pollInternal() {
2    HttpHeaders requestHeaders = new HttpHeaders();
3    if (lastModified != null) {
4      requestHeaders.set(HttpHeaders.IF_MODIFIED_SINCE,
5        DateUtils.formatDate(lastModified));
6    }
7    HttpEntity<?> requestEntity = new HttpEntity(requestHeaders);
8    ResponseEntity<Feed> response =
9      restTemplate.exchange(url, HttpMethod.GET, requestEntity, Feed.class);
10
11   if (response.getStatusCode() != HttpStatus.NOT_MODIFIED) {
12     Feed feed = response.getBody();
13     ...
14     // feed auswerten
15     if (response.getHeaders().getFirst(HttpHeaders.LAST_MODIFIED) != null) {
16       lastModified =
17         DateUtils.parseDate(response.getHeaders().getFirst(
18           HttpHeaders.LAST_MODIFIED));
19     }
20   }
21 }
```

Die Methode *poll()* in der Klasse *OrderPoller* kann über die Web-UI durch den Benutzer aufgerufen werden. Außerdem ruft der Microservice die Methode wegen der *@Scheduled*-Annotation alle 30 Sekunden auf. *poll()* ruft dann *pollInternal()* auf.

12.2.5 Verarbeitung der Daten und Skalierung

Wenn es mehrere Instanzen der Invoicing- und Shipping-Microservices gibt, dann pollt jede der Instanzen den Atom-Feed und verarbeitet die Daten. Es ist natürlich fachlich nicht korrekt, dass für eine Bestellung mehrere Instanzen jeweils eine Rechnung schreiben oder eine Auslieferung anstoßen. Also müssen jede Instanz feststellen, welche Daten bereits in der Datenbank enthalten sind. Wenn eine andere Instanz bereits den Datensatz für die Rechnung oder die Lieferung zu der Bestellung erstellt hat, dann muss der Eintrag aus dem Atom-Feed für die Bestellung ignoriert werden. Dazu nutzen *ShippingService* und *InvoicingService* eine Transaktion, in der zunächst nach einem Datensatz gesucht wird und nur dann ein Datensatz geschrieben wird, wenn noch keiner vorhanden ist. Nur eine Instanz kann daher das Datum schreiben. Alle anderen lesen die Daten aus und stellen fest, dass eine andere Instanz bereits einen Datensatz geschrieben hat. Bei einer sehr großen Anzahl von Instanzen kann das zu erheblicher Last auf der Datenbank führen. Dafür sind die Services idempotent: Egal, wie oft sie aufgerufen werden: Am Ende ist der Zustand in der Datenbank immer derselbe.

12.2.6 Atom kann keine Daten an nur einen Empfänger schicken.

Hier zeigt sich ein Nachteil von Atom: Es ist nicht ohne Weiteres möglich, eine Nachricht an genau eine Instanz eines Microservice zu schicken. Stattdessen muss die Anwendung damit umgehen, dass mehrere Instanzen die Nachricht aus dem Atom-Feed auslesen.

Die Anwendung muss auch damit umgehen können, dass Nachrichten nicht verarbeitet werden. Wenn eine Nachricht ausgelesen wurde, kann der Prozess abstürzen, bevor die Nachricht verarbeitet worden ist. Das könnte dazu führen, dass für einige Nachrichten keine Daten geschrieben werden. Dann würde jedoch irgendwann eine andere Instanz die Nachricht noch einmal auslesen und bearbeiten.

Gerade wenn sehr viel Punkt-zu-Punkt-Kommunikation notwendig ist, kann der Atom-Ansatz also nachteilig sein.

12.3 Rezept-Variationen

Statt Atom kann ein anderes Format für die Kommunikation der Änderungen über HTTP verwendet werden.

12.3.1 RSS

Atom ist nur ein Format für Feeds. Eine Alternative ist RSS (*http://web.resource. org/rss/1.0/spec*). Es gibt unterschiedliche Versionen von RSS. RSS ist älter als Atom. Atom hat von RSS gelernt und ist die modernere Alternative. Blogs und Podcasts sollten Feeds per RSS und Atom anbieten, um möglichst viele Clients zu erreichen. Da bei Microservices Server und Client unter der Kontrolle derselben Entwickler stehen, ist es nicht notwendig, mehrere Protokolle zu unterstützen. Atom ist also die bessere und modernere Alternative.

12.3.2   JSON-Feed

Eine weitere Alternative ist JSON-Feed (*http://jsonfeed.org/*). Es definiert ebenfalls ein Datenformat für einen Feed, nutzt aber JSON anstelle von XML, das
Atom und RSS nutzen.

12.3.3   Eigenes Datenformat

Atom und RSS sind nur Formate, um Änderungen zu kommunizieren. Einige der
Felder sind für Daten nicht sinnvoll, sondern bieten sich nur bei Blogs oder Podcasts an. Der nützliche Teil von Atom und RSS ist die Liste der Änderungen und
die Links zu den eigentlichen Daten. Atom und RSS nutzen also Hypermedia, um
die Änderungen zu kommunizieren, ohne alle Daten auszuliefern.

Es ist natürlich denkbar, ein eigenes Datenformat zu definieren, das die Änderungen und Links zu den vollständigen Daten enthält. Neben den Links können
auch die Daten direkt in das Dokument eingebettet werden. Aber auch diese Vari-
ante ist mit einem eigenen Datenformat möglich.

Gegenüber Atom und RSS hat ein eigenes Datenformat den Nachteil, dass es
nicht standardisiert ist. Für ein standardisiertes Datenmodell gibt es Bibliotheken
und die Einarbeitung in das Format ist einfacher. Außerdem gibt es Werkzeuge
wie Validatoren. Ein Benutzer kann Atom-Daten mit einem Atom-Reader auslesen und anzeigen, was zum Beispiel für die Fehlersuche hilfreich ist.

Jedoch sind die Daten, die transportiert werden sollen, nicht sehr komplex,
sodass ein eigenes Datenformat keine großen Nachteile hat. Im Kern nutzt das
Vorgehen auch mit Atom nur einfach Hypermedia als einen wesentlichen Bestandteil von REST aus. Es liefert eine Liste von Links, mit denen Clients sich weitere Informationen zu den Änderungen an den Daten abholen können. Dieses
Vorgehen kann man auch mit einem eigenen Datenformat sehr einfach umsetzen.

12.3.4   Alternativen zu HTTP

HTTP unterstützt Qualitätsmerkmale wie Skalierung oder Zuverlässigkeit sehr
gut. Die meisten Anwendungen verwenden HTTP sowieso schon ohne Atom,
um Webseiten auszuliefern oder REST-Services anzubieten. Die Alternative zu
HTTP wäre ein Messaging-System wie Kafka (siehe Kapitel 11), das die asynchrone Kommunikation übernimmt. Solche Messaging-Systeme müssen skalieren und eine hohe Verfügbarkeit haben. Die Messaging-Systeme bieten zwar
diese Eigenschaften, müssen dafür aber entsprechend getunt und konfiguriert
werden. Das ist vor allem eine Herausforderung, wenn man ein solches Messaging-System vorher noch nie betrieben hat. Insbesondere die Vorteile von HTTP
beim Betrieb sprechen dafür, dieses Protokoll auch für asynchrone Kommunikation zu nutzen.

12.3.5 Event-Daten mitschicken

In dem Feed können natürlich statt der Links auch die Daten der Events mitge-schickt werden. So kann ein Client ohne weitere Requests zum Nachladen der Daten mit den Daten arbeiten. Dafür wird der Feed größer. Außerdem stellt sich die Frage, welche Daten im Feed enthalten sein sollen. Jeder Client kann andere Daten benötigen, was die Modellierung der Daten erschwert. Das Verschicken von Links hat den Vorteil, dass so der Client mit Content Negotiation die pas-sende Repräsentation der Daten auswählen kann.

12.4 Experimente

▨ Starte das System und beobachte die Logs von *microservice-order-invoicing* und *microservice-order-shipping* mit docker logs -f msatom_invoicing_1 bzw. docker logs -f msatom_invoicing_1. Sie geben Log-Nachrichten aus, wenn sie Daten aus dem Atom-Feed pollen, weil es neue Bestellungen gibt. Wenn man mehr Instanzen eines Microservice mit docker-compose up --scale startet, wer-den auch diese neuen Instanzen sich die Bestellungen per Atom-Feed abholen und anzeigen. Dabei schreibt jeweils nur eine Instanz – die andere ignoriert die Daten. Erstelle Bestellungen und vollziehe dieses Verhalten anhand der Log-Nachrichten nach. Untersuche den Code, um herauszufinden, was die Log-Nachrichten genau bedeuten und wo sie aufgegeben werden.

▨ Ergänze das System mit einem zusätzlichen Microservice:

- Als Beispiel kann ein Microservice dienen, der dem Kunden abhängig vom Wert der Bestellung einen Bonus gutschreibt oder die Bestellungen zählt.
- Natürlich kannst du einen der vorhandenen Microservcies kopieren und entsprechend modifizieren.
- Implementiere einen Microservice, der die URL http://order:8080/feed pollt.
- Außerdem sollte der Microservice eine HTML-Seite mit den Informatio-nen (Anzahl Aufrufe oder Bonus der Kunden) darstellen.
- Packe den Microservice in ein Docker-Image ein und referenziere ihn im docker-compose.yml. Dort kannst du auch den Namen des Docker Con-tainer festlegen.
- Erzeuge im docker-compose.yml einen Link vom Container apache zum Container mit dem neuen Service und vom Container mit dem neuen Ser-vice zum Container order.
- Der Microservice muss von der Homepage aus zugreifbar sein. Dazu musst du in der Datei 000-default.conf im Docker Container apache einen Load Balancer für den neuen Docker Container erzeugen. Nutze dazu den Namen des Docker Containers. Dann musst du im index.html einen Link zu dem neuen Load Balancer integrieren.
- Ergänze optional HTTP-Caching.

▓ Aktuell können nur alle Bestellungen in dem Atom-Feed abgerufen werden. Ergänze ein Paging, sodass nur eine Teilmenge der Bestellungen zurückgegeben wird.

▓ Das System läuft im Moment mit Docker Compose. Es kann aber auch auf einer anderere Infrastruktur laufen, beispielsweise einer Microservices-Plattform (Kapitel 16). Kapitel 17 diskutiert Kubernetes näher und Kapitel 18 beschäftigt sich mit Cloud Foundry. Portiere das System auf eine dieser Plattformen.

▓ Statt des Atom-Formats könnte man auch eine eigene Repräsentation eines Feeds beispielsweise als JSON-Dokument ausliefern. Ändere die Implementierung im Beispiel so, dass sie ein eigenes Datenformat nutzt.

12.5   Fazit

REST und das Atom-Format bieten eine einfache Möglichkeit, um asynchrone Kommunikation zu implementieren. Dabei kommt HTTP als Kommunikationsprotokoll zum Einsatz. Das hat verschiedene Vorteile: HTTP ist gut verstanden, hat seine Skalierbarkeit schon häufig unter Beweis gestellt und meistens wird HTTP in Projekten sowieso schon genutzt, um andere Inhalte wie JSON per REST zu übertragen oder HTML-Seiten auszuliefern. Daher haben die meisten Teams die notwendige Erfahrung, um mit HTTP skalierbare Systeme zu implementieren. Da HTTP-Caching unterstützt, kann das Polling der Atom-Ressourcen sehr effizient umgesetzt werden.

Es ist hilfreich, wenn auch sehr alte Events noch zur Verfügung stehen. Dann kann nämlich ein anderer Microservice mit Event Sourcing seinen Zustand wieder aufbauen, indem er alle Events noch einmal verarbeitet. Bei einem Atombasierten System muss ein Microservice auch die alten Events bereitstellen. Das kann sehr einfach erfolgen: Wenn der Microservice die alten Informationen sowieso gespeichert hat, muss er sie nur als Atom-Feed bereit stellen. In diesem Fall ist also der Zugriff auf alte Events sehr einfach zu implementieren.

Die Daten im Atom-Feed kommen aus derselben Quelle wie alle anderen Repräsentationen auch. Daher sind die Daten konsistent mit den Daten, die über andere Kanäle abgefragt werden können. Alle diese Dienste stellen nur unterschiedliche Repräsentationen für dieselben Daten dar.

Dafür kann Atom die Zustellung der Nachricht nicht garantieren. Deshalb sollten die Microservices, in denen die Nachrichten verarbeitet werden, idempotent umgesetzt sein und versuchen, die Nachricht mehrfach auszulesen, um sicherzustellen, dass sie verarbeitet werden.

Atom hat keine Möglichkeit, den Empfang einer Nachricht auf nur einen Microservice zu beschränken. Daher müssen die Instanzen des Microservices eine Instanz auswählen, die dann die Nachricht verarbeitet, oder man verlässt sich auf die Idempotenz.

Atom kann die Reihenfolge der Nachrichten garantieren, da der Feed ein lineares Dokument ist und so die Reihenfolge feststeht. Das setzt allerdings voraus, dass die Reihenfolge der Einträge im Feed sich nicht ändert.

Ingesamt ist Atom eine sehr einfache Alternative für die asynchrone Kommunikation.

12.5.1 Vorteile

- Atom benötigt keine zusätzliche Infrastruktur, nur HTTP.
- Alte Events sind ggf. einfach zugreifbar. Das kann für Event Sourcing vorteilhaft sein.
- Die Reihenfolge kann garantiert werden.
- Der Atom-Feed ist konsistent. Er ist nur eine andere Repräsentation der Daten und enthält genau dieselben Informationen wie alle anderen Darstellungen der Daten.

12.5.2 Herausforderungen

- Die garantierte Zustellung ist schwierig. Der Empfänger kann die Daten mehrfach auslesen. Die Verantwortung dafür liegt aber beim Empfänger.
- Nachrichten für nur einen Empfänger sind schwierig. Alle Empfänger pollen die Nachrichten. Sie müssen dann entscheiden, welcher Empfänger die Nachricht tatsächlich bearbeitet.
- Atom ist teilweise nicht gut für die Darstellung von Events geeignet, da es eigentlich für Blogs entworfen worden ist.

13 Konzept: Synchrone Microservices

Synchrone Microservices sind eine Art und Weise, wie Microservices kommunizieren können. Dieses Kapitel zeigt:

- Was synchrone Kommunikation von Microservices ist.
- Wie eine Architektur eines synchronen Microservices-Systems aussehen kann.
- Welche Vor- und Nachteile die synchrone Kommunikation zwischen Microservices hat.

13.1 Definition

Dieses Kapitel befasst sich mit den technischen Möglichkeiten, um synchrone Microservices umzusetzen. Kapitel 10 hat den Begriff »synchrone Microservices« schon eingeführt:

> *Ein Microservice ist synchron, wenn er bei der Bearbeitung von Requests selber einen Request an andere Microservices stellt und auf das Ergebnis wartet.*

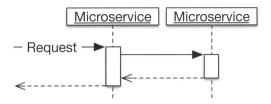

Abb. 13–1   *Synchrone Kommunikation*

Abbildung 13–1 zeigt diese Art der Kommunikation: Während der linke Microservice einen Request bearbeitet, ruft er den rechten Microservice auf und wartet auf das Ergebnis dieses Aufrufs.

Synchrone und asynchrone Kommunikation nach dieser Definition sind unabhängig vom Kommunikationsprotokoll. Ein synchrones Kommunikationsprotokoll bedeutet, dass ein Request ein Ergebnis zurückliefert. Beispielsweise liefert ein REST bzw. HTTP GET ein Ergebnis wie einen HTTP-Status, ein JSON-Dokument oder eine HTML-Seite zurück. Wenn ein System einen REST-Request bearbeitet, dabei einen REST-Request für ein anderes System absetzt und auf die Antwort wartet, dann ist es synchron. Asynchrone REST-Systeme wurden in Kapitel 12 erläutert.

Asynchrone Kommunikationsprotokolle hingegen verschicken Nachrichten, auf die Empfänger reagieren. Es gibt keine direkte Antwort. Synchrone Kommunikation mit einem asynchronen Protokoll liegt vor, wenn ein System einem anderen System eine Nachricht mit einem asynchronen Kommunikationsprotokoll schickt und dann darauf wartet, dass es mit einem asynchronen Kommunikationsprotokoll eine Antwort geliefert bekommt.

13.1.1   Ein Beispiel

Ein Microservice für Bestellungen ist synchron, wenn er während der Bearbeitung einer Bestellung einen Microservice für Kundendaten aufruft und darauf wartet, dass der Microservice die Kundendaten zurück liefert.

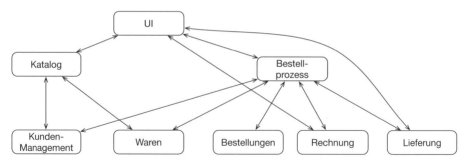

Abb. 13–2   *Architektur für ein synchrones System*

Abbildung 13–2 zeigt eine beispielhafte synchrone Architektur, die der asynchronen Architektur aus Kapitel 10 in Abbildung 10–3 entspricht. Es beschreibt einen Ausschnitt aus einem ECommerce-System. Die Microservices »Kunden-Management«, »Waren«, »Bestellungen«, »Rechnung« und »Lieferung« verwalten die jeweiligen Daten. Der »Katalog« zeigt alle Informationen über die Waren an und berücksichtigt die Vorlieben des Kunden. Schließlich dient der »Bestellprozess« dazu, Waren zu bestellen, die Rechnung zu erstellen und die Waren auszuliefern. Die UI greift auf »Katalog« und »Bestellprozess« zu und stellt so die Prozesse aus diesen Microservices dem Benutzer zur Verfügung. Außerdem erlaubt die UI die Anzeige der Daten der Rechnungen und Lieferungen.

13.1.2 Konsistenz

Die Architektur dieses Systems sorgt dafür, dass alle Microservices jederzeit dieselben Informationen zu einer Ware oder einer Bestellung anzeigen, weil sie dazu Aufrufe auf den jeweilige Microservice nutzen, in dem die Daten gespeichert sind. Allerdings hat diese Architektur auch Nachteile: Die zentrale Datenhaltung kann zu Problemen führen, denn die Daten eines Kunden für die Anzeige des Katalogs sind ganz andere als die für den Bestellprozess. Für den Katalog ist das Kaufverhalten des Kunden wichtig, um ihm die richtigen Produkte zu zeigen. Für die Bestellung geht es hingegen um die Lieferadresse oder den bevorzugten Lieferservice.

Alle diese Daten in einem Microservice zu speichern, kann die Datenmodellierung erschweren. Domain-driven Design[1] besagt, dass ein Domänenmodell immer nur in einem bestimmten Kontext gültig ist (Bounded Context, siehe Abschnitt 2.1). Daher ist eine solche zentrale Modellierung problematisch.

Außerdem lässt die Abbildung ein weiteres Problem erkennen: Die meisten Funktionalitäten nutzen sehr viele Microservices. Das macht das System kompliziert. Darüber hinaus können durch den Ausfall eines Microservice viele Funktionalitäten nicht mehr zur Verfügung stehen, wenn keine besonderen Vorkehrungen getroffen werden. Die Performance kann ebenfalls leiden, weil die Microservices auf Ergebnisse vieler anderer Microservices warten müssen.

13.1.3 Bounded Context

Eine solche Architektur gibt es bei synchronen Architekturen oft. Sie ist aber nicht zwingend. Theoretisch wäre es denkbar, dass Bounded Contexts synchron miteinander kommunizieren. Aber Bounded Contexts tauschen typischerweise Events aus. Das ist besonders einfach mit asynchroner Kommunikation.

13.1.4 Tests

Um ein unabhängiges Deployment zu ermöglichen, müssen die Tests der Microservices möglichst unabhängig sein und die Integrationstests sollten auf ein Minimum beschränkt sein.

Für Tests müssen bei synchronen Systemen die Kommunikationspartner vorhanden sein. Das können die in der Produktion eingesetzten Microservices sein. Dann ist der Aufbau einer Umgebung aufwendig, weil sehr viele Microservices vorhanden sein müssen, und es ergeben sich Abhängigkeiten zwischen den Microservices, weil eine neue Version eines Microservice allen Clients zur Verfügung gestellt werden muss, um Tests zu ermöglichen.

---

1. Eric Evans: Domain-Driven Design: Tackling Complexity in the Heart of Software, Addison-Wesley, 2003, ISBN 978-0-32112-521-7

13.1.5   Stubs

Eine Alternative sind Stubs, die Microservices simulieren und den Aufbau der
Umgebung vereinfachen. Nun hängen die Tests nicht mehr von anderen Microservices ab, weil die Tests statt der Microservices Stubs nutzen.

13.1.6   Consumer-driven Contract Tests

Schließlich können Consumer-driven Contract Tests (*https://martinfowler.com/
articles/consumerDrivenContracts.html*) eine Lösung sein. Bei diesem Pattern
schreibt der Client einen Test für den Server. Auf diese Weise kann der Server testen, ob er die Erwartungen des Clients erfüllt. So lässt sich der Server einfacher weiterentwickeln, weil Änderungen an der Schnittstelle ohne Client getestet werden
können. Außerdem hängen die Tests dann nicht mehr vom Client-Microservice ab.

Consumer-driven Contract Tests können beispielsweise JUnit-Tests sein. Das
Team, das die aufgerufene Komponente implementiert, muss die Tests dann aus-
führen. Wenn die Tests fehlschlagen, haben sie eine inkompatible Änderung des
Microservice gemacht. Entweder muss der Microservice dann kompatibel geän-
dert werden oder das Team, das den Consumer-driven Contract Test geschrieben
hat, muss informiert werden, damit es seinen Microservice so ändert, dass die
Schnittstelle entsprechend der Änderung anders genutzt wird. Consumer-driven
Contract Tests formalisieren also die Definition der Schnittstelle.

Alle Teams müssen sich als Teil der Makro-Architektur auf ein Testframe-
work einigen, in dem die Consumer-driven Contract Tests geschrieben sind. Dieses Framework muss nicht unbedingt die Programmiersprache unterstützen, in
der die Microservices geschrieben sind, wenn die Consumer-driven Contract
Tests die Microservices auf Ebene der REST-Schnittstelle testen.

13.1.7   Das Pact-Test-Framework

Eine Möglichkeit ist das Framework Pact (*https://pact.io*). Es erlaubt, einen Test
einer REST-Schnittstelle in einer Programmiersprache zu schreiben. Ergebnis ist
eine JSON-Datei, in der die REST-Anfragen und erwartete Antworten hinterlegt
sind. Die JSON-Datei kann mit Pact-Implementierungen in unterschiedliche Programmiersprachen interpretiert werden. Das erhöht die Technologiefreiheit. Ein
Beispiel für Pact mit Java findet sich unter *https://github.com/mvitz/pact-example*.

13.2   Herausforderungen

Synchrone Microservices führen zu einigen Herausforderungen:

▏ Die Kommunikation mit anderen Microservices während der Bearbeitung
  eines Requests führt dazu, dass sich die Wartezeiten auf die Antwort anderer

Microservices und die Kommunikationszeiten über das Netzwerk aufaddieren. So kann synchrone Kommunikation zu einem Performance-Problem führen. Wenn ein Microservice langsam reagiert, kann das Konsequenzen für eine Vielzahl anderer Microservices haben. Im Beispiel nutzt der Katalog zwei andere Microservices (Waren und Kunden-Management). Also können die Wartezeiten dieser drei Systeme sich aufaddieren: Eine Anfrage an den Katalog-Microservice erzeugt Anfragen an den Kunden-Management-Microservice und den Waren-Microservice. Erst wenn alle Microservices die Requests beantwortet haben, bekommt der Benutzer das Ergebnis zu sehen.

▪ Wenn ein synchroner Microservice einen ausgefallenen Microservice aufruft, kann es passieren, dass auch der aufrufende Service ausfällt und dadurch sich der Ausfall fortpflanzt. Dann ist das Gesamtsystem sehr anfällig. Die Anfälligkeit der Microservices und das Aufaddieren der Wartezeiten kann dazu führen, dass ein Microservices-System mit synchroner Kommunikation kaum zuverlässig zu betreiben ist. Daher muss ein Microservices-System diese Probleme weitgehend lösen, wenn es synchrone Kommunikation nutzt.

▪ Außerdem kann synchrone Kommunikation zu einer höheren fachlichen Abhängigkeit führen. Asynchrone Kommunikation setzt oft auf Events (siehe Abschnitt 10.2). Dann kann ein Microservice entscheiden, wie er auf das Event reagiert. Im Gegensatz dazu definiert eine synchrone Kommunikation typischerweise, was ein Microservice tun soll. Im Beispiel würde der Bestellprozess den Rechnung-Microservice eine Rechnung erstellen lassen. Bei Events würde der Rechnung-Microservice selber entscheiden, wie er auf das Event reagiert. Das erleichtert die Erweiterbarkeit: Wenn für eine Bestellung auch Bonuspunkte gutgeschrieben werden sollen, muss es nur noch einen weiteren Microservice geben, der auf das Event reagiert. In einer synchronen Architektur muss ein weiteres System aufgerufen werden.

13.2.1 Technische Lösungen

Um ein System von synchronen Microservices umsetzten zu können, sind einige technische Lösungen notwendig:

▪ Die Microservices müssen wissen, wie sie mit anderen Microservices kommunizieren können. Üblicherweise sind dazu eine IP-Adresse und ein Port notwendig. *Service Discovery* dient dazu, den Port und die IP-Adresse eines Services zu finden. Service Discovery sollte dynamisch sein: Microservices können skaliert werden, sodass es neue IP-Adressen geben kann, unter der weitere Instanzen eines Microservices erreichbar sind. Außerdem kann ein Microservice ausfallen. Dann ist er unter der bekannten IP-Adresse nicht mehr erreichbar. Service Discovery kann sehr einfach sein: DNS (Domain Name System) ordnet beispielsweise Servern einen Namen zu. Das ist bereits ausreichend, um eine einfache Service Discovery umzusetzen.

▎ Wenn die Kommunikation synchron ist, müssen Microservices darauf vorbereitet sein, dass andere Microservices ausfallen. Es muss vermieden werden,
dass der aufrufende Microservice nicht auch ausfällt. Sonst kommt es zu Fehlerkaskaden: Ein Microservice fällt aus, andere Microservices rufen den
Microservice auf, diese fallen auch aus und am Ende fällt das gesamte System
aus. Wenn in Abbildung 13–2 beispielsweise der Service für die Waren ausfällt, so könnten in der Folge der Katalog und der Bestellprozess ausfallen.
Damit wäre der allergrößte Teil des Systems nicht mehr nutzbar. Es muss also
eine technische Lösung für *Resilience* geben.

▎ Jeder Microservice sollte getrennt von den anderen Microservices skalierbar
sein. Die Last muss zwischen den Microservices verteilt werden. Das gilt nicht
nur für den Zugriff von außen, sondern auch für die interne Kommunikation.
Also muss es eine *Lastverteilung* für jeden Microservice geben.

▎ Schließlich sollte jeder Zugriff von außen an den zuständigen Microservices
weitergeleitet werden. Dazu ist *Routing* notwendig.

Die Technologien für synchrone Microservices in den folgenden Kapiteln müssen
also Lösungen für Service Discovery, Resilience, Lastverteilung und Routing
bieten.

13.2.2   API-Gateways

Für komplexe APIs kann ein einfaches Routing der Zugriffe auf die Microservices nicht ausreichend sein. API-Gateways bieten zusätzliche Features: Sie können meistens die Authentifizierung der Benutzer durchführen. Außerdem können
sie die genutzte Datenrate für einzelne Benutzer limitieren, um so auch eine Vielzahl von Benutzern gleichzeitig zu unterstützen. Dazu kann ein zentralisiertes
Logging aller Zugriffe oder ein Caching kommen. Auch Aspekte wie Monitoring,
Dokumentation oder Mocking können API-Gateways lösen.

Beispiele sind die Implementierungen von Apigee (*https://apigee.com/api-
management/*), 3scale von Red Hat (*https://www.redhat.com/de/technologies/
jboss-middleware/3scale*), apiman (*http://www.apiman.io/latest/*) oder die Cloud-
Produkte wie das Amazon-API-Gateway (*http://docs.aws.amazon.com/de_de/
apigateway/latest/developerguide/welcome.html*) und das Microsoft-Azure-API-
Gateway (*https://azure.microsoft.com/de-de/services/api-management/*).

Die Beispiele in diesem Buch bieten keine öffentlichen REST-Schnittstellen
an, sondern nur REST-Schnittstellen, die intern genutzt werden. Die öffentliche
Schnittstelle sind Webseiten. Daher verwenden sie keine API-Gateways.

13.3 Vorteile

Synchrone Microservices sind in der Praxis ein verhältnismäßig häufig anzutreffender Ansatz. Viele bekannte Beispiele für Microservices-Architekturen wie Netflix oder Twitter nutzen ein solches Konzept. Es hat folgende Vorteile:

- Alle Services können auf denselben Datenbestand zugreifen, sodass es *weniger Konsistenzprobleme* gibt.
- Die Aufteilung in Microservices mit synchroner Kommunikation ist ein natürlicher Ansatz, wenn das System eine *API* anbieten soll. Jeder Microservice kann einen Teil der API implementieren. Die API kann das Produkt sein. Das ist beispielsweise der Fall bei einem Anbieter von Zahlungslösungen. Oder die API kann von mobilen Anwendungen verwendet werden.
- Schließlich kann es einfacher sein, in eine solche Architektur zu *migrieren*. Beispielsweise kann die aktuelle Architektur schon eine solche Aufteilung in verschiedene synchrone Kommunikationsendpunkte haben oder es können Teams zu jedem der Bereiche existieren.
- Der Aufruf von Methoden, Prozeduren oder Funktionen in einem Programm ist meistens synchron. Entwickler sind also an dieses Modell *gewöhnt*, so dass sie es auch leichter verstehen können.

13.4 Variationen

Frontend-Integration (Kapitel 7) kann eine gute Ergänzung zu synchroner Kommunikation sein. Asynchrone Kommunikation (siehe Kapitel 10) hingegen ist eher eine Alternative: Synchrone und asynchrone Kommunikation sind beides Möglichkeiten, mit denen Microservices auf der Logik-Ebene miteinander kommunizieren können.

Eine dieser Optionen sollte reichen, um ein Microservices-System aufzubauen. Natürlich ist eine Kombination auch möglich. Die asynchrone Kommunikation mit Atom und die synchrone Kommunikation mit REST nutzen dieselbe Infrastruktur, sodass diese beiden Kommunikationsmechanismen sehr einfach zusammen genutzt werden können.

Die folgenden Kapitel zeigen konkrete Implementierungen für synchrone Kommunikation. Die Beispiele nutzen alle REST zur Kommunikation. In der aktuellen Technologie-Landschaft ist REST die bevorzugte Architektur für synchrone Kommunikation. Prinzipiell sind andere Ansätze wie SOAP (*https://www.w3.org/TR/soap/*) oder Thrift (*https://thrift.apache.org/*) denkbar.

13.5 Fazit

Auf den ersten Blick sind synchrone Microservices sehr einfach, weil sie dem klassischen Programmiermodell entsprechen. Aber synchrone Microservices führen zu einer hohen technischen Komplexität, weil die Microservices mit dem Ausfall anderer Microservices umgehen müssen und sich Wartezeiten aufaddieren. Die entstehenden Systeme sind verteilte Systeme und damit technisch komplex. Dem stehen wenige Vorteile gegenüber. Es ist ratsam, diesen Ansatz nur dann zu wählen, wenn es wirklich gute Gründe dafür gibt. Generell erleichtert asynchrone Kommunikation den Umgang mit den Herausforderungen verteilter Systeme.

14 Rezept: REST mit dem Netflix-Stack

Dieses Kapitel vermittelt folgende Inhalte:

- Überblick über den Netflix-Microservices-Stack
- Details über Service Discovery mit Eureka, Routing mit Zuul, Load Balancing mit Ribbon und Resilience mit Hystrix.
- Die Vor- und Nachteile des Netflix-Stacks

So kann der Leser die Eignung dieser Technologien für ein konkretes Projekt abschätzen und ein Microservices-System mit diesen Technologien aufbauen.

Woher kommt der Netflix-Stack?

Netflix (*https://www.netflix.com/*) hat für das Online-Video-Streaming eine neue Plattform entwickelt, die den hohen Performance- und Skalierungsanforderungen in diesem Bereich gerecht werden sollte. Das Ergebnis war eine der ersten Microservices-Architekturen.

Später hat Netflix die verwendeten Technologien als Open-Source-Projekte freigegeben. Daher stellt der Netflix-Stack einen der ersten Stacks dar, um Microservices zu implementieren.

Lizenz & Technik

Die Bestandteile des Netflix-Stacks sind Open Source und stehen unter der sehr liberalen Apache-Lizenz. Die Netflix-Projekte basieren praktisch alle auf Java. Sie sind in Spring Cloud integriert, was die Nutzung zusammen mit Spring Boot erheblich vereinfacht.

14.1 Beispiel

Das Beispiel für dieses Kapitel findet sich unter *https://github.com/ewolff/micro-service*. Es besteht aus drei Microservices:

▓ Der *Catalog-Microservice* verwaltet die Informationen über die Waren.

▓ Der *Customer-Microservice* speichert die Daten der Kunden.

▓ Der *Order-Microservice* kann neue Bestellungen aufnehmen. Er nutzt den Catalog- und den Customer-Microservice.

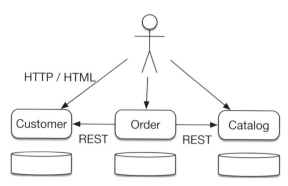

Abb. 14–1   *Architektur des Netflix-Beispiels*

Jeder der Microservices hat eine eigene Web-Schnittstelle, mit der die Benutzer interagieren können. Untereinander kommunizieren die Microservices mit REST. Der Order-Microservice benötigt von den beiden anderen Microservices Informationen über Kunden und Bestellungen.

14.1.1   Architektur des Beispiels

Zu den fachlichen Microservices kommt noch eine Java-Anwendung, die das Hystrix-Dashboard darstellt, mit dem das Monitoring der Hystrix-Circuit-Breaker visualisiert werden kann. Das gesamte Beispiel auf der Ebene der Docker-Container zeigt Abbildung 14–2.

14.1.2   Beispiel bauen

Im Abschnitt Quick Start in der Einleitung ist beschrieben, welche Software installiert sein muss, um das Beispiel zu starten.

Um das Beispiel zu bauen, muss man zunächst mit `git clone https://github.com/ewolff/microservice.git` den Code herunterladen. Anschließend muss man im Verzeichnis `microservice-demo` mit `mvn clean package` den Code übersetzen. Anschließend kann man im Verzeichnis `docker` mit `docker-compose build` die Docker-Container bauen und mit `docker-compose up -d` starten. Auf dem Docker-Host stehen dann die Docker-Container zur Verfügung.

https://github.com/ewolff/microservice/blob/master/WIE-LAUFEN.md erläutert im Detail die einzelnen Schritte, um das Beispiel zu bauen und ablaufen zu lassen.

14.1.3   Docker-Container und Ports

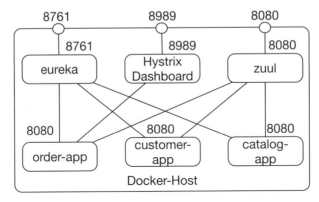

Abb. 14–2   *Docker-Container im Netflix-Beispiel*

Die Docker-Container kommunizieren über ein internes Netzwerk. Einige Docker-Container sind auch über einen Port am Docker-Host nutzbar. Der Docker-Host ist der Rechner, auf dem die Docker-Container laufen.

▌ Die drei Microservices *Order, Customer und Catalog* laufen jeweils in einem eigenen Docker-Container. Der Zugriff auf die Docker-Container ist nur im Docker-Netzwerk möglich.

▌ Um die Services von außen nutzen zu können, stellt *Zuul* das Routing bereits. Der Zuul-Container ist von außen unter Port 8080 erreichbar und leitet Requests zu den Microservices weiter. Wenn die Docker-Container lokal laufen, wäre die URL also *http://localhost:8080*. Unter der URL ist auch eine Webseite verfügbar, die Links zu allen Microservices, Eureka und dem Hystrix-Dashboard anzeigt.

▌ *Eureka* dient als Service Discovery. Unter Port 8761 steht das Dashboard bereit. Dieser Port ist auch am Docker-Host zugreifbar. Bei einer lokalen Docker-Installation lautet die URL *http://localhost:8761*.

▌ Schließlich läuft das *Hystrix-Dashboard* in einem eigenen Docker-Container, der unter Port 8989 auch auf dem Docker-Host zugreifbar ist, also beispielsweise *http://localhost:8989*.

14.2   Eureka: Service Discovery

Eureka implementiert Service Discovery. Wie schon in Abschnitt 13.2 dargestellt, müssen Microservices für eine synchrone Kommunikation herausfinden, unter welchem Port und unter welcher IP-Adresse andere Microservices erreichbar sind.

Wesentliche Eigenschaften von Eureka sind:

▪ Eureka hat eine *REST-Schnittstelle*. Über diese Schnittstelle können Microservices sich registrieren oder Informationen über andere Microservices abfragen.

▪ Eureka unterstützt *Replikation*. Die Informationen aus dem Eureka-Server werden auf andere Server verteilt. So kann das System den Ausfall von Eureka-Servern kompensieren. In einem verteilten System ist Service Discovery unerlässlich für die Kommunikation zwischen den Microservices. Daher muss die Service Discovery so umgesetzt sein, dass ein Ausfall eines Servers nicht die gesamte Service Discovery zum Ausfall bringt.

▪ Durch *Caches auf dem Client* ist die Performance von Eureka sehr gut. Außerdem wird die Verfügbarkeit verbessert, da die Informationen auf dem Client vorgehalten werden und so der Ausfall eines Servers kompensiert werden kann. Der Server schickt nur die Informationen über neue oder gelöschte Microservices an den Client und nicht etwa eine Information über alle registrierten Services, sodass die Kommunikation sehr effizient ist.

▪ Netflix unterstützt *AWS* (Amazon Web Services), also die Amazon Cloud. In AWS laufen Server in Availability Zones. Das sind im Prinzip getrennte Rechenzentren. Der Ausfall einer Availability Zone beeinflusst andere Availability Zones nicht. Mehrere Availability Zones sind eine Region. Eine Region ist in einer geographischen Zone beheimatet wie EU-West 1 in Irland. Eureka kann auf Regions und Availability Zones Rücksicht nehmen und beispielsweise einem Client als Ergebnis der Service Discovery eine Instanz eines Microservice aus derselben Availability Zone anbieten, um so die Geschwindigkeit zu erhöhen.

▪ Eureka erwartet, dass die Microservices regelmäßig *Heartbeats* schicken. So erkennt Eureka abgestürzte Instanzen und schließt sie aus dem System aus. Das erhöht die Wahrscheinlichkeit, dass Eureka Service-Instanzen zurück gibt, die auch noch laufen. Es kann passieren, dass die Microservice-Instanz zurückgegeben wird, obwohl sie nicht mehr läuft. Das fällt bei der Nutzung der Microservice-Instanz auf, sodass dann eine andere Instanz genutzt werden kann.

14.2.1 Server

Das Netflix-Eureka-Projekt steht bei Github unter *https://github.com/Netflix/eureka/* zum Download bereit. Also kann man das Projekt bauen und erhält dann sowohl den Server also auch den Client. Der Server ist ein WAR (Web Archive). Mit diesem WAR kann Eureka auf einem beliebigen Java-Webserver ausgeführt werden.

Das Spring-Cloud-Projekt unterstützt Eureka. Der Server kann als Spring-Boot-Anwendung gestartet werden. Dazu muss die Hauptklasse, die auch die

Annotation @SpringBootApplication trägt, zusätzlich mit der Annotation @EnableEurekaServer versehen werden. Im pom.xml muss im dependencyManagement die Spring-Cloud-Information importiert werden und eine Abhängigkeit zu spring-cloud-starter-eureka-server eingefügt werden. Außerdem ist noch eine Konfiguration in der application.properties-Datei notwendig. Das Projekt microservice-demo-eureka-server stellt eine solche Implementierung bereit.

Auf den ersten Blick erscheint es wenig sinnvoll, den Eureka-Server auf diese Art und Weise selbst zu bauen, zumal die Implementierung im Wesentlichen aus einer Annotation besteht. Aber so kann der Eureka-Server wie alle anderen Microservices behandelt werden. Der Spring-Cloud-Eureka-Server ist ein JAR-File und kann wie alle anderen Microservices in einem Docker-Image gespeichert und gestartet werden. Ebenso ist es möglich, ihn wie eine Java-Web-Anwendung zum Beispiel mit Spring Security abzusichern und Logging und Monitoring wie bei allen anderen Microservices zu konfigurieren.

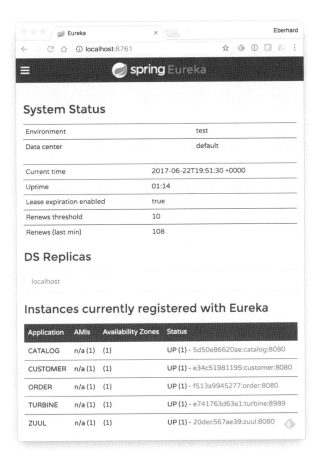

Abb. 14–3   Eureka-Dashboard

Eureka verfügt über ein Dashboard (siehe Abbildung 14–3), das einen Überblick über die bei Eureka registrierten Microservices anzeigt. Dazu zählen die Namen der Microservices und die URL, unter der sie zugreifbar sind. Die URL funktioniert aber nur im Docker-internen Netzwerk, sodass die Links im Dashboard ins Leere laufen. Das Dashboard ist auf dem Docker-Host unter dem Port 8761 zugreifbar.

14.2.2   Client

Jeder Microservice ist ein Eureka-Client und muss sich beim Eureka-Server registrieren, um dem Eureka-Server den Namen des Microservice, die IP-Adresse und den Port mitzuteilen, unter dem der Microservice erreichbar ist. Spring Cloud vereinfacht die Konfiguration für die Clients.

14.2.3   Registrierung

Der Client muss eine Abhängigkeit zu `spring-cloud-starter-` `eureka` haben, um die notwendigen Libraries einzubinden. Die Hauptklasse, die auch die Annotation `@SpringBootApplication` trägt, muss zusätzlich mit der Annotation `@EnableEureka-` `Client` versehen werden. Eine Alternative ist `@EnableDiscoveryClient`. Im Gegensatz zu `@EnableEurekaClient` ist die Annotation `@EnableDiscoveryClient` generisch. Sie funktioniert also auch mit Consul (siehe Kapitel 15).

```
spring.application.name=catalog
eureka.client.serviceUrl.defaultZone=http://eureka:8761/eureka/
eureka.instance.leaseRenewalIntervalInSeconds=5
eureka.instance.metadataMap.instanceId=${spring.application.name}:${random.value}
eureka.instance.preferIpAddress=true
```

In der Datei `application.properties` müssen Einstellungen vorgenommen werden, damit sich die Anwendung registriert.

▪ Den Namen, unter dem sich die Anwendung beim Eureka-Server anmeldet, enthält `spring.application.name`.

▪ Welcher Eureka-Server genutzt werden soll, definiert `eureka.client.serviceUrl.defaultZone`.

▪ Die Einstellung `eureka.instance.leaseRenewalIntervalInSeconds` sorgt dafür, dass die Registrierungsinformationen alle fünf Sekunden und damit schneller als die Default-Einstellung repliziert werden. So werden neue Microservices-Instanzen schneller sichtbar. In der Produktion sollte dieser Wert nicht so niedrig gewählt werden, damit nicht zu viel Netzwerkverkehr entsteht.

▪ `eureka.instance.metadataMap.instanceId` gibt jeder Microservice-Instanz eine zufällige ID, um beispielsweise bei der Lastverteilung die Instanzen voneinander unterscheiden zu können.

░░░ Durch `eureka.instance.preferIpAddress` registrieren sich die Services mit der IP-Adresse und nicht mit dem Hostnamen. Das umgeht Probleme, die entstehen, weil in der Docker-Umgebung Hostnamen nicht aufgelöst werden können.

Bei der Registrierung wird der Name des Microservice automatisch in Großbuchstaben umgewandet. Aus order wird also ORDER.

14.2.4   Andere Programmiersprachen

Für andere Programmiersprachen als Java muss für den Zugriff auf Eureka eine entsprechende Library verwendet werden. Es gibt einige Bibliotheken, die Eureka-Clients für bestimmte Programmiersprachen implementieren. Natürlich stellt Eureka ein REST-Interface zur Verfügung, das man ebenfalls nutzen kann.

14.2.5   Sidecars

Außerdem gibt es die Möglichkeit, ein Sidecar zu nutzen. Das ist eine Anwendung, die in Java geschrieben wurde und die Netflix-Infrastruktur unterstützt. Das Sidecar kann zusammen mit der Anwendung deployt werden. Die Anwendung kann in einer anderen Programmiersprache als Java implementiert sein. Für die Interaktion mit der Netflix-Infrastruktur nutzt die Anwendung das Sidecar mit den Java-Bibliotheken.

So kann Eureka andere Programmiersprachen unterstützen, aber dafür ist dann ein zusätzlicher Prozess nötig, der zusätzliche Ressourcen verbraucht.

Netflix selber bietet Prana (*https://github.com/Netflix/Prana/wiki*) als Sidecar an. Spring Cloud hat ebenfalls eine eigene Implementierung eines solchen Sidecars (*http://projects.spring.io/spring-cloud/spring-cloud.html#_polyglot_support_with_sidecar*).

14.2.6   Zugriff auf andere Services

Den Zugriff auf andere Services implementiert im Beispiel Ribbon (siehe Abschnitt 14.4), um so auch eine Lastverteilung auf mehrere Instanzen umzusetzen. Die Eureka-API wird also dafür nicht genutzt.

14.3   Router: Zuul

Zuul ist die Routing-Lösung aus dem Netflix-Stack. Zuul ist dafür zuständig, dass Aufrufe von außen zum richtigen Microservice weitergeleitet werden.

14.3.1   Zuul vs. Reverse Proxy

Das Routing könnte auch ein Reverse Proxy übernehmen. Das ist ein Webserver, der so konfiguriert ist, dass er eingehende Aufrufe an andere Server weiterleitet.

Zuul hat ein Feature, das einem Reverse Proxy fehlt: Es verfügt über dynamische Filter. Abhängig von Eigenschaften des HTTP-Requests oder externer Konfigurationen kann Zuul bestimmte Aufrufe an bestimmte Server leiten oder Logik zum Beispiel zum Logging ausführen. Den Code für die Routingentscheidung kann ein Entwickler schreiben. Der Code kann dynamisch zur Laufzeit als Groovy-Code nachgeladen werden. So ermöglicht Zuul maximale Flexibilität.

Ebenso können Zuul-Filter dazu dienen, zentrale Funktionalitäten wie ein Logging aller Nachrichten zu implementieren. Ein Zuul-Filter kann den Login implementieren, Informationen über den aktuellen Nutzer mit den HTTP-Requests mitschicken und so die Authentifizierung implementieren. Zuul kann damit typische Funktionalitäten eines API-Gateways übernehmen.

Man kann natürlich auch Routen explizit konfigurieren und so den Zugriff auf eine bestimmte URL zu einem bestimmten Microservice weiterleiten.

14.3.2   Zuul im Beispiel

Im Beispiel ist Zuul als Proxy konfiguriert und enthält keinen speziellen Code. Einen Zugriff auf eine URL wie *http://localhost:8080/order* leitet Zuul an den Microservice mit dem Namen ORDER weiter. So eine Weiterleitung funktioniert für alle in Eureka registrierten Microservices. Zuul liest die Namen aller Microservices aus Eureka aus und leitet die Zugriffe dann weiter.

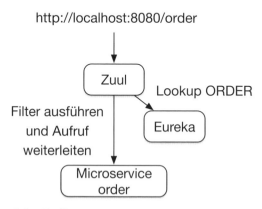

Abb. 14–4   *Routing mit dem Zuul Proxy*

Natürlich »verrät« Zuul so, aus welchen Microservices das Microservices-System aufgebaut ist. Zuul kann aber durch Routen und Filter so umkonfiguriert werden, dass unter derselben URL dann ganz andere Microservices erreichbar sind.

Außerdem kann Zuul statische Inhalte ausliefern. Im Beispiel stellt Zuul die Webseite zur Verfügung, von der aus man die verschiedenen Microservices erreichen kann.

14.4 Lastverteilung: Ribbon

Microservices haben den Vorteil, dass jeder Microservice unabhängig von den anderen Microservices skaliert werden kann. Dazu ist es notwendig, dass der Aufruf an einen Microservice durch einen Load Balancer auf mehrere Instanzen verteilt werden kann.

14.4.1 Zentraler Load Balancer

Typischerweise wird ein einziger Load Balancer für alle Aufrufe genutzt. Also kann für ein Microservices-System ebenfalls ein einziger Load Balancer genutzt werden, der alle Requests von allen Microservices bearbeitet. So ein Ansatz führt jedoch zu einem Flaschenhals, da der gesamte Netzwerkverkehr durch einen Load Balancer geleitet werden muss. Außerdem ist der Load Balancer ein Single Point of Failure. Wenn der Load Balancer ausfällt, funktioniert der gesamte Netzwerkverkehr nicht mehr und damit fällt das gesamte Microservices-System aus.

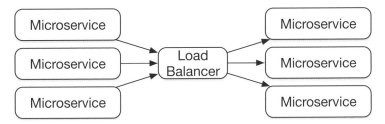

Abb. 14–5 *Zentraler Load Balancer*

Besser wäre ein dezentrales Load Balancing. Dabei muss jeder Microservice einen eigenen Load Balancer haben. Dann fällt bei einem Ausfall eines Load Balancers nur ein Microservice aus.

14.4.2 Clientseitiges Load Balancing

Diese Idee des clientseitigen Load Balancing kann ein »normaler« Load Balancers wie Apache httpd oder nginx umsetzen. Für jeden Microservice wird ein Load Balancer deployt. Der Load Balancer muss die Informationen über die aktuell verfügbaren Microservices aus der Service Discovery ermitteln.

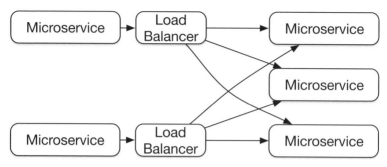

Abb. 14–6   *Clientseitiger Load Balancer*

Man kann auch eine Bibliothek schreiben, die Zugriffe auf andere Microservices auf verschiedene Instanzen verteilt. Diese Bibliothek muss die aktuellen Microservice-Instanzen aus der Service Discovery auslesen und dann bei jedem Zugriff eine der Instanzen auswählen. Das ist nicht besonders aufwendig zu implementieren. Genau so geht Ribbon (*https://github.com/Netflix/ribbon/wiki*) vor.

14.4.3   Ribbon-API

Für das Load Balancing bietet Ribbon eine relativ einfache API an:

```
private LoadBalancerClient loadBalancer;
// Spring injiziert einen LoadBalancerClient
ServiceInstance instance = loadBalancer.choose("CUSTOMER");
url = String.format("http://%s:%s/customer/",
  instance.getHost(), instance.getPort());
```

Spring Cloud injiziert dem Code eine Implementierung des Interfaces LoadBalancerClient. Zunächst wird mit einem Aufruf an den LoadBalancerClient eine Instanz eines Microservice ausgewählt. Mit diesen Informationen wird dann eine URL befüllt, an die der Request geschickt werden kann.

Ribbon unterstützt verschiedene Strategien, um eine Instanz auszuwählen. So sind andere Ansätze als ein einfaches Round Robin machbar.

14.4.4   Ribbon mit Consul

Als Teil des Netflix-Stacks unterstützt Ribbon natürlich Eureka als Service Discovery, aber Ribbon unterstützt auch Consul. Der Zugriff auf die Microservices ist im Consul-Beispiel (siehe Kapitel 15) identisch zum Netflix-Beispiel implementiert.

14.4.5 RestTemplate

Spring enthält das `RestTemplate`, um REST-Aufrufe einfach zu implementieren. Wenn man ein `RestTemplate` durch Spring erzeugen lässt und mit `@LoadBalanced` annotiert, dann sorgt Spring dafür, dass eine URL wie `http://order/` an den Order-Microservice weitergeleitet wird. Dabei kommt intern Ribbon zum Einsatz. *https://spring.io/guides/gs/client-side-load-balancing/* zeigt, wie dieses Vorgehen mit einem `RestTemplate` umgesetzt werden kann.

14.5 Resilience: Hystrix

Bei einer synchronen Kommunikation zwischen Microservices ist es wichtig, dass der Ausfall eines Microservice nicht dazu führt, dass andere Microservices ebenfalls ausfallen. Sonst kann der Ausfall eines Microservice dazu führen, dass nach und nach weitere Microservices ausfallen, bis das gesamte System nicht mehr verfügbar ist.

Die Microservices dürfen natürlich Fehler zurückgeben, weil sie wegen eines ausgefallenen anderen Microservice keine vernünftigen Ergebnisse liefern können. Es darf aber nicht passieren, dass ein Microservice auf das Ergebnis eines anderen Microservice unendlich lange wartet und dadurch selber ausfällt.

14.5.1 Resilience-Patterns

Das Buch »Release It!«[1] beschreibt verschiedene Patterns, mit denen die Resilience (Widerstandsfähigkeit) eines Systems erhöht werden kann. Hystrix implementiert einige dieser Patterns:

▪ Ein *Timeout* verhindert, dass ein Microservice zu lange auf einen anderen Microservice wartet. Ohne einen Timeout kann ein Thread sehr lange blockieren, weil der Thread beispielsweise keine Antwort von einem anderen Microservice bekommt. Wenn alle Threads blockiert sind, fällt der Microservice aus, weil keine Threads für neue Aufgaben mehr bereit stehen. Hystrix führt einen Request in einem getrennten Thread-Pool aus. Hystrix kontrolliert diese Threads und kann den Request für die Implementierung des Timeouts frühzeitig beenden.

▪ Fail Fast beschreibt ein ähnliches Pattern: Es ist besser, schnell einen Fehler zu erzeugen, als einen Fehler erst spät zu melden. Der Code kann zu Beginn einer Operation überprüfen, ob alle notwendigen Ressourcen vorhanden sind.

---

1. Michael T. Nygard: Release It!: Design and Deploy Production-Ready Software, Pragmatic Bookshelf, 2. Auflage, 2017, ISBN 978-1-68050-239-8

Dazu kann beispielsweise ausreichend Plattenplatz gehören. Wenn das nicht der Fall ist, kann der Request sofort mit einem Fehler abgebrochen werden. Das verringert die Zeit, während der ein Thread oder andere Ressourcen blockiert sind.

▦ Für jede Art von Request kann Hystrix einen eigenen Thread-Pool nutzen. So kann beispielsweise für jeden aufgerufenen Microservice ein eigener Thread-Pool eingerichtet werden. Wenn der Aufruf eines bestimmten Microservices zu lange dauert, dann leert sich nur der Thread-Pool für diesen Microservice, während die anderen noch Threads enthalten. So können die Auswirkungen des Problems begrenzt werden. Man spricht von einem *Bulkhead*. Das ist ein wasserdichtes Schott in einem Schiff, welches das Schiff in verschiedene Segmente unterteilt. Wenn ein Leck auftritt, läuft nur ein Teil des Schiffs voll Wasser, sodass das Schiff nicht untergeht.

▦ Schließlich implementiert Hystrix einen *Circuit-Breaker*. Das ist eine Sicherung, wie sie in der Elektrik eines Hauses genutzt wird. Dort dient eine Sicherung dazu, den Stromfluss zu unterbrechen, wenn es einen Kurzschluss gibt. Dadurch wird verhindert, dass z.B. ein Feuer ausbricht. Der Hystrix-Circuit-Breaker geht anders vor: Wenn der Aufruf eines Systems zu einem Fehler führt, dann wird der Circuit-Breaker geöffnet und lässt keine weiteren Aufrufe mehr durch. Nach einiger Zeit wird wieder ein Aufruf durchgelassen. Erst wenn dieser Aufruf erfolgreich ist, wird die Sicherung wieder geschlossen. Dadurch wird vermieden, dass ein fehlerhafter Microservice aufgerufen wird. Das spart Ressourcen und vermeidet blockierte Threads. Außerdem schließen sich die Circuit-Breaker der verschiedenen Clients nach und nach, sodass ein ausgefallener Microservice erst schrittweise wieder die volle Last handhaben muss. Das verringert die Wahrscheinlichkeit, dass er sofort nach dem Anlaufen wieder ausfällt.

14.5.2   Implementierung

Hystrix (*https://github.com/Netflix/Hystrix/*) bietet eine Implementierung der meisten Resilience-Patterns als Java-Library an.

Mit der Hystrix-API werden statt einfacher Methodenaufrufe Command-Klassen implementiert. Diese Klassen ergänzen den Methodenaufruf um die notwendigen Hystrix-Funktionalitäten. Bei der Nutzung von Hystrix mit Spring Cloud ist es nicht notwendig, Commands zu implementieren. Stattdessen werden die Methoden mit der Annotation `@HystrixCommand` versehen. Sie aktiviert Hystrix für diese Methode. Die Attribute der Annotation konfigurieren Hystrix.

```
@HystrixCommand(fallbackMethod = "getItemsCache",
  commandProperties = {
    @HystrixProperty(
      name = "circuitBreaker.requestVolumeThreshold",
        value = "2") })
public Collection<Item> findAll() {
...
  this.itemsCache = pagedResources.getContent();
...
}
```

Das Listing zeigt den Zugriff vom Order-Microservice auf den Catalog-Microservice. `circuitBreaker.requestVolumeThreshold` legt fest, wie viele Aufrufe in einem Zeitfenster zu Fehlern führen müssen, damit der Circuit-Breaker sich öffnet. Außerdem konfiguriert das Attribut `fallbackMethod` der Annotation die Methode `getItemsCache()` als Fallback-Methode. `findAll()` speichert die vom Catalog-Microservice zurückgegebenen Daten in der Instanzvariable `itemsCache`. Die `getItemsCache()`-Methode dient als Fallback und liest aus der Instanzvariable `itemsCache` das Ergebnis des letzten Aufrufs aus und gibt es zurück:

```
private Collection<Item> getItemsCache() {
  return itemsCache;
}
```

Dahinter steckt die fachliche Überlegung, dass es besser ist, wenn der Service mit veralteten Daten weiterarbeitet, als dass der Service gar nicht funktioniert. Das kann dazu führen, dass Bestellungen mit einem veralteten Preis berechnet werden. Es kann bei einem Ausfall eines Services auch ein Vorgabewert genutzt werden oder es wird ein Fehler gemeldet. Ein Fehler ist dann die richtige Lösung, wenn falsche Daten auf keinen Fall akzeptiert werden können. Es soll nur vermieden werden, dass der REST-Aufruf bei einem Fehler den Server belastet oder den Client zu lange blockiert. Welches Vorgehen richtig ist, ist eine fachliche Entscheidung.

14.5.3 Monitoring

Der Status der Circuit-Breaker bietet einen guten Überblick darüber, in welchem Zustand das System ist. Ein geöffneter Circuit-Breaker ist ein Hinweis auf ein Problem. Also ist Hystrix eine gute Quelle für Metriken. Hystrix bietet die Informationen über den Zustand der Circuit-Breaker über HTTP als einen Strom von JSON-Daten an.

14.5.4 Hystrix-Dashboard

Das Hystrix-Dashboard kann diese Daten auf einer Webseite darstellen und zeigt so, was in dem System gerade vorgeht (siehe Abbildung 14–7).

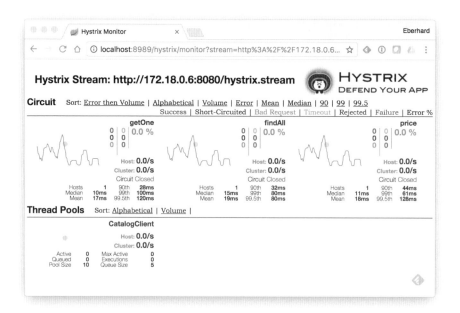

Abb. 14–7   *Hystrix-Dashboard*

Im oberen Bereich ist der Zustand der Circuit-Breaker für die Funktionen
getOne(), findAll() und price() dargestellt. Alle drei sind closed (geschlossen). Es
gibt im Moment also keine Fehler. Außerdem zeigt das Dashboard Informationen
über die durchschnittliche Laufzeit der Anfragen und den aktuellen Durchsatz.

Hystrix führt die Aufrufe in einem eigenen Thread-Pool durch. Den Zustand
dieses Thread-Pools zeigt das Dashboard ebenfalls. Er enthält zehn Threads und
bearbeitet im Moment keine Anfragen.

14.5.5   Andere Monitoring-Möglichkeiten

Die Hystrix-Metriken stehen auch über die Spring-Boot-Mechanismen (siehe
Abschnitt 6.3) zur Verfügung und können in andere Monitoring-Systeme expor-
tiert werden. So können sich die Hystrix-Metriken nahtlos in eine vorhandene
Monitoring-Infrastruktur einfügen.

14.5.6   Turbine

Die Metriken einer einzelnen Microservices-Instanz haben keine besondere Aus-
sagekraft. Microservices können unabhängig skaliert werden. Für jeden Microservice können also viele Instanzen existieren. Somit müssen die Hystrix-Metriken aller Instanzen gemeinsam dargestellt werden.

Dazu dient Turbine (*https://github.com/Netflix/Turbine/wiki*). Dieses Werkzeug fragt die HTTP-Datenströme der Hystrix-Server ab und konsolidiert sie zu einem einzigen Datenstrom, den das Dashboard anzeigt. Spring Cloud bietet eine einfache Möglichkeit an, einen Turbine-Server zu implementieren, siehe beispielsweise *https://github.com/ewolff/microservice/tree/master/microservice-demo/ microservice-demo-turbine-server*.

14.6 Rezept-Variationen

Netflix ist nur eine technologische Alternative für die Implementierung von synchronen Microservices. Zu den Technologien aus dem Netflix-Stack gibt es verschiedene Alternativen:

- Das *Consul-Beispiel* (Kapitel 15) nutzt Consul statt Eureka für Service Discovery und Apache httpd statt Zuul für Routing. Hystrix für Resilience und Ribbon für Load Balancing nutzten aber auch dieses Projekt. Consul unter unterstützt auch DNS und kann so mit beliebigen Programmiersprachen umgehen. Consul Template bietet die Möglichkeit, auch Dienste mit Consul zu konfigurieren, indem man eine Konfigurationsdatei mit den Daten aus Consul füllt. In dem Beispiel wird damit der Apache httpd konfiguriert. Gegenüber Consul hat Eureka nur wenige Vorteile. Apache httpd als Webserver ist vielen vertraut und kann daher das geringere Risiko gegenüber Zuul sein. Zuul bietet dafür dynamische Filter, die Apache httpd nicht unterstützt.

- *Kubernetes* (siehe Kapitel 17) und ein *PaaS* wie *Cloud Foundry* (siehe Kapitel 18) bieten Service Discovery, Routing und Load Balancing. Der Code bleibt dabei unabhängig von der Infrastruktur. Das Beispiel nutzt dennoch Hystrix für Resilience. Dafür erfordern diese Lösungen den Einsatz einer Kubernetes- bzw. PaaS-Umgebung. Es ist nicht mehr möglich, auf einem Linux-Server einige Docker-Container zu deployen.

- Funktionalitäten wie Lastverteilung und Resilience können statt mit Ribbon mit einem HTTP-Proxy umgesetzt werden. Das ist eine Weiterentwicklung des Sidecar-Gedankens. Ein Beispiel ist Envoy (*https://github.com/lyft/envoy*). Dieser Proxy setzt auch einige Resilience-Patterns um. So kann die Anwendung selber von diesen Aspekten freigehalten werden. Auch Apache httpd oder nginx können zumindest Lastverteilung implementieren.

- Asynchrone Kommunikation (siehe Kapitel 10) scheint auf den ersten Blick ein Widerspruch zu der Kommunikation mit REST zu sein. Aber *Atom* (siehe Kapitel 12) kann mit den Konzepten aus diesem Kapitel kombiniert werden. Atom nutzt REST, sodass die Microservices nur andere Arten von REST-Ressourcen implementieren müssen. Eine Kombination mit Messaging-Systemen wie *Kafka* (siehe Kapitel 11) ist auch denkbar. Dann hat das System aber nicht nur die Komplexität des Messaging-Systems, sondern muss auch eine REST-Umgebung anbieten.

▦ *Frontend-Integration* (Kapitel 7) arbeitet auf einer anderen Ebene als REST und kann mit dem Netflix-Stack kombiniert werden. Insbesondere eine Integration mit *Links und JavaScript* (Kapitel 8) ist problemlos möglich. Bei *ESI* (siehe Kapitel 9) übernimmt Varnish die Funktion des Routings statt Zuul. Also müsste Varnish aus Eureka die IP-Adressen der Microservices auslesen. Das ist aber nicht so ohne Weiteres möglich.

14.7　Experimente

▦ Ergänze das System mit einem zusätzlichen Microservice:

- Als Beispiel kann ein Microservice dienen, den ein Call-Center-Mitarbeiter nutzt, um Notizen zu einem Gespräch anzulegen. Dazu soll der Call-Center-Mitarbeiter den Kunden auswählen können.
- Natürlich kannst du einen der vorhandenen Microservcies kopieren und entsprechend modifizieren.
- Registriere den Microservice in Eureka.
- Der Aufruf des Customer Microservice muss über Ribbon stattfinden. Dann wird der Microservice automatisch über Eureka gefunden. Sonst muss der Microservice explizit in Eureka gesucht werden.
- Packe den Microservice in ein Docker-Image ein und referenziere das Image im `docker-compose.yml`. Dort kannst du auch den Namen des Docker-Containers festlegen.
- Erzeuge im `docker-compose.yml` einen Link vom Container mit dem neuen Service zum Container `eureka`.
- Der Microservice muss von der Homepage aus zugreifbar sein. Dazu musst du in der Datei `index.html` im Zuul-Projekt einen Link einrichten. Zuul richtet das Routing für den Microservice automatisch ein, sobald der Microservice in Eureka registriert ist.

▦ Probiere die Skalierung und das Load Balancing aus.

- Erhöhe die Anzahl der Instanzen eines Services beispielsweise mit `docker-compose up --scale customer=2`.
- Überprüfe durch das Eureka-Dashboard, ob zwei Customer-Microservices laufen. Es steht unter Port 8761 bereit, also beispielsweise unter *http://localhost:8761/*, wenn Docker auf dem lokalen Rechner läuft.
- Beobachte die Logs des Order-Microservice mit `docker logs -f ms_order_1` und schaue, ob unterschiedliche Instanzen des Customer-Microservice aufgerufen werden. Das sollte der Fall sein, weil Ribbon zur Lastverteilung genutzt wird. Dazu musst du Requests auf die Order-Anwendung auslösen. Ein Reload der Startseite reicht aus.

░ Simuliere den Ausfall eines Microservices:

- Beobachte die Logs des Order-Microservice mit `docker logs -f ms_order_1` und schaue, wie der Catalog-Microservice aufgerufen wird. Dazu musst du Requests auf die Order-Anwendung auslösen. Ein Reload der Startseite reicht aus.
- Finde die IP-Adresse des Order-Microservice heraus. Nutze dazu das Eureka-Dashboard unter Port 8761, also beispielsweise *http://localhost:8761/*, wenn Docker lokal läuft.
- Öffne das Hystrix-Dashboard unter Port 8989 auf dem Docker-Host, also beispielsweise *http://localhost:8989/*, wenn Docker auf dem lokalen Rechner läuft.
- Gib mithilfe dieser IP-Adresse im Hystrix-Dashboard die URL des Hystrix-JSON-Datenstroms an. Das kann beispielsweise *http://172.18.0.6:8080/hystrix.stream* sein. Das Hystrix-Dashboard sollte geschlossene Circuit-Breaker wie in Abbildung 14–7 zeigen.
- Fahre die Catalog-Instanz mit `docker-compose up --scale catalog=0` herunter.
- Beobachte das Log des Order-Microservices bei weiteren Aufrufen.
- Beobachte ebenfalls das Hystrix-Dashboard. Der Circuit-Breaker öffnet sich erst, wenn mehrere Aufrufe fehlgeschlagen sind.
- Wenn der Circuit-Breaker offen ist, sollte der Order-Microservice wieder funktionieren, weil nun der Fallback aktiviert ist.

░ Nur der Zugriff auf den Catalog-Microservice ist mit Hystrix abgesichert. Erweitere den Zugriff auf den Customer-Microservice mit Hystrix. Die Klasse, die den Zugriff implementiert, liegt im Package `com.ewolff.microservice.order.clients` des Order-Microservice und heißt `CustomerClient`. Nutze dazu die Klasse `CatalogClient` aus demselben Package als Vorbild.

░ Erweitere das Zuul-Setup um eine feste Route. Füge dazu in `application.yml` im Verzeichnis `src/main/resource` im Projekt `microservice-demo-zuul-server` zum Beispiel Folgendes ein, um unter *http://localhost:8080/innoq* die innoQ-Homepage erscheinen zu lassen:

```
zuul:
  routes:
    innoq:
      path: /innoq/**
      url: http://innoq.com/
```

░ Füge einen Filter in die Zuul-Konfiguration ein. Ein Tutorial zu Zuul-Filtern findet sich unter *https://spring.io/guides/gs/routing-and-filtering/*.

░ Erstelle einen eigenen Microservice, der beispielsweise nur einfaches HTML zurückgibt. Integriere ihn in Eureka und deploye ihn als Teil der Docker-Compose-Umgebung. Wenn er in Eureka registriert ist, kann er vom Zuul-Proxy aus sofort angesprochen werden.

14.8 Fazit

Der Netflix-Stack stellt eine Vielzahl von Projekten zur Verfügung, um Microservice-Architekturen aufzubauen. Die typischen Herausforderungen synchroner Microservices löst der Stack folgendermaßen:

▎ *Service Discovery* bietet Eureka. Eureka fokussiert auf Java mit dem Java-Client, bietet aber auch eine REST-API und Bibliotheken für andere Sprachen an. Eureka kann daher auch mit anderen Sprachen genutzt werden.

▎ Für *Resilience* ist Hystrix im Java-Umfeld der Defacto-Standard und deckt diesen Bereich sehr gut ab. Nicht-Java-Anwendungen können Hystrix höchstens über einen Sidecar nutzen.

▎ Ribbon implementiert clientseitige *Lastverteilung*, was viele Vorteile hat. Da Ribbon eine Java-Bibliothek ist, sind andere Technologien nur schwer mit Ribbon nutzbar. Gerade im Bereich Lastverteilung gibt es zahlreiche etablierte Alternativen durch die klassischen Load Balancer.

▎ Das *Routing* löst Zuul. Zuuls dynamische Filter sind sehr flexibel, aber viele haben schon Erfahrungen mit Reverse Proxies auf Basis von Webservern wie Apache httpd oder nginx. Dann ist ein solcher Reverse Proxy die risikoärmere Option. Außerdem können zusätzliche Features wie SSL-Terminierung, Request Throttling oder Ähnliches notwendig sein, was Zuul nicht bietet. Siehe dazu auch Abschnitt 15.3.

Die Server im Netflix-Stack sind in Java geschrieben, sodass die Server aus dem Netflix-Stack und die Microservices sich in JAR-Dateien verpacken lassen. Sie sind dank Spring Cloud auch einheitlich konfigurierbar und die Behandlung von Metriken und Logs ist ebenfalls identisch. Diese Einheitlichkeit kann für den Betrieb ein Vorteil sein.

14.8.1 Vorteile

▎ Eureka ist mit clientseitigem Cache sehr schnell und resilient.

▎ Zuul ist mit Filtern sehr flexibel.

▎ Clientseitiges Load Balancing: kein Single Point of Failure oder Bottleneck

▎ Hystrix: sehr ausgereift, Defacto-Standard

14.8.2 Herausforderungen

▎ Implementiert viele gelöste Probleme (z.B. Reverse Proxy, Service Discovery) neu

▎ Fokussiert auf Java

▎ Code hängt vom Netflix-Stack ab (Ribbon, Hystrix, aber auch Eureka durch `@EnableDiscoveryClient` und die Client-API)

15 Rezept: REST mit Consul und Apache httpd

Dieses Kapitel zeigt eine Implementierung für ein synchrones Microservices-System mit Consul und dem Apache-httpd-Server.

Wesentliche Inhalte des Kapitels sind:

▓ Consul ist eine sehr mächtige Service-Discovery-Technologie.

▓ Apache httpd kann als Load Balancer und Router für HTTP-Requests in einem Microservices-System genutzt werden.

▓ Consul Template kann für den Apache httpd eine Konfigurationsdatei erstellen, in der Microservices aufgeführt sind. Consul Template konfiguriert und startet den Apache httpd neu, wenn neue Microservice-Instanzen gestartet werden.

Woher kommt Consul?

Consul ist ein Produkt der Firma Hashicorp (*https://www.hashicorp.com/*), die verschiedene Produkte im Bereich Microservices und Infrastruktur anbietet. Natürlich bietet Hashicorp kommerziellen Support für Consul an.

Lizenz und Technik

Consul (*https://www.consul.io/*) ist ein Open-Source-Produkt. Es ist in Go geschrieben und steht unter der Mozilla Public License 2.0 (*https://github.com/hashicorp/consul/blob/master/LICENSE*). Der Code ist bei Github (*https://github.com/hashicorp/consul*) verfügbar.

15.1 Beispiel

Der fachliche Aufbau ist identisch mit dem Beispiel aus dem Netflix- (Kapitel 14) (siehe Abbildung 15–1) und besteht aus drei Microservices:

▓ Der *Catalog-Microservice* verwaltet die Informationen über die Waren.

▓ Der *Customer-Microservice* speichert die Daten der Kunden.

▓ Der *Order-Microservice* kann neue Bestellungen aufnehmen. Er nutzt den Catalog- und den Customer-Microservice.

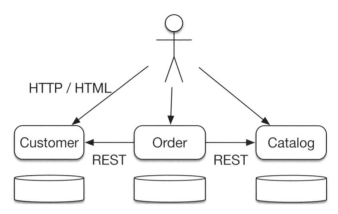

Abb. 15–1   *Architektur des Consul-Beispiels*

15.1.1   Architektur des Beispiels

Das Beispiel aus diesem Kapitel nutzt für die Service-Discovery Consul (*https:// www.consul.io/*) und zum Routing der HTTP-Anfragen den Apache httpd Server (*https://httpd.apache.org/*).

Dazu kommt das Hystrix-Dashboard, mit dem das Monitoring der Hystrix-Circuit-Breaker visualisiert werden kann.

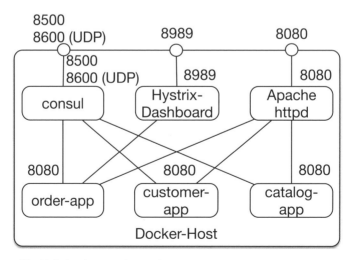

Abb. 15–2   *Überblick über das Consul-Beispiel*

Einen Überblick über die Docker-Container zeigt Abbildung 15–2. Die drei Microservices stellen ihre UI und REST-Schnittstelle unter den Ports 8080 zur Verfügung. Sie sind nur innerhalb des Netzwerks zwischen den Docker-Containers zugreifbar. Consul bietet den Port 8500 für die REST-Schnittstelle und die HTML-UI sowie den UDP-Port 8600 für DNS-Anfragen. Diese beiden Ports werden auch an den Docker-Host gebunden. So sind diese Ports auch am Docker-Host zugreifbar und damit von anderen Rechnern aus. Am Docker-Host stehen ebenso das Hystrix-Dashboard unter Port 8989 zur Verfügung und der Apache httpd unter Port 8080. Der Apache httpd leitet Aufrufe an die Microservices im Docker-Netzwerk weiter, sodass die Microservices auch von außen erreichbar sind.

15.1.2 Beispiel bauen

Im Abschnitt »Quick Start« in der Einleitung ist beschrieben, welche Software installiert sein muss, um das Beispiel zu starten.

Um das Beispiel zu bauen, muss man zunächst mit `git clone https://github.com/ewolff/microservice-consul.git` den Code herunterladen. Anschließend muss man im Verzeichnis `microservice-consul-demo` mit `mvn clean package` den Code übersetzen. Anschließend kann man im Verzeichnis `docker` mit `docker-compose build` die Docker-Container bauen und mit `docker-compose up -d` starten. Auf dem Docker-Host stehen dann die Docker-Container zur Verfügung

Wenn die Docker-Container auf dem lokalen Rechner laufen, stehen die folgenden URLs zur Verfügung:

- *http://localhost:8500* ist der Link zum Consul-Dashboard.
- *http://localhost:8080* führt zum Apache httpd und kann die Web-UI aller Microservices anzeigen.
- Unter *http://localhost:8989/hystrix* steht das Hystrix-Dashboard zur Verfügung.

https://github.com/ewolff/microservice-consul/blob/master/WIE-LAUFEN.md stellt die Schritte für das Bauen und Ablaufen lassen des Beispiels im Detail dar.

15.2 Service Discovery: Consul

Consul (*http://www.consul.io*) ist eine Service-Discovery-Technologie. Sie stellt sicher, dass Microservices miteinander kommunizieren können. Consul hat einige Eigenschaften, die es von anderen Service-Discovery-Lösungen abhebt:

- Consul hat eine *HTTP REST API* und unterstützt außerdem *DNS*. DNS (*http://www.zytrax.com/books/dns/*) (Domain Name System) ist das System,

das im Internet Rechnernamen wie www.innoq.com auf IP-Adressen abbil-
det. Außer IP-Adressen kann es auch Ports zurückgeben, unter denen ein Service verfügbar ist.

▦ Mit Consul Template (*https://github.com/hashicorp/consul-template*) kann
Consul Konfigurationsdateien erzeugen. Die Dateien können IP-Adressen
und Ports von Services enthalten, die in Consul registriert sind. *Consul Template* stellt die Service Discovery von Consul auch Systemen zur Verfügung,
die Consul nicht über die API ansprechen können. Die Systeme müssen nur
eine Konfigurationsdatei einlesen, was sie häufig sowieso schon tun.

▦ Consul kann *Health-Checks* durchführen und Services von der Service Discovery ausschließen, bei denen der Health-Check fehlschlägt. Ein Health-Check
kann beispielsweise ein Request auf eine bestimmte HTTP-Ressource sein,
um festzustellen, ob der Service noch Requests verarbeiten kann. Vielleicht
kann ein Service zwar noch HTTP-Requests entgegen nehmen, aber wegen
eines Ausfalls der Datenbank Requests nicht mehr sinnvoll beantworten. Das
kann der Service durch den Health-Check signalisieren.

▦ Consul unterstützt *Replikation* und kann so eine hohe Verfügbarkeit sicherstellen. Wenn ein Consul-Server ausfällt, übernehmen andere Server mit repli-
zierten Daten die Aufgaben.

▦ Ebenso unterstützt Consul eine *Aufteilung in Rechenzentren*. So können
Daten zwischen Rechenzentren repliziert werden, um die Verfügbarkeit weiter zu erhöhen und Consul gegen den Ausfall eines Rechenzentrums abzusichern. Die Suche nach Services kann auf ein Rechenzentrum begrenzt werden.
Services im selben Rechenzentrum liefern meistens eine höhere Performance.

▦ Schließlich kann Consul nicht nur für Service Discovery verwendet werden,
sondern auch für die *Konfiguration* von Services. Das stellt andere Anforderungen: Bei Service Discovery ist Verfügbarkeit wichtig. Eine fehlerhafte
Information kann toleriert werden. Wenn der Service angesprochen wird und
nicht zur Verfügung steht, ist das nicht weiter schlimm. Man kann einfach
eine andere Instanz des Services nutzen. Wenn aber Services falsch konfiguriert werden, kann das zu Fehlern führen.

15.2.1   Consul Dashboard

Zugriff auf die Informationen über die registrierten Microservices ermöglicht
Consul in seinem Dashboard (siehe Abbildung 15–3). Neben den registrierten
Services zeigt es die Rechner an, auf denen Consul läuft, und die Inhalte der Kon-
figurationsdatenbank. Der Zugriff auf das Dashboard ist unter dem Port 8500
auf dem Docker-Host möglich.

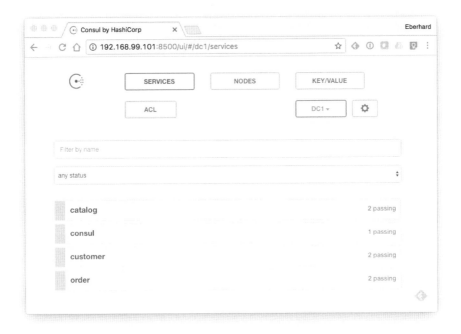

Abb. 15–3   *Consul Dashboard*

15.2.2 Daten mit DNS auslesen

Ebenso ist es möglich, auf die Daten aus dem Consul-Server über DNS zuzugreifen. Das ist beispielsweise mit dem Werkzeug dig möglich. So gibt dig @localhost -p 8600 order.service.consul. die IP-Adresse des Order-Microservice aus, wenn die Docker-Container auf dem lokalen Rechner localhost laufen. Die Kommunikation erfolgt durch den UDP-Port 8600. dig @localhost -p 8600 order.service.consul. SRV gibt zusätzlich zur IP-Adresse den Port aus, unter dem der Service erreichbar ist. Dazu werden DNS-SRV-Records genutzt. Sie sind Teil des DNS-Standards und erlauben es, für Services neben der IP-Adresse auch einen Port anzugeben.

15.2.3 Consul-Docker-Image

Das Beispiel nutzt ein Consul-Docker-Image direkt vom Hersteller Hashicorp. Es ist so konfiguriert, dass Consul die Daten nur im Hauptspeicher ablegt und auf einem einzelnen Knoten läuft. Das vereinfacht den Aufbau des Systems und reduziert den Ressourcenbedarf. Für eine Produktionsumgebung ist diese Konfiguration natürlich ungeeignet, weil so Daten verloren gehen können und ein Ausfall des Consul-Docker-Containers das gesamte System zum Stillstand bringt. Im produktiven Einsatz sollte ein Cluster von Consul-Servern genutzt werden und die Daten sollten persistent gespeichert werden.

15.3   Routing: Apache httpd

Der Apache httpd-Server (*https://httpd.apache.org/*) ist einer der am weitesten verbreiteten Webserver. Es gibt Module, die den Server an unterschiedliche Nutzungsszenarien anpassen. Im Beispiel sind Module konfiguriert, durch die der Apache httpd zu einem Reverse Proxy wird.

15.3.1   Reverse Proxy

Während ein herkömmlicher Proxy für den Netzwerkverkehr nach außen zur Verfügung steht, ist ein Reverse Proxy eine Lösung für eingehende Netzwerkverbindungen. Sie können jeweils an andere Services weitergeleitet werden. So kann das gesamte Microservices-System unter einer URL ansprechbar sein, aber intern verschiedene Microservices nutzen.

15.3.2   Load Balancer

Außerdem dient der Apache httpd als Load Balancer. httpd verteilte den Netzwerkverkehr auf mehrere Instanzen, um so die Anwendung skalierbar zu gestalten. Im Beispiel gibt es nur einen Apache httpd, der gleichzeitig als Reverse Proxy und Load Balancer fungiert. Die Zugriffe zwischen den Microservices werden nicht durch diesen Load Balancer geschickt. Für die Kommunikation zwischen den Microservices ist wie schon im Netflix-Beispiel (siehe Abschnitt 14.4) die Bibliothek Ribbon im Einsatz.

Eine Stärke dieser Lösung ist, dass sie eine sehr erprobte Software nutzt, mit denen Teams oft schon Erfahrungen gesammelt haben. Da Microservices hohe Anforderungen an den Betrieb und die Infrastruktur stellen, ist eine solche konservative Wahl vorteilhaft, um das Erlernen und den Aufwand einer weiteren Technologie zu vermeiden. Statt Apache httpd kann natürlich auch beispielsweise nginx (*https://nginx.org/*) genutzt werden.

Es gibt auch Ansätze wie Fabio (*https://github.com/eBay/fabio*), die speziell für das Load Balancing von Microservices geschrieben sind und in der Handhabung und Konfiguration einfacher sind.

15.4   Consul Template

Apache httpd muss für jeden Microservices einen Eintrag in seiner Konfigurationsdatei erhalten. Dazu bietet sich Consul Template (*https://github.com/hashicorp/consul-template*) an. Im Beispiel dient die Datei 00-default.ctmpl als Vorlage

(Template), um die Apache-httpd-Konfiguration zu erstellen. Sie ist in der Consul Templating Language (*https://github.com/hashicorp/consul-template#templating-language*) geschrieben und erzeugt für jeden Microservice einen Eintrag, der die Last zwischen den Instanzen verteilt und Zugriffe von außen auf diese Instanzen umleitet.

15.4.1   Das Template

Der wesentliche Ausschnitt ist:

```
{{range services}}

<Proxy balancer://{{.Name}}>
{{range service .Name}}  BalancerMember http://{{.Address}}:{{.Port}}
{{end}}
</Proxy>
  ProxyPass        /{{.Name}} balancer://{{.Name}}
  ProxyPassReverse /{{.Name}} balancer://{{.Name}}

{{end}}
```

Die Consult-Template-API-Funktionen sind in {{ und }} eingeschlossen. Für jeden Service wird mit {{range service}} eine Konfiguration erzeugt. Sie enthält einen Reverse Proxy durch das <Proxy>-Element. Darin sind die Microservice-Instanzen als BalancerMember enthalten, um die Last zwischen den Instanzen zu verteilen. Den Abschluss bilden ProxyPass und ProxyPassReverse, die ebenfalls zum Reverse Proxy gehören.

15.4.2   Consul Template starten

Gestartet wird Consul Template mit dem folgenden Ausschnitt aus dem Dockerfile im Verzeichnis docker/apache:

```
CMD /usr/bin/consul-template -log-level info -consul consul:8500 \\
   -template "/etc/apache2/sites-enabled/000-default.ctmpl:/etc/apache2/
sites-enabled/000-default.conf:apache2ctl -k graceful"
```

Consul Template setzt den Befehl apache2ctl -k graceful ab, wenn es neue Services gibt oder Services entfernt worden sind. Dadurch liest Apache httpd die neue Konfiguration ein und startet neu. Offene Verbindungen werden aber nicht geschlossen, sondern es wird gewartet, bis die Kommunikation beendet ist. Falls noch kein Apache httpd läuft, wird einer gestartet. Somit übernimmt Consul Template die Kontrolle über Apache httpd und stellt sicher, dass immer eine Instanz des Apache httpd in dem Docker-Container läuft.

Dazu muss Consul Template in demselben Docker-Container laufen wie der Apache httpd. Das widerspricht der Docker-Philosophie, dass in einem Container nur ein Prozess laufen soll. Allerdings lässt sich das in dem konkreten Beispiel nicht umgehen, weil diese beiden Prozesse so eng zusammenhängen.

15.4.3   Fazit

Mit Consul Template kann sichergestellt werden, dass ein Microservice von außen erreichbar ist, sobald er sich bei Consul registriert hat. Dazu muss der Apache-httpd-Server keine Kenntnisse über die Service Discovery oder Consul haben. Er bekommt die Information in seiner Konfiguration geliefert und startet neu.

15.5   Consul und Spring Boot

Die Consul-Integration in Spring Boot ist vergleichbar mit der Integration von Eureka (siehe Abschnitt 14.2). Es gibt eine Konfigurationsdatei `application.properties`. Hier der relevante Ausschnitt:

```
spring.application.name=catalog
spring.cloud.consul.host=consul
spring.cloud.consul.port=8500
spring.cloud.consul.discovery.preferIpAddress=true
spring.cloud.consul.discovery.instanceId=\${spring.application.name}:
\${spring.application.instance_id:\${random.value}}
```

Der Abschnitt konfiguriert folgende Werte:

- `spring.application.name` definiert den Namen, unter dem die Anwendung in Consul registriert wird.

- `spring.cloud.consul.host` und `spring.cloud.consul.port` legen fest, unter welchem Port und auf welchem Host Consul angesprochen wird.

- Durch `spring.cloud.consul.discovery.preferIpAddress` registrieren sich die Services mit der IP-Adresse und nicht mit dem Hostnamen. Das umgeht Probleme, die entstehen, weil in der Docker-Umgebung Hostnamen nicht aufgelöst werden können.

- `spring.cloud.consul.discovery.instanceId` gibt jeder Microservice-Instanz eine eindeutige ID, um beispielsweise bei der Lastverteilung die Instanzen voneinander unterscheiden zu können.

15.5.1   Code-Abhängigkeiten

Zusätzlich muss im `pom.xml` für den Build eine Abhängigkeit zu `spring-cloud-starter-consul-discovery` eingefügt werden. Außerdem muss die Hauptklasse der Anwendung, die auch die Annotation `@SpringBootApplication` trägt, mit der Annotation `@EnableDiscoveryClient` versehen werden.

15.5.2   Health-Check mit Spring Boot Actuator

Schließlich muss der Microservice einen Health-Check bereitstellen. Spring Boot hält dafür das Actuator-Modul bereit, das neben einem Health-Check auch Metriken anbietet. Der Health-Check steht unter der URL /health zur Verfügung. Das ist genau die URL, die Consul abfragt. Also reicht es aus, eine Abhängigkeit zu spring-boot-starter-actuator in das pom.xml einzufügen. Gegebenenfalls müssen spezifische Health-Checks entwickelt werden, wenn die Anwendung von weiteren Ressourcen abhängt.

15.5.3   Consul und Ribbon

Natürlich muss ein Microservice auch Consul nutzen, um mit anderen Microservices zu kommunizieren. Dazu nutzt das Consul-Beispiel wie schon das Netflix-Beispiel (siehe Abschnitt 14.4) die Ribbon-Bibliothek. Sie ist im Rahmen des Spring-Cloud-Projekts so modifiziert worden, dass sie auch mit Consul umgehen kann. Weil die Microservices Ribbon nutzen, ist der restliche Code gegenüber dem Netflix-Beispiel unverändert.

15.6   DNS und Registrator

Die Microservices haben Code-Abhängigkeiten zur Consul-API, um sich zu registrieren. Das ist nicht unbedingt notwendig. Registrator (*https://github.com/gliderlabs/registrator*) kann Docker-Container bei Consul registrieren, ohne dass dazu Code notwendig wäre. Wenn die Docker-Container so konfiguriert werden, dass sie Consul als DNS-Server nutzen, kann auch der Zugriff auf andere Microservices ohne Code-Abhängigkeiten erfolgen.

15.6.1   Aufbau des Beispiels

Abbildung 15–4 zeigt das Vorgehen im Überblick:

- *Registrator* läuft in einem Docker-Container. Registrator holt sich vom Docker Daemon Informationen über alle neu gestarteten Docker-Container über einen Socket ab. Der Docker-Daemon läuft auf dem Docker-Host und verwaltet alle Docker-Container.
- Die *DNS-Schnittstelle von Consul* ist an den UDP-Port 53 des Docker-Hosts gebunden. Das ist der Standard-Port für DNS.
- Die *Docker-Container* nutzen den Docker-Host als DNS-Server. Die Einstellung dns im docker-compose.yml ist dafür so konfiguriert, dass die Umgebungsvariable CONSUL_HOST als DNS-Server genutzt wird. Also muss CONSUL_HOST vor dem Start von docker-compose auf die IP-Adresse des Docker-Hosts gesetzt werden. Leider ist es nicht anders möglich, den DNS-Zugriff aus den Docker-Containern zu konfigurieren.

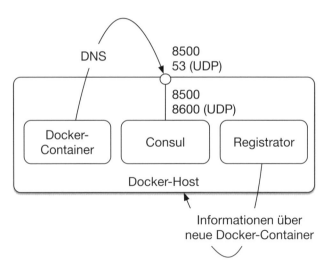

Abb. 15–4   *Consul mit DNS*

Registrator registriert jeden gestarteten Docker-Container bei Consul. Also finden sich auch der Apache-httpd-Server oder Consul selber unter den Services in Consul.

Consul verwaltet die Docker-Container mit dem Zusatz service.consul registriert. In docker-compose.yml ist dns_search auf .service.consul gesetzt, sodass diese Domäne immer durchsucht wird. Am Ende greift der Order-Microservice also mit der URL *http://msconsuldns_customer:8080/* und *http://msconsuldns_catalog:8080/* auf den Customer- und Catalog-Microservice zu. Den Präfix msconsuldns erzeugt Docker Compose, um das Projekt von anderen Projekten zu trennen. Diese Namen verwendet Consul Template auch, um den Apache httpd zum Routing zu konfigurieren.

Für das Load Balancing ist in diesem Aufbau Consul zuständig: Gibt es mehrere Instanzen eines Microservice, registriert Registrator sie alle unter demselben Namen. Consul liefert dann bei jeder DNS-Anfrage eine der Instanzen zurück.

Für Resilience nutzt dieses Beispiel Hystrix.

Das ablauffähige Beispiel findet sich unter *https://github.com/ewolff/microservice-consul-dns* und die Anleitung zum Starten unter *https://github.com/ewolff/microservice-consul-dns/blob/master/WIE-LAUFEN.md*. Durch dieses Vorgehen enthalten die Microservices keine Code-Abhängigkeiten zu Consul mehr. Daher ist es mit diesen Technologien auch kein Problem, Microservices mit einer anderen Programmiersprache als Java zu implementieren.

15.6.2   Konfiguration ebenfalls transparent möglich

Envconsul (*https://github.com/hashicorp/envconsul*) ermöglicht es zusätzlich, Konfigurationsdaten aus Consul auszulesen und den Anwendungen als Umgebungsvariablen zur Verfügung zu stellen. So kann Consul auch die Microservices konfigurieren, ohne dass die Microservices dazu Consul-spezifischen Code enthalten müssen.

15.7 Rezept-Variationen

Consul ist sehr flexibel und kann sehr unterschiedliche eingesetzt werden.

15.7.1 Kombination mit Frontend-Integration

Consul kann wie andere Ansätze auch mit Frontend-Integration (siehe Kapitel 7) kombiniert werden. SSI (Server-side Includes) mit Apache httpd wären besonders einfach, da ein Apache httpd in dem System schon vorhanden ist.

15.7.2 Kombination mit asynchroner Kommunikation

Die synchrone Kommunikation kann mit asynchroner Kommunikation (siehe Kapitel 10) kombiniert werden. Eigentlich sollte aber eine Art der Kommunikation ausreichen. Atom oder andere asynchrone Ansätze über HTTP (siehe Kapitel 12) sind in ein HTTP-basiertes System wie Consul einfach zu integrieren.

15.7.3 Andere Load Balancer

Statt Apache httpd kann natürlich für Routing auch ein Server wie nginx genutzt werden oder ein Load Balancer wie HAProxy. Auch Ribbon kann durch einen solchen Load Balancer ersetzt werden, sodass dann auch das Load Balancing mit Consul Template konfiguriert wird. Dadurch würde für Load Balancing und Routing nur noch eine Art von Load Balancer genutzt werden. Apache httpd oder nginx kann im Gegensatz zu der Java-Bibliothek Ribbon mit jeder Programmiersprache zusammen genutzt werden. Jeder Microservice hätte dann seine eigene httpd- oder nginx-Instanz, sodass kein Bottleneck entsteht und auch kein Single Point of Failure.

15.8 Experimente

▨ Ergänze das Consul-System ohne DNS mit einem zusätzlichen Microservice:

- Als Beispiel kann ein Microservice dienen, den ein Call-Center-Mitarbeiter nutzt, um Notizen zu einem Gespräch anzulegen. Dazu soll der Call-Center-Mitarbeiter den Kunden auswählen können.
- Natürlich kannst du einen der vorhandenen Microservcies kopieren und entsprechend modifizieren.

- Registriere den Microservice in Consul.
- Der Aufruf des Customer Microservice muss über Ribbon stattfinden. Dann wird der Microservice automatisch über Consul gefunden. Sonst muss der Microservice explizit in Eureka gesucht werden.
- Packe den Microservice in ein Docker-Image ein und referenziere das Image im docker-compose.yml. Dort kannst du auch den Namen des Docker-Containers festlegen.
- Erzeuge im docker-compose.yml einen Link vom Container mit dem neuen Service zum Container eureka.
- Der Microservice muss von der Homepage aus zugreifbar sein. Dazu musst du in der Datei index.html im Docker-Container apache einen Link einrichten. Consul Template richtet das Routing für den Microservice im Apache automatisch ein, sobald der Microservice in Consul registriert ist.

▓ Ergänze das DNS-Consul-System (siehe Abschnitt 15.6) mit einem zusätzlichen Microservice:

- Als Beispiel kann ein Microservice dienen, den ein Call-Center-Mitarbeiter nutzt, um Notizen zu einem Gespräch anzulegen. Dazu soll der Call-Center-Mitarbeiter den Kunden auswählen können.
- Der Aufruf des Customer Microservice muss den Hostnamen msconsuldns_customer nutzen.
- Natürlich kannst du einen der vorhandenen Microservcies kopieren und entsprechend modifizieren.
- Eine Registrierung in Consul ist nicht notwendig, da Registrator jeden Docker-Container automatisch registriert.
- Packe den Microservice in ein Docker-Image ein und referenziere das Image im docker-compose.yml. Dort kannst du auch den Namen des Docker-Containers festlegen.
- Konfiguriere den DNS-Server im docker-compose.yml passend.
- Der Microservice muss von der Homepage aus zugreifbar sein. Dazu musst du in der Datei index.html im Docker-Container apache einen Link einrichten. Consul Template richtet das Routing für den Microservice im Apache automatisch ein, sobald der Microservice in Consul registriert ist.

▓ Zurzeit ist die Consul-Installation kein Cluster und daher für eine Produktionsumgebung ungeeignet. Ändere die Consul-Installation so, dass Consul im Cluster läuft und die Daten aus der Service Registry auf einer Festplatte gespeichert werden! Dazu muss die Konfiguration im Dockerfile geändert werden und mehrere Instanzen von Consul müssen gestartet werden. Hinweise dazu finden sich unter *https://www.consul.io/docs/guides/bootstrapping.html*.

▓ Consul kann auch dazu genutzt werden, um die Konfiguration von Spring-Boot-Anwendungen zu speichern, siehe *https://cloud.spring.io/spring-cloud-*

consul/#spring-cloud-consul-config. Nutze Consul, um die Demo-Anwendung mit Consul zu konfigurieren.

▦ Ersetzte Apache httpd durch nginx, einen anderen Webserver oder beispielsweise HAProxy. Dazu musst du ein entsprechendes Docker-Image erstellen oder im Docker-Hub (*https://hub.docker.com*) nach einem passenden Docker-Image suchen. Außerdem muss der Webserver mit den Reverse-Proxy-Erweiterungen versehen werden und mit Consul Template konfiguriert werden. Eine zusätzliche Dokumentation zu Consul Template findet sich auf der Github-Seite (*https://github.com/hashicorp/consul-template*). Für viele Systeme gibt es auch Consul-Template-Beispiele (*https://github.com/hashicorp/consul-template/tree/master/examples*).

▦ Probiere die Skalierung und das Load Balancing aus.

- Erhöhe die Anzahl der Instanzen eines Services beispielsweise mit `docker-compose up --scale customer=2`.
- Überprüfe durch das Consul-Dashboard, ob zwei Customer-Microservices laufen. Es steht unter Port 8500 bereit, also beispielsweise unter *http://localhost:8500/*, wenn Docker auf dem lokalen Rechner läuft.
- Beobachte die Logs des Order-Microservice mit `docker logs -f ms_order_1` und schaue, ob unterschiedliche Instanzen des Customer-Microservice aufgerufen werden. Das sollte der Fall sein, weil Ribbon zur Lastverteilung genutzt wird. Dazu musst du Requests auf die Order-Anwendung auslösen. Ein Reload der Startseite reicht aus.

▦ Ergänze einen eigenen Health-Check für einen der Microservices. Probiere aus, ob die Lastverteilung tatsächlich einen Service ausschließt, wenn der Health-Check nicht mehr erfolgreich ist.

15.9 Fazit

Der Aufbau des Microservices-Systems mit Consul ist eine weitere Option für ein synchrones System. Den typischen Herausforderungen synchroner Microservices begegnet diese Infrastruktur folgendermaßen:

▦ *Service Discovery* deckt Consul ab. Consul ist sehr flexibel. Durch die DNS-Schnittstelle und Consul Template kann es mit vielen Technologien genutzt werden. Das ist gerade im Microservices-Kontext wichtig. Zwar wird ein System vielleicht nicht von Anfang an eine Vielzahl von Technologien nutzen, aber langfristig ist es vorteilhaft, neue Technologien integrieren zu können. Consul ist in der Nutzung transparenter als Eureka: Zwar müssen die Spring-Cloud-Anwendungen immer noch passend konfiguriert werden, aber Apache httpd nicht.

▓ Consul ist in der Nutzung *transparenter* als Eureka: Zwar müssen die Spring-Cloud-Anwendungen immer noch spezielle Consul-Konfigurationen haben. Für Apache httpd liefert Consul Template hingegen eine Konfiguration im Apache-Format.

▓ Wenn Registrator für die Registrierung der Microservices genutzt wird und Consul als DNS-Server verwendet wird, ist Consul *vollkommen transparent* und kann ohne Code-Abhängigkeiten genutzt werden. Mit envconsul kann Consul die Microservices sogar ohne Code-Abhängigkeiten konfigurieren.

▓ Consul kann zur *Konfiguration* der Microservices genutzt werden. So kann mit nur einem technologischen Ansatz sowohl die Service Discovery als auch die Konfiguration umgesetzt werden.

▓ *Resilience* wird wie schon im Netflix-Beispiel von Hystrix abgedeckt (siehe Abschnitt 14.5).

▓ *Routing* mit Apache httpd ist ein relativ üblicher Ansatz. Das reduziert die technologische Komplexität, die bei einem Microservices-System sowieso recht hoch ist. Bei der großen Anzahl neuer Technologien und bei einem neuen Architektur-Ansatz ist es sicher hilfreich, wenn zumindest einige Bereiche mit etablierten Ansätzen abgedeckt werden.

▓ *Lastverteilung* ist wie im Netflix-Beispiel mit Ribbon implementiert (siehe Abschnitt 14.4). Es ist aber kein Problem, jeder Microservice-Instanz beispielsweise einen Apache httpd zur Verfügung zu stellen, den Consul Template so konfiguriert, dass er die Last der ausgehenden Aufrufe verteilt.

Der Technologie-Stack aus diesem Beispiel hat also den Vorteil, dass er auch heterogene Microservices-Systeme unterstützt. Insbesondere ist Consul als Service-Discovery-Technologie wesentlich mächtiger als Eureka.

15.9.1   Vorteile

▓ Consul hat keinen Java-Fokus.

▓ Consul unterstützt auch DNS.

▓ Consul Template kann sogar fremde Dienste (Apache httpd) über Konfigurationsdateien konfigurieren.

▓ Vollständig transparente Registrierung und Service Discovery mit Registrator und DNS möglich.

▓ Einsatz lange etablierter Technologien wie Apache httpd

15.9.2   Herausforderungen

▓ Consul ist in Go geschrieben. Daher sind das Monitoring und Deployment anders als bei Java-Microservices.

16 Konzept: Microservices-Plattformen

Die folgenden Kapitel zeigen Microservices-Plattformen. Die Leser lernen:

- Microservices-Plattformen bieten eine Unterstützung für den Betrieb, aber auch die Kommunikation von Microservices.
- Beispiele für Microservices-Plattformen sind PaaS-Cloud-Angebote (Platform as a Service) und Docker Scheduler.
- Microservices-Plattformen haben eigene Vor- und Nachteile, die sie in einigen Szenarien anderen Ansätzen überlegen machen.

16.1 Definition

Die Plattformen in den nächsten Kapiteln unterscheiden sich von allen anderen bisher vorgestellten Technologien dadurch, dass sie nicht nur die Kommunikation der Microservices ermöglichen, sondern auch Aspekte des Betriebs wie Deployment, Monitoring oder Log-Analyse unterstützen.

16.1.1 Unterstützung für HTTP und REST

Die Technologien unterstützen HTTP und REST mit Load Balancing, Routing und Service Discovery. Aber die Plattformen können mit anderen Kommunikationsmechanismen ergänzt werden. So ist der Aufbau von asynchronen Systemen mit diesen Plattformen möglich. Das Buch betrachtet vor allem die synchrone Kommunikation, weil die Microservices sich auf den Plattformen bei dieser Kommunikationsform am meisten von dem Betrieb auf einer anderen Infrastruktur unterscheiden.

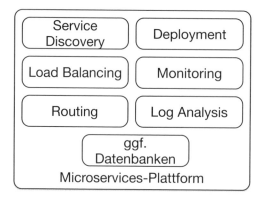

Abb. 16–1   *Features von Microservices-Plattformen*

16.1.2   Aufwand bei Installation und Betrieb

Microservices-Plattformen sind sehr mächtig, aber deswegen auch sehr komplex. Sie erleichtern die Arbeit mit Microservices erheblich, aber die Installation und der Betrieb der Plattform können durchaus eine Herausforderung sein. Wenn die Plattform in der Public Cloud läuft, spielen die komplexe Installation und der komplexe Betrieb keine Rollen, weil der Betreiber der Public Cloud den Aufwand dafür erbringen muss. Bei einer Installation im eigenen Rechenzentrum muss aber die Betriebsmannschaft den Aufwand erbringen.

Allerdings fällt der Aufwand für die Installation der Plattform nur einmal an. Danach ist das Deployment der Microservices wesentlich einfacher. So kann sich der Aufwand für die Installation der Plattform schnell amortisieren.

Bei der Installation der Microservices ist eine Unterstützung des Betriebs nicht mehr unbedingt notwendig. So können auch dann schnell und einfach Microservices deployt werden, wenn der Betrieb ein solches Deployment nicht unterstützen kann.

16.1.3   Migration auf eine Microservices-Plattform

Im Gegensatz zu den bisher gezeigten Lösungen erfordern Microservices-Plattformen eine fundamentale Änderung beim Betrieb und der Installation der Anwendungen. Die anderen Beispiele lassen sich auf virtuellen Rechnern oder sogar physischen Servern betreiben und mit vorhandenen Betriebswerkzeugen kombinieren. Da die Microservices-Plattformen auch das Deployment und den Betrieb der Microservices abdecken, übernehmen sie Funktionen, für die der Betrieb meistens schon Werkzeuge etabliert hat. Daher ist die Nutzung einer Microservices-Plattform ein größerer Schritt als die Nutzung anderer Technologien.

Für konservative Betriebsmannschaften kann ein solcher Schritt abschreckend sein. Außerdem führt die Einführung von Microservices oft neben einer neuen Architektur auch zu organisatorischen Änderungen und vielen Technologien. Es kann hilfreich sein, wenn in dieser Situation nicht auch noch eine komplexe Microservices-Plattform eingeführt werden muss.

16.1.4 Einfluss auf die Makro-Architektur

Eine Plattform unterstützt natürlich nur bestimmte Technologien. Neben der Programmiersprache sind das vor allem die Technologien für das Deployment, das Monitoring, Logging und so weiter. Die Plattform gibt also große Teile der technischen Infrastruktur vor.

Daher haben Microservices-Plattformen eine Beziehung zur Makro-Architektur (siehe Kapitel 2):

- Die Makro-Architektur sollte *die Anforderungen der Plattform* enthalten. So kann sichergestellt werden, dass die Plattform tatsächlich die Microservices ausführen kann. Also gibt die Plattform in der Makro-Architektur zum Beispiel das Deployment und das Logging vor.
- Die Microservices-Plattform *begrenzt die Optionen*, die das Team in der Makro-Architektur wählen kann. Schließlich ist es unmöglich, Microservices zu betreiben, die auf der Plattform nicht ausgeführt werden können. Die Plattform kann beispielsweise Einschränkungen bei der Programmiersprache definieren.
- Die Microservices-Plattform kann die Einhaltung der Makro-Architekturregeln *erzwingen*: Wenn Entwickler die Regeln missachten, dann können die Microservices auf der Plattform nicht laufen. So kann also sichergestellt werden, dass die Regeln tatsächlich eingehalten werden.

16.1.5 Konkrete Plattformen

Die beiden folgenden Kapitel zeigen zwei Ansätze für Microservices-Plattformen:

- *Kubernetes* (siehe Kapitel 17) kann Docker-Container ablaufen lassen und löst auf der Netzwerkebene Herausforderungen wie Lastverteilung, Routing und Service Discovery. Da es beliebige Docker-Container ablaufen lassen kann, ist es recht flexibel. Mit Operators oder Helm können in Kubernetes andere Dienste zum Beispiel zum Monitoring integriert werden.
- *Cloud Foundry* (siehe Kapitel 18) lässt Anwendungen ablaufen. Man muss Cloud Foundry lediglich eine Java-Anwendung zur Verfügung stellen. Cloud Foundry erstellt daraus einen Docker-Container, der dann ablaufen kann. Cloud Foundry löst ebenfalls Lastverteilung, Routing und Service Discovery. Außerdem enthält Cloud Foundry weitere Infrastruktur wie Datenbanken.

16.2 Variationen

Microservices-Plattformen scheinen vor allem für synchrone Microservices und REST-Kommunikation geeignet zu sein, weil sie dafür eine besonders gute Unterstützung mitbringen. Allerdings können die Plattformen erweitert werden, um auch andere Kommunikationsmechanismen zuzulassen. Eine Frontend-Integration ist mit diesen Plattformen umsetzbar. Eine Client-Frontend-Integration ist völlig unabhängig von der genutzten Plattform. Nur bei einer serverseitigen Frontend-Integration müsste der Server auf der Plattform installiert und betrieben werden.

Auch für asynchrone Microservices kann die Plattform den Betriebsaspekt abdecken. Die bessere Unterstützung des Betriebs der Microservices kann schon ein ausreichender Grund sein, um die Plattformen zu nutzen. Der Betrieb ist eine der wichtigsten Herausforderungen im Bereich Microservices. Dieser Aspekt ist unabhängig vom genutzten Kommunikationsmechanismus.

16.2.1 Physische Hardware

Also stellt sich die Frage nach anderen Umgebungen für den Betrieb von Microservices. Eine theoretische Alternative zu den Plattformen ist physische Hardware. Physische Hardware wird schon aus Kostengründen kaum noch genutzt.

16.2.2 Virtuelle Hardware

Auch virtuelle Hardware ist unflexibel und schwergewichtig, wie Abschnitt 5.7 schon diskutiert hat. Also wäre die einzige Alternative zu einer Plattform das im Abschnitt 5.7 diskutierte »Docker ohne Scheduler«. Dann werden Docker-Container auf klassisch installierten Servern in virtuellen Maschinen installiert.

Die Makro-Architektur würde dann den Betrieb standardisieren (siehe Abschnitt 2.2), um nur eine Technologie für Log-Analyse oder Monitoring zu nutzen und effizient zu arbeiten. Microservices-Plattformen bringen solche Features schon mit. Also muss man sie nicht selber aufbauen, sondern kann diese Teile der Plattform nutzen. Das kann die einfachere Lösung sein, denn Log-Analyse für viele Microservices umzusetzen, kann sehr aufwendig sein.

Ausfallsicherheit und andere Features wie Lastverteilung müssten auf Ebene der virtuellen Maschinen umgesetzt werden, da die Docker-Infrastruktur das nicht bietet. Am Ende kann es passieren, dass man die Features einer Microservices-Plattform wie Log-Analyse, Monitoring, Ausfallsicherheit und Lastverteilung schrittweise nachbaut.

16.3 Fazit

Microservices-Plattformen erscheinen also aufgrund der großen Menge an Features sehr hilfreich, auch wenn der Betrieb dieser Plattformen komplex sein kann. In der Praxis ist Kubernetes eine sehr wichtige Plattform für den Betrieb von Microservices, während PaaS wie Cloud Foundry trotz der überzeugenden Features nicht im Fokus stehen.

Für Microservices sollten Microservices-Plattformen auf jeden Fall in Betracht gezogen werden, weil sie eine erhebliche Vereinfachung und eine vollständige Lösung für typische Microservices-Herausforderungen darstellen. Der einzige Grund gegen eine Microservices-Plattform ist der hohe Aufwand bei der Installation. Gegebenenfalls kann bei einer geringen Anzahl von Microservices oder am Anfang eines Projekts zunächst die Installation einer Microservices-Plattform umgangen werden. Außerdem entfällt dieser Aufwand, wenn ein Public-Cloud-Angebot genutzt wird.

17 Rezept: Docker-Container mit Kubernetes

Dieses Kapitel beschreibt Kubernetes, eine Ablaufumgebung für Docker-Container. Der Leser lernt in diesem Kapitel:

- Kubernetes kann nicht nur Docker-Container laufen lassen, sondern beinhaltet eine vollständige Infrastruktur für Microservices.
- Kubernetes führt keine Code-Abhängigkeiten in das Beispiel ein.
- Auch MOMs oder andere Werkzeuge können in Kubernetes betrieben werden.

17.1 Kubernetes

Kubernetes (*https://kubernetes.io/*) wird als Umgebung für die Entwicklung und den Betrieb von Microservices immer wichtiger.

17.1.1 Lizenz und Community

Kubernetes ist ein Open-Source-Projekt und steht unter der Apache-Lizenz. Es wird von der Linux-Foundation verwaltet und ist ursprünglich bei Google entstanden. Rund um Kubernetes ist ein umfangreiches Ökosystem entstanden, das verschiedene Erweiterungen anbietet.

17.1.2 Kubernetes-Versionen

Kubernetes gibt es in verschiedenen Variationen:

Minikube (*https://github.com/kubernetes/minikube*) ist eine Version von Kubernetes, um ein Kubernetes-Testsystem auf einem Laptop zu installieren. Es gibt aber auch viele weitere Versionen (*https://kubernetes.io/docs/getting-started-guides/*), die entweder auf Servern installiert oder als Cloud-Angebote direkt verwendet werden können. kops (*https://github.com/kubernetes/kops*) ist ein Werkzeug, das die Installation eines Kubernetes-Cluster auf einer Umgebung wie AWS (Amazon Web Services) ermöglicht. Google Cloud unterstützt Kubernetes direkt mit der Google Container Engine (*https://cloud.google.com/container-engine*).

Microsoft Azure hat den Azure Container Service (*https://azure.microsoft.com/
en-us/services/container-service/*) und IBM Bluemix den IBM Bluemix Container
Service (*https://console.ng.bluemix.net/docs/containers/container_index.html*).

17.1.3   Features

Wie schon erwähnt, bietet Kubernetes eine Plattform an, die auf Docker aufbaut
und dabei einige wichtige Features unterstützt:

- Docker-Container können nicht nur auf einem einzelnen Node laufen, sondern in einem *Cluster* von Nodes. So können Docker-Container alle Ressourcen in dem Cluster nutzen.

- Bei einem Ausfall können Docker-Container neu gestartet werden. Das ist
  sogar möglich, wenn der ursprüngliche Node, auf dem der Container gelau-
  fen ist, nicht mehr zur Verfügung steht. So erreicht das System *Fehlertoleranz*.

- Ebenso unterstützt Kubernetes *Load Balancing* und kann die Last zwischen
  mehreren Nodes aufteilen.

- Schließlich unterstützt Kubernetes *Service Discovery*. Microservices, die in
  Docker-Containern laufen, können sich durch Kubernetes relativ einfach finden und miteinander kommunizieren.

- Da Kubernetes auf der Ebene von Docker-Containern ansetzt, kommen die
  Microservices *ohne Code-Abhängigkeiten* zu Kubernetes aus. Das ist nicht
  nur elegant, sondern bedeutet auch, dass ein Kubernetes-System praktisch
  alle Programmiersprachen und Frameworks für die Implementierung von
  Microservices unterstützt.

17.1.4   Kubernetes-Konzepte

Abgesehen von den bekannten Docker-Ansätzen (siehe Kapitel 5) führt Kubernetes zusätzliche Konzepte ein:

- *Nodes* sind die Server, auf denen Kubernetes läuft. Sie sind in einem Cluster
  organisiert.

- *Pods* sind mehrere Docker-Container, die zusammen einen Dienst erbringen.
  Das kann beispielsweise ein Container mit einem Microservice zusammen mit
  einem Container für die Log-Verarbeitung sein. Die Docker-Container in
  einem Pod können sich Docker-Volumes teilen und so effizient Daten austauschen. Alle Container eines Pods laufen immer auf einem Node.

- Ein *Replica Set* sorgt dafür, dass immer von jedem Pod eine bestimmte Anzahl
  Instanzen laufen. Dadurch kann die Last auf die Pods verteilt werden. Außerdem wird so Ausfallsicherheit erreicht: Wenn ein Pod ausfällt, wird automatisch ein neuer Pod gestartet.

▨ Ein *Deployment* erstellt ein Replica Set und stellt dafür die benötigten Docker-Images zur Verfügung.

▨ *Services* machen Pods zugreifbar. Die Services sind unter einem Namen im DNS zu finden und haben eine feste IP-Adresse, unter der sie im gesamten Cluster kontaktiert werden können. Außerdem ermöglichen Services das Routing von Zugriffen von außen.

17.2 Das Beispiel mit Kubernetes

Die Services in diesem Beispiel sind identisch mit den Beispielen aus den beiden vorherigen Kapiteln (siehe Abschnitt 14.1):

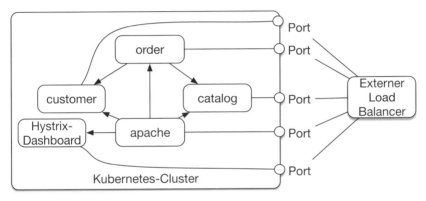

Abb. 17–1   *Das Microservices-System in Kubernetes*

▨ Der *Catalog-Microservice* verwaltet die Informationen über die Waren. Er stellt eine HTML-Oberfläche und eine REST-Schnittstelle bereit.

▨ Der *Customer-Microservice* speichert die Daten der Kunden und stellt ebenfalls eine HTML-Oberfläche und eine REST-Schnittstelle bereit.

▨ Der *Order-Microservice* kann neue Bestellungen aufnehmen. Er stellt eine HTML-Oberfläche bereit und nutzt die REST-Schnittstellen des Catalog- und des Customer-Microservice.

▨ Dazu kommt das *Hystrix-Dashboard*. Das ist eine Java-Anwendung, die das Monitoring der Hystrix-Circuit-Breaker visualisieren kann.

▨ Außerdem gibt es einen *Apache Web Server*, der den Zugriff auf die einzelnen Microservices und das Hystrix Dashboard vereinfacht. Er routet die Zugriffe an die jeweiligen Services weiter.

Abbildung 17–1 zeigt, wie die Microservices zusammenspielen: Der Order-Microservice kommuniziert mit dem Catalog- und dem Customer-Microservice. Der Apache httpd Server kommuniziert mit allen anderen Microservices und dem Hystrix-Dashboard, um die HTML-Oberflächen anzuzeigen.

Darüber hinaus werden die Microservices von außen durch Ports und einen Load Balancer zugreifbar, die ein Service einrichtet.

17.2.1   Implementierung der Microservices mit Kubernetes

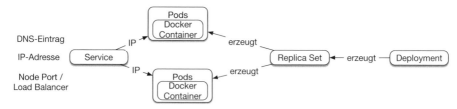

Abb. 17–2   *Ein Microservice in Kubernetes*

Abbildung 17–2 zeigt das Zusammenspiel der Kubernetes-Bestandteile bei einem Microservice: Ein *Deployment* erzeugt mithilfe von Docker-Images ein Replica Set. Das *Replica Set* startet einen oder mehrere Instanzen der Pods. Die *Pods* im Beispiel umfassen nur einen Docker-Container, in dem der Microservice läuft.

17.2.2   Service Discovery

Ein *Service* macht das Replica Set zugreifbar. Der Service gibt den Pods eine IP-Adresse und einen DNS-Eintrag. Andere Pods kommunizieren mit dem Service, indem sie die IP-Adresse aus dem DNS auslesen. So implementiert Kubernetes Service Discovery mit DNS. Außerdem bekommen Microservices die IP-Adressen anderer Microservices durch Umgebungsvariablen mitgeteilt. Sie könnten also auch anhand dieser Informationen auf den Service zugreifen.

17.2.3   Ausfallsicherheit

Die Microservices sind so ausfallsicher, weil das Replica Set dafür sorgt, dass immer eine bestimmte Anzahl an Pods läuft. Wenn also ein Pod ausfällt, wird ein neuer gestartet.

17.2.4   Lastverteilung

Ebenso ist die Lastverteilung abgedeckt: Die Anzahl der Pods legt das Replica Set fest. Der Service implementiert die Lastverteilung. Hinter der IP-Adresse des Services verstecken sich alle Pods. Requests gehen also an dieselbe IP-Adresse, werden aber auf alle Instanzen verteilt. Diese Funktionalität implementiert der Service über Eingriffe in das IP-Netzwerk zwischen den Docker-Containern. Da die IP-Adresse clusterweit eindeutig ist, funktioniert dieser Mechanismus sogar, wenn der Pod von einem Node auf einen anderen verschoben wird.

Kubernetes implementiert Lastverteilung nicht auf DNS-Ebene. Dann würde beim DNS-Zugriff für denselben Servicenamen jeweils eine andere IP-Adresse zurückgegeben werden, sodass beim DNS-Zugriff die Last verteilt werden kann. Ein solches Vorgehen birgt jedoch einige Herausforderungen: DNS unterstützt Caching. Soll bei einem DNS-Zugriff jedes Mal eine andere IP-Adresse zurückgegeben werden, so muss das Caching entsprechend konfiguriert werden. Oft kommt es dennoch zu Problemen, weil Caches nicht rechtzeitig invalidiert werden.

17.2.5   Service Discovery, Ausfallsicherheit und Lastverteilung ohne Code-Abhängigkeiten

Für Lastverteilung und Service Discovery ist kein spezieller Code notwendig. Es reicht eine URL wie http://order:8080/ aus. Dementsprechend benutzen die Microservices keine spezielle Kubernetes-APIs. Aus dem Spring-Cloud-Projekt wird nur Hystrix verwendet, um Resilience zu ermöglichen.

17.2.6   Routing mit Apache httpd

Der Apache httpd ist im Beispiel als Reverse Proxy konfiguriert. Er routet also einen Zugriff von außen auf den richtigen Microservice weiter. Load Balancing, Service Discovery und Ausfallsicherheit überlässt der Apache httpd der Kubernetes-Infrastruktur.

17.2.7   Routing mit Node-Ports

Auch für das Routing, also den Zugriff auf Microservices von außen, bieten Services eine Lösung. Der Service erzeugt einen Node-Port. Unter diesem Port sind die Services auf jedem Kuberenetes-Node erreichbar. Wenn der Pod, der den Service implementiert, nicht auf dem Kuberenetes-Node bereitsteht, schickt Kubernets einen Zugriff auf den Node-Port zu einem anderen Kuberenetes-Node, auf dem der Service läuft. So kann ein externer Load Balancer die Last auf die Nodes im Kubernetes Cluster verteilen. Die Requests werden einfach auf alle Nodes im Cluster auf den Node-Port des Services verteilt. Dazu dient der Service-Typ `NodePort`, der beim Erzeugen des Service angegeben werden muss.

17.2.8   Routing mit Load Balancern

In einer Kubernetes-Produktionsumgebung kann Kubernetes Load Balancer anlegen. In einer Amazon-Umgebung konfiguriert Kubernetes beispielsweise einen ELB (Elastic Load Balancer) für den Zugriff auf die Node-Ports im Cluster. Dazu dient der Service-Typ `LoadBalancer`.

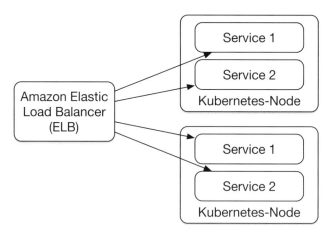

Abb. 17–3   *Kubernetes Service-Typ LoadBalancer in der Amazon Cloud*

Die Services im Beispiel sind vom Typ LoadBalancer. Wenn sie auf Minikube laufen, werden sie jedoch wie Services vom Type NodePort behandelt, da Minikube
keine Load Balancer konfigurieren und zur Verfügung stellen kann.

17.2.9   Routing mit Ingress

Kubernetes bietet eine Erweiterung namens Ingress (*https://kubernetes.io/docs/
concepts/services-networking/ingress/*), die den Zugriff von Services aus dem
Internet konfigurieren und ändern kann. Ingress kann ebenfalls eine Lastverteilung umsetzen, SSL terminieren oder virtuelle Hosts umsetzen. Implementiert
wird dieses Verhalten dann von einem Ingress-Controller.

17.3   Beispiel im Detail

Im Abschnitt »Quick Start« in der Einleitung ist beschrieben, welche Software installiert sein muss, um das Beispiel zu starten.

Das Beispiel ist unter *https://github.com/ewolff/microservice-kubernetes*
verfügbar. *https://github.com/ewolff/microservice-kubernetes/blob/master/WIE-
LAUFEN.md* erläutert die Schritte detailliert, um die notwendige Software zu
installieren und das Beispiel laufen zu lassen.

Folgende Schritte sind notwendig, um das Beispiel ablaufen zu lassen:

▓ Minikube (*https://github.com/kubernetes/minikube*) als minimale Kubernetes-
Installation muss installiert sein. Die Anleitung steht unter *https://github.com/
kubernetes/minikube#installation* zur Verfügung.

▓ kubectl (*https://kubernetes.io/docs/user-guide/kubectl-overview/*) ist ein Kommandozeilen-Werkzeug zum Umgang mit Kubernetes und muss ebenfalls in-

stalliert sein. Die Installation beschreibt *https://kubernetes.io/docs/tasks/tools/install-kubectl/*.

▦ Das Skript `docker-build.sh` erzeugt die Docker-Images für die Microservices und lädt sie in den öffentlichen Docker-Hub hoch. Dieser Schritt ist optional, da die Images bereits auf dem Docker-Hub liegen. Er muss nur erfolgen, wenn Änderungen am Code oder an der Konfiguration der Microservices vorgenommen wurden. Vor dem Start des Skripts muss im Verzeichnis `microservice-kubernetes-demo` mit `mvn clean package` der Java-Code kompiliert werden. Das Skript `docker-build.sh` erzeugt dann mit `docker build` die Images, mit `docker tag` bekommen sie einen global eindeutigen Namen und `docker push` lädt sie in den Docker-Hub hoch. Die Nutzung des öffentlichen Docker-Hubs erspart die Installation eines eigenen Docker-Repositories und erleichtert so den Umgang mit dem Beispiel.

▦ Das Skript `kubernets-deploy.sh` deployt die Images aus dem öffentlichen Docker-Hub in den Kubernetes-Cluster und erzeugt so die Pods, die Deployments, die Replica Sets und die Services. Dazu nutzt das Skript das Werkzeug `kubectl`. `kubectl run` dient dazu, das Image zu starten. Das Image wird von der angegebenen URL im Docker-Hub heruntergeladen. Außerdem wird definiert, welchen Port der Docker-Container bereitstellen soll. `kubectl run` erzeugt das Deployment, welches das Replica Set und damit die Pods erzeugt. `kubectl expose` erzeugt den Service, der auf das Replica Set zugreift und so IP-Adresse, Node-Port bzw. Load Balancer und DNS-Eintrag erstellt.

Dieser Ausschnitt aus `kubernetes-deploy.sh` zeigt die Nutzung der Werkzeuge am Beispiel des Catalog-Microservice:

```
#!/bin/sh
if [ -z "$DOCKER_ACCOUNT" ]; then
  DOCKER_ACCOUNT=ewolff
fi;
...
kubectl run apache \\
  --image=docker.io/$DOCKER_ACCOUNT/microservice-kubernetes-demo-catalog:latest
  \\
  --port=80
kubectl expose deployment/catalog --type="LoadBalancer" --port 80
...
```

17.3.1 Einige Minikube-Befehle

`minikube dashboard` zeigt das Dashboard im Web-Browser an, in dem die Deployments und weitere Elemente von Kubernetes übersichtlich angezeigt werden. So ist der Zustand der Services und Deployments sehr leicht nachvollziehbar (Abbildung 17–4).

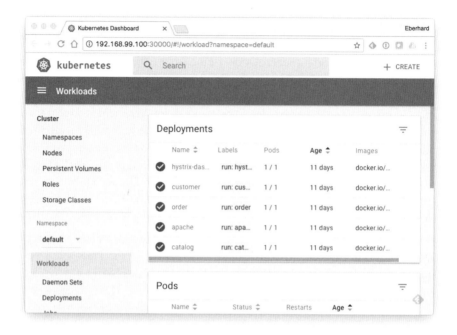

Abb. 17–4   *Kubernetes Dashboard*

minikube service apache öffnet den Apache-Service im Web-Browser und bietet damit Zugriff auf die Microservices in der Kubernetes-Umgebung.

Löschen kann man das Beispiel mit dem Skript kubernetes-remove.sh. Es nutzt kubectl delete service, um die Services zu löschen, und kubectl delete deployments, um die Deployments zu löschen.

17.4   Weitere Kubernetes-Features

Kubernetes ist eine mächtige Technologie, die viele Features hat. Beispiele für weitere Kubernetes-Features sind:

17.4.1   Monitoring mit Liveness und Readiness Probes

- Kubernetes erkennt den Ausfall eines Pods durch Liveness Probes (*https://kubernetes.io/docs/tasks/configure-pod-container/configure-liveness-readiness-probes/*). Mit einer selbst geschriebenen Liveness Probe kann abhängig von den Bedürfnissen der Anwendung geregelt werden, wann ein Container neu gestartet wird.
- Eine Readiness Probe (*https://kubernetes.io/docs/tasks/configure-pod-container/configure-liveness-readiness-probes/#define-readiness-probes*) zeigt an,

ob ein Container Anfragen verarbeiten kann oder nicht. Wenn die Anwendung beispielsweise durch die Verarbeitung einer großen Menge Daten blockiert oder noch nicht vollständig gestartet ist, dann kann die Readiness Probe diesen Zustand an Kubernetes melden. Im Gegensatz zu einer Liveness Probe wird der Container als Ergebnis einer fehlgeschlagenen Readiness Probe nicht neu gestartet. Kubernetes nimmt an, dass der Pod nach einiger Zeit durch die Readiness Probe anzeigen wird, dass er Anfragen bearbeiten kann.

17.4.2   Konfiguration

Die Konfiguration von Anwendungen ist mit ConfigMaps (*https://kubernetes.io/docs/tasks/configure-pod-container/configmap/*) möglich. Den Anwendungen werden die Konfigurationsdaten beispielsweise als Werte in Umgebungsvariablen zur Verfügung gestellt.

17.4.3   Kubernetes-Umgebungen mit Namespaces trennen

Kubernetes-Umgebungen können mit Namespaces (*https://kubernetes.io/docs/concepts/overview/working-with-objects/namespaces/*) voneinander getrennt werden. Namespaces sind virtuelle Cluster, sodass Services, Deployments usw. vollständig voneinander getrennt sind.

17.4.4   Anwendungen mit Zustand

Kubernetes kann auch mit Anwendungen umgehen, die einen Zustand haben. Anwendungen ohne Zustand können in einem Cluster einfach auf einem anderen Node neu gestartet werden. Das erleichtert Ausfallsicherheit und Lastverteilung. Wenn die Anwendung einen Zustand hat und daher bestimmte Daten in einem Docker-Volume benötigt, dann müssen auf dem Node die benötigten Docker-Volumes vorhanden sein. Das macht den Umgang mit solchen Anwendungen komplexer. Kubernetes bietet Persistent Volumes (*https://kubernetes.io/docs/concepts/storage/persistent-volumes/*) und Stateful Sets (*https://kubernetes.io/docs/concepts/workloads/controllers/statefulset/#stable-storage*) an, um mit dieser Herausforderung umzugehen.

Eine weitere Möglichkeit für den Umgang mit Anwendungen mit Zustand sind Operators (*https://coreos.com/operators*). Sie ermöglichen die automatisierte Installation von Anwendungen mit Zustand. So gibt es einen Prometheus-Operator (*https://github.com/coreos/prometheus-operator*), der das Monitoring-System Prometheus (Kapitel 20) in einem Kubernetes-Cluster installiert. Es führt Kubernetes-Ressourcen für Prometheus-Bestandteile wie `Prometheus`, `ServiceMomnitor` oder `Altermanager` ein. Diese Schlüsselwörter nutzt die Kubernetes-Konfiguration mit dem Prometheus-Operator anstelle von Pods, Services oder Deployments. Der Operator regelt auch, wie Prometheus die Monitoring-Daten speichert, und löst damit eine Kern-Herausforderung.

17.4.5   Erweiterungen mit Helm

Kubernetes bietet mittlerweile ein komplexes Öko-System mit zahlreichen Erweiterungen. Helm (*https://github.com/kubernetes/helm*) bietet die Möglichkeit, Erweiterungen als Charts (*https://github.com/kubernetes/charts/*) zu installieren, und übernimmt damit die Funktionalität eines Package Managers für Kubernetes. Gerade die Erweiterbarkeit ist ein wichtiger Vorteil von Kubernetes.

17.5   Rezept-Variationen

Kubernetes bietet vor allem eine Ablaufumgebung für Docker-Container an und ist daher sehr flexbibel.

17.5.1   MOMs in Kubernetes

Das Beispiel in diesem Kapitel nutzt die Kommunikation mit REST. Natürlich ist es auch möglich, eine MOM wie Kafka (Kapitel 11) in Kubernetes zu betreiben. Allerdings speichern MOMs die übertragenen Nachrichten, um eine Zustellung zu garantieren. Kafka speichert sogar die vollständige Historie. Die zuverlässige Speicherung von Daten in einem Kubernetes-Cluster ist zwar machbar, aber nicht einfach. Eine andere MOM als Kafka zu nutzen, löst das Problem nicht: Alle MOMs speichern Nachrichten dauerhaft, um eine Zustellung zu garantieren. Für zuverlässige Kommunikation mit einer MOM muss Kubernetes also die Daten zuverlässig und skalierbar speichern.

17.5.2   Frontend-Integration mit Kubernetes

Eine Kombination von Kubernetes mit Frontend-Integration (Kapitel 7) ist einfach möglich, da Kubernetes keine Annahmen über die UI der Anwendungen macht. Clientseitige Frontend-Integration stellt keinerlei Anforderungen an das Backend. Für serverseitige Integration muss ein Cache oder ein Webserver in einem Docker-Container betrieben werden. Diese Server speichern aber keine Daten dauerhaft, sodass sie in Kubernetes ohne Weiteres betrieben werden können.

17.5.3 Docker Swarm und Docker Compose

Abschnitt 5.7 hat bereits verschiedene Alternativen zu Kubernetes für den Betrieb von Docker-Containern im Cluster dargestellt. Kubernetes bietet eine sehr mächtige Lösung und wird von vielen Unternehmen im Container-Umfeld weiterentwickelt. Allerdings ist Kubernetes wegen der vielen Features auch komplex. Ein Cluster mit Docker Compose und Docker Swarm kann eine einfachere und weniger mächtige Alternative sein. Docker Swarm und Compose bieten aber ebenfalls Service Discovery und Load Balancing.

17.5.4 Docker vs. Virtualisierung

Da Kubernetes das Cluster-Management übernimmt, enthält es Features, die auch Virtualisierungslösungen anbieten. Das kann ebenfalls zu Bedenken beim Betrieb führen, da der zuverlässige Betrieb eines Clusters eine Herausforderung ist und eine weitere Technologie in diesem Bereich oft kritisch betrachtet wird. Bei einer Entscheidung gegen Kubernetes kann Docker immer noch ohne Scheduler genutzt werden (siehe Abschnitt 5.7). Dann fehlen aber die Kubernetes-Features für Service Discovery, Load Balancing und Routing.

17.6 Experimente

▨ Ergänze das Kubernetes-System mit einem zusätzlichen Microservice:

- Als Beispiel kann ein Microservice dienen, den ein Call-Center-Mitarbeiter nutzen kann, um Notizen zu einem Gespräch anzulegen. Dazu soll der Call-Center-Mitarbeiter den Kunden auswählen können.
- Der Aufruf des Customer Microservice muss unter dem Hostnamen customer stattfinden.
- Natürlich kannst du einen der vorhandenen Microservcies kopieren und entsprechend modifizieren.
- Packe den Microservice in ein Docker-Image ein und lade ihn in das Docker Repository. Dazu kannst du das Skript docker-build.sh anpassen.
- Passe kubernetes-deploy.sh so an, dass der Microservice deployt wird.
- Passe kubernetes-remove.sh so an, dass der Microservice gelöscht wird.

▨ *https://kubernetes.io/docs/getting-started-guides/* ist ein interaktives Tutorial, das zeigt, wie man Kubernetes nutzen kann. Es ergänzt dieses Kapitel gut. Arbeite das Tutorial durch, um einen Eindruck von den Kubernetes-Features zu bekommen.

▨ Kubernetes unterstützt Rolling Updates. Dabei wird eine neue Version eines Pods so ausgerollt, dass es zu keinen Unterbrechungen des Services kommt. Siehe *https://kubernetes.io/docs/tasks/run-application/rolling-update-replica-*

tion-controller/. Führe ein Rolling Update durch! Dazu musst du ein neues Image erstellen. Die Skripte zum Kompilieren und Ausliefern in den Docker-Hub sind im Beispiel enthalten.

Cloud-Anbieter wie Google oder Microsoft bieten Kubernetes-Infrastrukturen an, siehe *https://kubernetes.io/docs/getting-started-guides/#hosted-solutions*. Bringe das Beispiel auf einer solchen Umgebung zum Laufen! Die Skripte können ohne Änderungen genutzt werden, da kubectl auch diese Technologien unterstützt.

Teste das Load Balancing im Beispiel:

- kubectl scale ändert die Anzahl der Pods in einem Replica Set. kubectl scale -h zeigt an, welche Optionen es gibt. Skaliere beispielsweise das Replica Set catalog.
- kubectl get deployments zeigt an, wie viele Pods im jeweiligen Deployment laufen.
- Nutze den Service. Beispielsweise öffnet minikube service apache die Webseite mit Links zu allen Microservices. Wähle den Order-Microservice und lass dir die Bestellungen anzeigen.
- kubectl describe pods -l run=catalog zeigt die laufenden Pods an. Dort findest du auch die IP-Adresse der Pods in einer Zeile, die mit IP beginnt.
- Logge dich mit minikube ssh auf dem Kubernetes-Rechner ein. Nutze Befehle wie curl 172.17.0.8:8080/metrics. Du musst die IP-Adresse anpassen. So kannst du die Metriken der Catalog-Pods anzeigen lassen, die Spring Boot erzeugt. Die Metriken enthalten beispielsweise die Anzahl der Zugriffe, die mit einem HTTP 200 (OK) beantwortet worden sind. Wenn du nun den Catalog-Microservice über die Webseite nutzt, sollte jeder Pod einen Teil der Requests bearbeiten und sich daher die Metriken aller Pods erhöhen.
- Nutze auch minikube dashboard, um die Informationen im Dashboard zu betrachten.

Das Beispiel nutzt einen sehr einfachen Ansatz, um Deployments und Services anzulegen. Die Einstellungen werden kubectl in der Kommandozeile übergeben. Die Alternative ist kubectl create (*https://kubernetes.io/docs/user-guide/kubectl/v1.7/#create*). Dann nutzt kubectl für das Anlegen eine Datei mit Kubernetes-Elementen wie Deployments oder Services. Eine Erläuterung zu den Dateiformaten findet sich im Tutorial oder im Cheat Sheet (*https://kubernetes.io/docs/user-guide/kubectl-cheatsheet/*). kubectl apply (*https://kubernetes.io/docs/user-guide/kubectl/v1.7/#apply*) ist so ähnlich wie kubectl create. Es bietet aber nicht nur die Möglichkeit, neue Ressourcen zu erzeugen, sondern kann auch vorhandene Ressourcen aktualisieren.

Das Beispiel nutzt aktuell den öffentlichen Docker-Hub. Installiere eine eigene Docker-Registry (*https://docs.docker.com/registry/*). Speichere die Docker-

Images des Beispiels in der Registry und deploye das Beispiel mithilfe dieser Registry.

- Unter *https://github.com/GoogleCloudPlatform/kubernetes-workshops* finden sich Unterlagen für einen Kubernetes-Workshop, um sich tiefer in dieses System einzuarbeiten.

- Portiere das Kafka-Beispiel (siehe Kapitel 11) oder das Atom-Beispiel (siehe Kapitel 12) auf Kubernetes. Das zeigt, wie auch asynchrone Microservices unter Kubernetes laufen können. Kafka speichert Daten ab, was in einem Kubernetes-System schwierig sein kann. Recherchiere, welche Herausforderungen ein Kafka-Cluster in einem Kubernetes-System in der Produktion mit sich bringt.

- Nutze `kubectl logs -help`, um dich mit der Log-Verwaltung in Kubernetes vertraut zu machen. Wirf einen Blick auf die Logs von mindestens zwei Microservices.

- Nutze kail (*https://github.com/boz/kail*), um die Logs einiger Pods anzuzeigen.

17.7   Fazit

Die Herausforderungen synchroner Microservices löst Kubernetes folgendermaßen:

- DNS bietet *Service Discovery* an. Das Ansprechen von Microservices ist dank DNS von jeder Programmiersprache aus möglich und sogar transparent, wenn nur der Hostname ausreicht, weil der Port bekannt ist. Für die Registrierung der Services ist kein Code notwendig. Beim Starten des Services wird automatisch ein DNS-Eintrag erstellt.

- *Lastverteilung* stellt Kubernetes sicher, indem auf IP-Ebene der Verkehr zur IP-Adresse eines Microservices auf die Instanzen verteilt wird. Das ist für Aufrufer und den aufgerufenen Microservice transparent.

- *Routing* kann Kubernetes durch die Load Balancer oder Node-Ports der Services abdecken. Auch das ist für die Microservices transparent.

- *Resilience* biete Kubernetes durch das Neustarten von Containern und das Load Balancing. Zusätzlich kann eine Bibliothek wie Hystrix sinnvoll sein, die zum Beispiel auch Timeouts oder Circuit Breaker implementiert. Ein Proxy wie Envoy (*https://github.com/lyft/envoy*) kann eine Alternative zu Hystrix sein.

Kubernetes bietet in einem einzigen Paket eine vollständige Unterstützung für Microservices an und zwar einschließlich Service Discovery, Load Balancing, Resilience und Skalierbarkeit im Cluster. So löst Kubernetes viele Herausforderungen beim Betrieb einer Microservices-Umgebung. Der Code der Microservices ist frei von diesen Belangen.

Das ist attraktiv, aber stellt es einen grundlegenden Wechsel dar: Während Consul oder der Netflix-Stack auch auf virtuellen Maschinen funktioniert, muss für Kubernetes alles in Docker-Container eingepackt werden. Das kann eine fundamentale Änderung gegenüber einem bestehenden Betriebsmodell sein und die Migration auf diese Umgebung erschweren.

17.7.1   Vorteile

- Löst typische Probleme von Microservices (Load Balancing, Routing, Service Discovery)
- Keine Code-Abhängigkeiten zu Kubernetes
- Betrieb und Deployment ebenfalls abgedeckt
- Vereinheitlichung und damit Definition einer Makro-Architektur

17.7.2   Herausforderungen

- Erfordert eine vollständige Umstellung des Betriebs auf Kubernetes
- Sehr mächtig, aber daher auch sehr komplex

18 Rezept: PaaS mit Cloud Foundry

Dieses Kapitel stellt PaaS (Platform as a Service) als Ablaufumgebung für Microservices vor.

Der Text behandelt folgende Themen:

- Was ein PaaS ist und wie es sich es sich von anderen Ablaufumgebungen unterscheidet.
- Warum sich ein PaaS für Microservices eignet.
- Als konkretes Beispiel für ein PaaS führt das Kapitel in die Nutzung von Cloud Foundry ein.

18.1 PaaS: Definition

In der Cloud gibt es grundverschiedene Angebote.

18.1.1 IaaS

Ein IaaS (Infrastructure as a Service) bietet virtuelle Rechner an, auf denen Software installiert werden muss. Also ist ein IaaS eine einfache Lösung, die im Wesentlichen der klassischen Virtualisierung entspricht. Entscheidender Unterschied ist das Abrechnungsmodell, das bei IaaS auf stundenweise oder minutenweise Nutzung abgestimmt ist.

18.1.2 SaaS

SaaS (Software as a Service) bezeichnet ein Cloud-Angebot, bei dem Software wie eine Textverarbeitung oder eine Finanzbuchhaltung angemietet werden kann. Für die Software-Entwicklung können beispielsweise Versionskontrollen oder Continuous-Integration-Server als SaaS eingekauft werden.

18.1.3   PaaS

PaaS steht für Platform as a Service. PaaS bietet also eine Plattform, auf der eigene Software installiert werden kann. Der Entwickler übergibt dem PaaS lediglich die Anwendung. Das PaaS sorgt dafür, dass die Anwendung ablauffähig wird. Im Gegensatz zu Docker (siehe Kapitel 5) und Kubernetes (siehe Kapitel 17) ist das Betriebssystem und die darauf installierte Software nicht unter der Kontrolle des Entwicklers. Bei den Microservices-Beispielen ist durch das `Dockerfile` festgelegt, dass eine Alpine-Linux-Distribution und eine bestimmte Version der Java Virtual Machine (JVM) verwendet werden soll. Das ist bei einem PaaS nicht mehr notwendig. Die JAR-Datei enthält die ausführbare Java-Anwendung und damit alles, was das PaaS benötigt.

Um die Anwendung in der Ablaufumgebung zu starten, kann das PaaS einen Docker-Container erstellen. Aber die Entscheidung, welche JVM und welche Linux-Distribution genutzt wird, liegt beim PaaS. Das PaaS muss darauf vorbereitet sein, verschiedene Arten von Applikationen ablaufen zu lassen. .NET-Anwendungen oder Java-Anwendungen benötigen jeweils eine eigene virtuelle Maschine, während Go-Anwendungen dies nicht benötigen. Eine solche Umgebung muss das PaaS erstellen.

18.1.4   PaaS schränken Flexibilität und Kontrolle ein.

Entwickler haben also weniger Kontrolle über die Docker-Images. Allerdings stellt sich die Frage, ob sich ein Entwickler mit der Auswahl der JVM und der Linux-Distribution aufhalten soll. Oft liegen diese Themen sowieso beim Betrieb. Einige PaaS bieten die Möglichkeit an, zum Beispiel die genutzte Linux-Distribution oder JVM zu konfigurieren. Oft können sogar komplette Ablaufumgebungen selbst definiert werden. Dennoch ist die Flexibilität begrenzt.

Um vorhandene Anwendungen auf dem PaaS laufen zu lassen, kann die Flexibilität nicht ausreichend sein, weil beispielsweise eine ganz bestimmte JVM-Version benutzt werden muss. Gerade Microservices werden aber meistens neu entwickelt, sodass dieser Nachteil keine besondere Rolle spielt.

18.1.5   Routing und Skalierung

Das PaaS muss Requests der Benutzer an die Anwendung weiterleiten. Also ist Routing ein Feature eines PaaS. Ebenso können PaaS meistens Anwendungen einzeln skalieren, sodass auch die Skalierbarkeit sichergestellt ist.

18.1.6   Weitere Dienste

Viele PaaS können der Anwendung zusätzliche Dienste wie Datenbanken zur Verfügung stellen.

Schließlich sind typische Features für den Betrieb wie die Unterstützung für die Analyse von Log-Daten oder Monitoring oft ebenfalls Bestandteil eines PaaS.

18.1.7 Public Cloud

PaaS werden in der Public Cloud angeboten. Der Entwickler muss nur seine Anwendung in das PaaS deployen und hat dann eine fertige Lösung im Internet am Laufen. Das ist eine sehr einfache Möglichkeit, um Internet-Anwendungen zu betreiben. In der Public Cloud kommen weitere Vorteile hinzu: Wenn die Anwendung unter hoher Last steht, kann sie automatisch skalieren. Die Skalierbarkeit ist nahezu unbegrenzt, da die Public-Cloud-Umgebung der Anwendung sehr viele Ressourcen zur Verfügung stellen kann.

18.1.8 PaaS im eigenen Rechenzentrum

Beim Betrieb im eigenen Rechenzentrum sieht es etwas anders aus: Zwar ist die Nutzung des PaaS für die Entwickler immer noch sehr einfach. Aber das PaaS muss installiert werden. Das kann ein sehr komplizierter Prozess sein, was die Vorteile ein wenig aufwiegt. Allerdings muss das PaaS nur einmal installiert werden. Danach können Entwickler eine Vielzahl von Anwendungen mithilfe des PaaS installieren und in Produktion bringen. Der Betrieb muss nur sicherstellen, dass das PaaS zuverlässig funktioniert.

Gerade bei Betriebsabteilungen, die noch viele manuelle Prozesse haben und bei denen die Bereitstellung von Ressourcen sehr lange dauert, kann ein PaaS den Rollout von Anwendungen erheblich beschleunigen, ohne dass dazu große Änderungen an Organisation oder Prozessen notwendig sind.

18.1.9 Makro-Architektur

Wie schon im Kapitel 16 dargestellt, haben Microservices-Plattformen eine Auswirkung auf die Makro-Architektur. Während ein System wie Kubernetes (siehe Kapitel 17) jede Art von Docker-Container ausführen kann, setzt ein PaaS auf Ebene der Anwendung an. Ein PaaS ist daher restriktiver: Beispielsweise werden vermutlich alle Java-Anwendungen auf eine oder einige wenige Java-Versionen und Linux-Distributionen standardisiert. Programmiersprachen, die das PaaS nicht unterstützt, können einfach nicht für die Implementierung von Microservices genutzt werden. Monitoring und Deployment sind durch die Auswahl des PaaS vorgegeben. Daher erzeugt ein PaaS eine noch höhere Vereinheitlichung bei der Makro-Architektur, als dieses in einer Kubernetes-Umgebung der Fall wäre.

18.2   Cloud Foundry

Cloud Foundry (*https://www.cloudfoundry.org/*) dient als PaaS-Technologie für das Beispiel in diesem Buch. Dafür gibt es folgende Gründe:

▨ Cloud Foundry ist ein *Open-Source-Projekt*, an dem verschiedene Unternehmen mitarbeiten. Cloud Foundry wird von einer *Stiftung* verwaltet, in der die Cloud-Foundry-Anbieter wie Pivotal, SAP, IBM oder Swisscom organisiert sind. Somit ist eine breite Unterstützung gewährleistet, zudem gibt es bereits viele auf Cloud Foundry basierende PaaS.

▨ Cloud Foundry kann als Pivotal Cloud Foundry for Local Development sehr einfach auf einem *Laptop* installiert werden, um ein lokales ein PaaS aufzusetzen, mit dem Entwickler Microservices-Systeme testen können.

▨ Es gibt viele Public-Cloud-Anbieter, die ein auf Cloud Foundry basierendes Angebot haben. Einen Überblick bietet *https://www.cloudfoundry.org/how-can-i-try-out-cloud-foundry-2016/* .

▨ Schließlich kann Cloud Foundry im eigenen Rechenzentrum installiert werden. Pivotal Cloud Foundry (*https://pivotal.io/platform*) ist beispielsweise eine Option dafür.

18.2.1   Flexibilität

Cloud Foundry ist ein sehr flexibles PaaS:

▨ Cloud Foundry unterstützt Anwendungen in *verschiedenen Programmiersprachen*. Für die jeweilige Programmiersprache muss ein Buildpack vorhanden sein. Das Buildpack erstellt aus der Anwendung das Docker-Image, das Cloud Foundry dann ausführt. Die Liste von Buildpacks (*https://docs.cloudfoundry.org/buildpacks/*) zeigt, welche Buiildbacks im Internet heruntergeladen werden können.

▨ Die *Konfiguration der Buildpacks* kann beispielsweise Speichereinstellungen ändern oder andere Anpassungen vornehmen. So kann ein vorhandenes oder selbst geschriebenes Buildpack an die Bedürfnisse des Microservice angepasst werden.

▨ In einem Cloud-Foundry-System können *modifizierte oder selbst geschriebene Buildpacks* installiert werden. Dies ermöglicht eine Unterstützung für weitere Programmiersprachen oder die Anpassung der vorhandenen Unterstützungen an eigene Bedürfnisse.

▨ Es ist auch denkbar, Docker-Container (*https://docs.cloudfoundry.org/admin-guide/docker.html*) in einer Cloud-Foundry-Umgebung zu deployen. Dabei muss man aber auf die Besonderheiten von Docker unter Cloud Foundry achten. Letztendlich ist es so möglich, mit Cloud Foundry praktisch beliebige Software laufen zu lassen.

18.3   Das Beispiel mit Cloud Foundry

Die Microservices in diesem Beispiel sind identisch mit den Beispielen aus den vorherigen Kapiteln (siehe Abschnitt 14.1):

▦ Der *Catalog-Microservice* verwaltet die Informationen über die Waren.

▦ Der *Customer-Microservice* speichert die Daten der Kunden.

▦ Der *Order-Microservice* kann neue Bestellungen aufnehmen. Er nutzt den Catalog- und den Customer-Microservice über REST.

▦ Dazu kommt noch das *Hystrix-Dashboard*, eine Java-Anwendung, die das Monitoring der Hystrix-Circuit-Breaker visualisieren kann.

▦ Schließlich gibt es eine Webseite *microservices*, die Links auf die Microservices enthält und so den Einstieg in das System erleichtert.

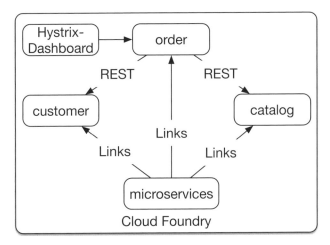

Abb. 18–1   *Das Microservices-System in Cloud Foundry*

18.3.1   Cloud Foundry starten

Im Abschnitt »Quick Start« in der Einleitung ist beschrieben, welche Software installiert sein muss, um das Beispiel zu starten.

Eine genaue Beschreibung, wie das Beispiel gebaut und gestartet werden kann, steht unter *https://github.com/ewolff/microservice-cloudfoundry/blob/master/WIE-LAUFEN.md* bereit.

Das Cloud-Foundry-Beispielprojekt steht unter *https://github.com/ewolff/microservice-cloudfoundry* bereit. Zunächst muss mit `git clone https://github.com/ewolff/microservice-cloudfoundry.git` der Code auf die lokale Maschine heruntergeladen werden.

Um das System zu starten, wird die Anwendung zunächst mit Maven kompiliert. Dazu muss man im Unterverzeichnis microservice-cloudfoundry-demo mit
mvn clean package ausführen.

Das Beispiel soll auf einer lokalen Cloud-Foundry-Installation gestartet werden. Die dafür notwendige Installation beschreibt *https://pivotal.io/pcf-dev*. Beim
Start der Cloud-Foundry-Umgebung sollte beispielsweise mit cf dev start -m
8086 dem PaaS genügend Speicher zugewiesen werden. Nach dem Login mit cf
login -a api.local.pcfdev.io --skip-ssl-validation sollte die Umgebung nutzbar sein.

18.3.2 Deployment der Microservices

Nun können die Microservices deployt werden. Dazu ist lediglich ein cf push im
Unterverzeichnis microservice-cloudfoundry-demo notwendig. Dieses Kommando
wertet die Datei manifest.yml aus, mit der die Microservices für Cloud Foundry
konfiguriert werden. cf push catalog deployt eine einzelne Anwendung wie
catalog.

```
 1  ---
 2  memory: 750M
 3  env:
 4    JBP_CONFIG_OPEN_JDK_JRE: >
 5    [memory_calculator:
 6      {memory_heuristics:
 7        {metaspace: 128}}]
 8  applications:
 9  - name: catalog
10    path: .../microservice-cloudfoundry-demo-catalog-0.0.1-SNAPSHOT.jar
11  - name: customer
12    path: .../microservice-cloudfoundry-demo-customer-0.0.1-SNAPSHOT.jar
13  - name: hystrix-dashboard
14    path: .../microservice-cloudfoundry-demo-hystrix-dashboard-0.0.1-SNAPSHOT.jar
15  - name: order
16    path: .../microservice-cloudfoundry-demo-order-0.0.1-SNAPSHOT.jar
17  - name: microservices
18    memory: 128M
19    path: microservices
```

Im Einzelnen sind folgende Bereiche in der Konfiguration zu unterscheiden:

- Zeile 2 sorgt dafür, dass jeder Anwendung 750 MB RAM zur Verfügung stehen.

- Mit Zeile 3–7 wird die Speicherverteilung so angepasst, dass genügend Speicher für den Java-Bytecode im Metaspace der JVM vorhanden ist.

- Die Zeilen 8 bis 16 konfigurieren jeweils einen Microservice. Dabei wird die
  JAR-Datei angegeben, die deployt werden soll. Für jeden dieser Microservices
  gelten die Einstellungen aus den Zeilen 2–7. Die Pfade zu den JARs sind abge-
  kürzt, um so die Übersichtlichkeit des Listings zu erhöhen.

■ Schließlich deployen die Zeilen 17–19 die Anwendung microservices, die eine statische HTML-Seite mit Links zu den Microservices anzeigt. Im Verzeichnis microservices ist eine HTML-Datei index.html hinterlegt und eine leere Datei Staticfile, die den Inhalt des Verzeichnisses als statische Web-Anwendung markiert.

Cloud Foundry erzeugt mit dem Java-Buildpack Docker-Container, die dann gestartet werden. Unter *http://microservices.local.pcfdev.io/* steht die statische Website zur Verfügung, mit der die einzelnen Microservices genutzt werden können.

18.3.3   Keine Code-Abhängigkeiten für Routing

Die Microservices selber haben keine Code-Abhängigkeiten zu Cloud Foundry. Zur Service Discovery dient DNS. Der Order-Microservice ruft die Catalog- und Customer-Microservices auf. Dazu nutzt er die Hostnamen catalog.local.pcfdev.io und customer.local.pcfdev.io, die sich aus den Namen der Services ergeben.

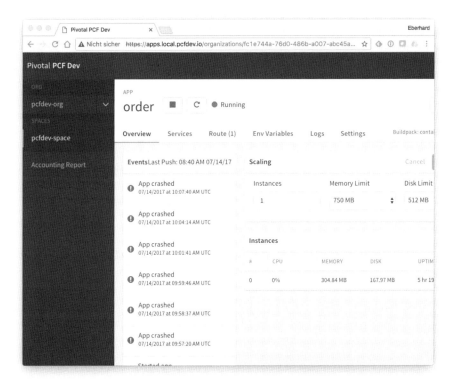

Abb. 18–2   *Cloud-Foundry-Dashboard*

Die Domäne `local.pcfdev.io` ist die Standardeinstellung, kann aber in der Cloud-Foundry-Konfiguration angepasst werden. `catalog.local.pcfdev.io`, `order.local.pcfdev.io` und `customer.local.pcfdev.io` sind auch Namen, die im Webbrowser für die HTML-Oberfläche der Microservices verwendet werden. Dahinter steht ein Routing-Konzept in Cloud Foundry, das die Microservices von außen aus zugreifbar macht und auch eine Lastverteilung vornimmt.

Mit `cf logs` ist es möglich, sich die Logs der Microservices anzuschauen. `cf events` gibt die letzten Ereignisse aus. Unter *https://local.pcfdev.io/* steht ein Dashboard mit wesentlichen Informationen über die Microservices und einem Überblick über die Logs bereit (siehe Abbildung 18–2).

`cf ssh catalog` erlaubt es, sich auf dem Docker-Container einzuloggen, in dem der Microservice `catalog` läuft. So kann man die Umgebung näher untersuchen.

18.3.4   Datenbank und andere Services nutzen

Es ist möglich, den Microservices zusätzliche Services wie Datenbanken bereitzustellen. `cf marketplace` zeigt die Services im Marketplace an. Das sind alle Services, die in der Cloud-Foundry-Installation zur Verfügung stehen. Von diesen Services können dann Instanzen erzeugt und den Anwendungen zur Verfügung gestellt werden.

18.3.5   Beispiel für einen Service aus dem Marketplace

Mit `cf marketplace -s p-mysql` bekommt man einen Überblick über die verschiedenen Angebote für den Service `p-mysql`. `cf cs p-mysql 512mb my-mysql` erzeugt eine Service-Instanz mit dem Namen `my-mysql` und der Konfiguration `512mb`. Der Befehl `cf bind-service` kann den Service einer Anwendung zur Verfügung stellen.

Mit `cf ds my-mysql` kann der Service dann wieder gelöscht werden.

18.3.6   Services in Anwendungen nutzen

Die Anwendung muss mit den Informationen für den Zugriff auf den Service konfiguriert werden. Dazu nutzt Cloud Foundry Umgebungsvariablen, die Serveradresse, Benutzeraccount und Passwort enthalten. Diese Informationen muss die Anwendung auslesen. Dazu gibt es in den jeweiligen Programmiersprachen unterschiedliche Möglichkeiten. Die Dokumentation zu den Buildpack (*https:// docs.run.pivotal.io/buildpacks/*) hilft hier weiter.

Die Konfiguration mithilfe von Umgebungsvariablen kann auch für eigene Einstellungen genutzt werden. Im `manifest.yml` können Variablen gesetzt werden, die deployte Anwendungen auslesen könnten.

18.3.7 Services für asynchrone Kommunikation

Einige Services erweitern Cloud Foundry um die Möglichkeit zur asynchronen Kommunikation. Die lokale Cloud-Foundry-Installation bietet beispielsweise RabbitMQ und Redis als Services. Das sind beides Technologien, die Nachrichten zwischen Microservices asynchron verschicken können. Andere Cloud-Foundry-Angebote können noch weitere MOMs als Services anbieten.

18.4 Rezept-Variationen

Dieses Kapitel bezieht sich auf das PaaS-Konzept. Cloud Foundry ist nicht das einzige PaaS:

- OpenShift (*https://www.openshit.com/*) ergänzt Kubernetes um eine Unterstützung für verschiedene Programmiersprachen, um so das Erzeugen der Docker-Container zu automatisieren.
- Amazon Elastic Beanstalk (*https://aws.amazon.com/elasticbeanstalk/*) steht nur in der Amazon Cloud bereit. Es kann Anwendungen in virtuellen Maschinen installieren und diese virtuellen Maschinen skalieren. Damit stellt Elastic Beanstalk eine Vereinfachung gegenüber dem IaaS-Ansatz dar. Da Beanstalk jedoch auf IaaS und einigen ergänzenden Features aufbaut, steht Beanstalk auf einer sehr stabilen Basis. In Beanstalk-Anwendungen können weitere Services aus dem Amazon-Angebot genutzt werden. Dazu zählen beispielsweise Datenbanken, aber auch MOMs. So profitiert Elastic Beanstalk von den zahlreichen Komponenten, die in der Amazon Cloud verfügbar sind.
- Heroku (*https://www.heroku.com/*) steht nur in der öffentlichen Cloud bereit. Ähnlich wie Cloud Foundry hat es Buildpacks zur Unterstützung verschiedener Programmiersprachen und einen Marktplatz für zusätzliche Services.

18.5 Experimente

- Ergänze das Kubernetes-System mit einem zusätzlichen Microservice:
  - Als Beispiel kann ein Microservice dienen, den ein Call-Center-Mitarbeiter nutzen kann, um Notizen zu einem Gespräch anzulegen. Dazu soll der Call-Center-Mitarbeiter den Kunden auswählen können.
  - Der Aufruf des Customer Microservice muss unter dem Hostnamen `customer.local.pcfdev.io` stattfinden.
  - Natürlich kannst du einen der vorhandenen Microservcies kopieren und entsprechend modifizieren.
  - Trage den Microservice in der Datei `manifest.yml` ein.
  - Das Deployment einer Java-Anwendung kann man aus dem `manifest.mf` recht leicht ableiten. Ansonsten kann die Dokumentation der Buildpacks (*https://docs.cloudfoundry.org/buildpacks/*) hilfreich sein.

▧ Mache dich mit den Möglichkeiten im Betrieb von Cloud Foundry vertraut: Starte das Beispiel und werfe einen Blick auf die Logs mit cf logs. Logge dich in den Docker-Container einer Anwendung mit cf ssh und schaue dir die letzten Ereignisse eines Microservice mit cf events an.

Es ist möglich, die Infrastruktur von Cloud Foundry auch in anderen Bereichen der Anwendung zu nutzen. Das kann allerdings aufwendig sein:

▧ Ersetze die integrierte Datenbank in den Microservices durch MySQL. Informationen, wie man MySQL mit Cloud Foundry startet, finden sich in Abschnitt 18.3. Allerdings müssen der Code und die Konfiguration der Microservices geändert werden, damit die Anwendungen MySQL nutzen. Dazu gibt es einen Guide (*https://spring.io/guides/gs/accessing-data-mysql/*).

▧ Cloud Foundry unterstützt im Marketplace auch RabbitMQ (*https://www.rabbitmq.com/*). Dieses MOM kann für die asynchrone Kommunikation zwischen Microservices genutzt werden. Ein Guide (*https://spring.io/guides/gs/messaging-rabbitmq/*) zeigt, wie RabbitMQ mit Spring genutzt werden kann. Du kannst also das Beispiel aus Kapitel 11 auf RabbitMQ portieren und dann mit einer von Cloud Foundry erstellten RabbitMQ-Instanz betreiben.

▧ Eine Alternative sind User-Provided Service Instances (*https://docs.cloudfoundry.org/devguide/services/user-provided.html*). Mit diesem Ansatz kann ein Microservice Informationen über die Kafka-Instanz mit Cloud-Foundry-Mechanismen erhalten. Die Kafka-Instanz läuft außerhalb der Kontrolle von Cloud Foundry. Ändere das Kafka-Beispiel aus Kapitel 11 so, dass es eine User-Provided Service Kafka Instance nutzt. Das betrifft die Konfiguration von Port und Host für den Kafka-Server.

▧ Ändere einen der Microservices und nutze Blue/Green Deployment (*https://docs.cloudfoundry.org/devguide/deploy-apps/blue-green.html*), um die Änderung so zu deployen, dass der Microservice nicht ausfällt. Das Blue/Green Deployment erstellt zunächst eine neue Umgebung und schaltet dann auf die neue Version um, sodass keine Downtime auftritt.

18.6 Serverless

PaaS deployen Anwendungen. Serverless geht noch weiter und erlaubt ein Deployment einzelner Funktionen. Damit erlaubt Serverless noch kleinere Deployments, als es bei PaaS der Fall ist. Ein REST-Service kann in eine Vielzahl von Funktionen aufgeteilt werden: eine pro HTTP-Methode und Ressource.

Die Vorteile von Serverless sind ähnlich wie die von PaaS: ein hoher Abstraktionsgrad und damit ein relativ einfaches Deployment. Außerdem werden Serverless-Funktionen erst bei einem Request aktiviert, sodass keine Kosten anfallen,

wenn keine Requests bearbeitet werden. Ebenso können sie sehr flexibel skalieren.

Zu den Serverless-Technologien zählen AWS Lambda (*https://aws.ama-
zon.com/lambda/*)[1], Google Cloud Functions (*https://cloud.google.com/func-
tions/*), Azure Functions (*https://azure.microsoft.com/services/functions/*) und
Apache OpenWhisk (*https://developer.ibm.com/code/open/apache-openwhisk/*).
OpenWhisk erlaubt die Installation einer Serverless-Umgebung im eigenen
Rechenzentrum.

Wie schon bei einem PaaS enthält auch Serverless eine Unterstützung für den
Betrieb: Metriken und Log-Management werden vom Cloud-Anbieter direkt
unterstützt.

18.6.1   REST mit AWS Lambda und dem API Gateway

Mit AWS Lambda können REST-Services implementiert werden. Das API Gateway in der AWS Cloud kann Lambda-Funktionen aufrufen. Für jede HTTP-
Operation lässt sich eine eigene Funktion implementieren. Statt einer einzigen
PaaS-Anwendung gibt es also eine Vielzahl von Lambda-Funktionen. Die große
Anzahl an Lambda-Funktionen kann eine Technologie wie Amazon SAM
(*http://docs.aws.amazon.com/lambda/latest/dg/deploying-lambda-apps.html*)
recht leicht handhabbar machen, sodass zwar mehr Funktionen zu deployen
sind, aber für den Entwickler kaum mehr Aufwand entsteht, als wenn er die
REST-Methoden in einer Klasse implementiert. Oft können Lambda-Funktionen auch die Kosten für den Betrieb einer Lösung erheblich reduzieren.

18.6.2   Glue Code

In einem anderen Bereich sind Lambda-Funktionen ebenfalls sehr hilfreich: Als
Reaktion auf ein Ereignis in der Amazon Cloud kann eine Lambda-Funktion aufgerufen werden. S3 (Simple Storage Service) bietet in der Amazon Cloud Speicherplatz für große Dateien an. Wenn eine neue Datei hochgeladen wird, kann sie
in ein anderes Format konvertiert werden. Das sind jedoch keine echten Microservices, sondern eher Glue Code, um Funktionalitäten in den Amazon Services
zu ergänzen.

18.7   Fazit

Für synchrone Microservices sind die Lösungen von Cloud Foundry denen von
Kubernetes sehr ähnlich:

---

1.   Niko Köbler: Serverless Computing in der AWS Cloud, entwickler.press, 2017,
     ISBN 978-3-86802-807-2

▨ *Service Discovery* funktioniert ebenfalls über DNS. Es ist daher für Client und Server transparent. Außerdem muss auch für die Registrierung kein Code geschrieben werden.

▨ *Lastverteilung* implementiert Cloud Foundry ebenfalls transparent. Sind mehrere Instanzen eines Microservices deployt, werden die Aufrufe auf diese Instanzen verteilt.

▨ Für das *Routing* von Requests von außen setzt Cloud Foundry auf DNS und eine Verteilung auf die verschiedenen Microservice-Instanzen.

▨ Für *Resilience* nutzt das Cloud-Foundry-Beispiel die Hystrix-Bibliothek. Cloud Foundry selber bietet in diesem Bereich keine Lösung an.

Außerdem bietet ein PaaS eine standardisierte Ablaufumgebung für Microservices und kann daher ein wichtiges Gegenmittel gegen die hohe Komplexität im Betrieb sein, die Microservices mit sich bringen. So erzwingt ein PaaS eine Standardisierung, wie sie im Rahmen der Makro-Architektur oft wünschenswert ist.

Gegenüber Docker (Kapitel 5) oder Kubernetes (Kapitel 17) hat ein PaaS eine geringere Flexibilität. Das kann wegen der mit der geringeren Flexibilität einhergehenden Vereinheitlichung auch eine Stärke sein. Moderne PaaS bieten außerdem die Möglichkeit, die Umgebung mit Konzepten wie Buildpacks anzupassen oder gar Docker-Container ausführen zu lassen.

18.7.1   Vorteile

▨ Löst typische Probleme von Microservices (Load Balancing, Routing, Service Discovery)

▨ Keine Code-Abhängigkeiten zu Cloud Foundry

▨ Betrieb und Deployment ebenfalls abgedeckt

▨ Vereinheitlichung und damit Definition einer Makro-Architektur

▨ Entwickler müssen nur Anwendungen anliefern. Docker ist verborgen.

18.7.2   Herausforderungen

▨ Erfordert eine vollständige Umstellung des Betriebs auf Cloud Foundry

▨ Sehr mächtig, aber daher auch sehr komplex

▨ Hohe Flexibilität, aber dennoch gegenüber Docker-Containern eingeschränkt

Teil III

Betrieb

Der dritte Teil des Buchs erläutert den Betrieb von Microservices. In einer Microservices-Umgebung müssen viel mehr Microservices betrieben werden, als dies bei einem Deployment-Monolithen der Fall wäre. Daher ist der Betrieb in einer Microservices-Umgebung sehr wichtig.

Betrieb: Grundlagen

Zunächst zeigt Kapitel 19 die Grundlagen des Betriebs von Microservices.

Monitoring mit Prometheus

Im Kapitel 20 geht es um das Monitoring von Microservices. Als konkretes Werkzeug zeigt das Kapitel Prometheus.

Log-Daten analysieren mit dem Elastic-Stack

Im Kapitel 21 geht es um die Analyse von Log-Daten. Anhand des Elastic-Stacks wird ein konkreter technischer Ansatz gezeigt.

Tracing mit Zipkin

Schließlich zeigt Kapitel 22 das Tracing von Requests mit Zipkin über mehrere Microservices hinweg.

Abschluss des Buchs

Den Abschluss des Buchs bildet der Ausblick in Kapitel 23.

19 Konzept: Betrieb

Dieses Kapitel beschäftigt sich mit dem Betrieb von Microservices und geht auf folgende Punkte ein:

- Der Betrieb kann dabei helfen, die geschäftlichen Ergebnisse von Änderungen auszuwerten.
- Besserer Betrieb kann die Reaktion bei Problemen beschleunigen und so die Verfügbarkeit und die Qualität der Anwendungen verbessern.
- Der Betrieb beeinflusst Mikro- und Makro-Architektur.

19.1 Warum Betrieb wichtig ist

Microservices verändern die Bedeutung des Betriebs. Dafür gibt es verschiedene Gründe.

19.1.1 Viele Microservices

Eine System ist in einer Microservices-Architektur nicht ein einziger Deployment-Monolith, sondern jedes Modul ist ein eigener Microservice, der einzeln deployt, betrieben und überwacht werden muss. Also sind es um ein Vielfaches mehr Anwendungen, die deployt und überwacht werden müssen.

Wenn das Projekt längere Zeit läuft, entsteht mehr Code. Das kann dazu führen, dass die Microservices immer größer werden. Das ist problematisch, weil die Vorteile der Microservices verloren gehen können. Also sollten mit der Zeit neue Microservices entstehen, sodass die Größe der Microservices konstant bleibt und die Anzahl der Microservices wächst. Die Herausforderungen im Betrieb werden dann mit der Zeit größer, weil die Anzahl weiter steigt.

Natürlich ist es nicht akzeptabel, wenn der Aufwand für den Betrieb um eine Größenordnung wächst. Also müssen Maßnahmen ergriffen werden, die den Aufwand in einem vernünftigen Rahmen halten. Einheitlichkeit und Automatisierung sind dazu geeignete Methoden.

Auch wenn neue Microservices im System entstehen, sollte kein manueller Aufwand anfallen, um die Microservices in die Umgebung zu integrieren. Das erleichtert nicht nur den Betrieb, sondern auch das Erstellen neuer Microservices, um die Größe der Microservices konstant zu halten. Dazu kann ein Template hilfreich sein, das schon alle notwendigen Vorkehrungen für den Betrieb enthält.

19.1.2   Ergebnisse von Experimenten überprüfen

Jede fachliche Änderung an einem Microservices-System sollte darauf abzielen, ein Geschäftsziel zu erreichen. So kann die Optimierung der Benutzerregistrierung beispielsweise das Ziel haben, die Anzahl der Kunden zu erhöhen, die sich registrieren.

Die Änderung ist vergleichbar mit einem wissenschaftlichen Experiment. Bei einem wissenschaftlichen Experiment wird eine Hypothese aufgestellt, dann ein Versuch durchgeführt und das Ergebnis gemessen, um die Hypothese zu überprüfen. Dasselbe Vorgehen wird hier genutzt: Die Hypothese ist: »Eine neue Registrierung wird die Anzahl der aktiven Benutzer erhöhen.« Dann müssen die Änderung durchgeführt und die Ergebnisse gemessen werden.

Daten aus Anwendungen erheben und messen ist eine klassische Aufgabe des Betriebs. Üblicherweise beschränkt sich der Betrieb auf das Monitoring von System-Metriken. Prinzipiell könnten aber auch die Ergebnisse der Experimente mit diesen Mechanismen ausgewertet werden.

19.1.3   Verteiltes System

Durch Microservices wird das System zu einem verteilten System. Statt lokaler Methodenaufrufe kommunizieren Microservices über das Netzwerk miteinander. Dadurch erhöht sich die Anzahl der möglichen Fehlerquellen: Das Netzwerk und die Server können ausfallen. Das erhöht die Anforderungen an den Betrieb, der für die Zuverlässigkeit der Komponenten verantwortlich ist.

Auch die Fehlersuche ist in einem verteilten System eine Herausforderung: Wenn die Microservices sich gegenseitig aufrufen, kann ein Fehler in einem Microservice seine Ursache in einem der aufgerufenen Microservices haben. Für die Fehlersuche muss es daher eine Möglichkeit geben, die Aufrufe zwischen den Microservices zu verfolgen und so die Fehlerquelle zu identifizieren. Dieses Tracing ist nur in einer Microservices-Umgebung notwendig und stellt eine zusätzliche Herausforderung im Betrieb dar. Kapitel 22 zeigt mit Zipkin eine technologische Lösung für dieses Problem.

Um die Microservices zu analysieren, sind noch weitere Maßnahmen notwendig. Für einen Deployment-Monolithen reicht es aus, auf dem Server mit Betriebssystem-Werkzeugen die Prozesse und den Ressourcenverbrauch zu untersuchen. Außerdem können Log-Dateien eine gute Informationsquelle sein. In einem verteilten System ist die Anzahl der Server zu groß, um mit diesem Vorgehen erfolgreich zu sein. Man kann sich nicht in jeden Server einloggen und dort nach der Ursache des Fehlers suchen. Also muss es eine zentralisierte Infrastruktur geben, die Informationen von allen Microservices an einer zentralen Stelle sammelt. Kapitel 21 beschreibt den Elastic Stack für die Verwaltung von Log-Dateien und Kapitel 20 befasst sich mit Prometheus für das Erheben von Metriken über alle Microservices.

19.1.4 Schnellere Reaktion

Jedes System muss eine gewisse Performance bieten. Kapazitätstests dienen zur Vermeidung von Performance-Problemen. Dazu müssen die Tests eine realistische Datenmenge nutzen, das Benutzerverhalten simulieren und auf einer produktionsähnlichen Hardware laufen, was kaum machbar ist:

- Die *Datenmengen* aus der Produktion können oft nicht in einer Testumgebung verarbeitet werden.

- Ebenso kann es schwierig sein, das *Benutzerverhalten zu simulieren*. Schließlich ist unklar, wie lange Benutzer warten, bis sie eine Aktion unternehmen oder welchen Verlauf eines Prozesses sie wie oft wählen.

- Oft ist es schon schwierig, die Produktionsumgebung aufzubauen. Das gilt für die Dimensionierung genauso wie für die Integration von Drittsystemen. Zusätzliche *Umgebungen für Tests* aufzubauen, die ähnlich leistungsfähig sind, ist dann oft unmöglich.

- Vollkommen unmöglich ist es, bei *neuen Features* das Verhalten der Benutzer sowie den Erfolg des Features und damit die Last vorherzusagen. Kapazitätstests alleine sind keine adäquate Maßnahme, um die Leistungsfähigkeit der Anwendung in Produktion abzusichern, da die Test-Szenarien auf reinen Annahmen basieren und somit keine realistischen Ergebnisse bringen können.

19.1.5 Ergänzungen zu Tests

Ergänzend zu Kapazitätstests können andere Maßnahmen sinnvoll sein:

- Effektives *Monitoring* kann ein Problem mit der Performance in Produktion frühzeitig aufdecken. Das verkürzt die Zeit bis zur Reaktion und zur Behebung des Problems. Da Microservices einzeln skalierbar sind, können als Reaktion mehr Instanzen eines Microservice gestartet werden, um mit der Last zurechtzukommen. Dann ist im Idealfall das Problem gelöst, ohne dass ein Benutzer davon etwas mitbekommen hat.

- Wenn das Problem komplexer ist, muss ein *Fix ausgeliefert* werden. Dazu ist ein schnelles und hochgradig automatisiertes Deployment nützlich, welches Microservices typischerweise mit sich bringen.

Nicht nur für Performance-Probleme, sondern beispielsweise auch für fachliche Probleme gelten ähnliche Überlegungen. Monitoring und besseres Deployment kann auch bei fachlichen Problemen die Reaktion beschleunigen. Wenn beispielsweise die Registrierungszahlen oder der Umsatz plötzlich einbrechen, kann das ein Hinweis auf ein fachliches Problem sein. Monitoring ist also auch als Ergänzung zu fachlichen Tests nützlich.

19.1.6 Dynamische Skalierung

Ein Vorteil von Microservices ist, dass sie unabhängig skaliert werden können. Von jedem Microservice können mehr oder weniger Instanzen laufen, um mit der aktuellen Last umzugehen. Dazu müssen Technologien genutzt werden, die es ermöglichen, neue Instanzen zu starten. Kubernetes (siehe Kapitel 17) kann das beispielsweise und nutzt dazu Ressourcen aus einem ganzen Cluster für den Betrieb der Microservices.

Aber selbst wenn eine solche Technologie zum Einsatz kommt, gibt es nur eine begrenzte Anzahl von Servern, die in dem Cluster zur Verfügung stehen. Die Infrastruktur wird also flexibler, aber eine gewisse Kapazitätsplanung ist dennoch notwendig, um die Skalierbarkeit sicherzustellen.

Also müssen die notwendigen Voraussetzungen geschaffen werden, damit die dynamische Skalierung des Microservices-Systems möglich ist.

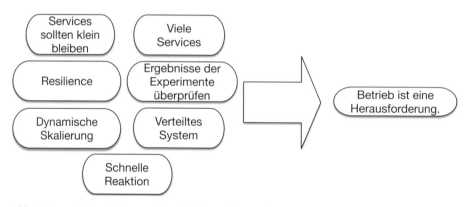

Abb. 19–1   *Einflussfaktoren auf den Betrieb von Microservices*

19.2 Ansätze für den Betrieb von Microservices

Der Betrieb von Microservices umfasst:

▪ Das *Deployment*. Diesen Aspekt lösen Technologien wie Docker (siehe Kapitel 5) oder Microservices-Plattformen wie Kubernetes (siehe Kapitel 17) oder ein PaaS wie Cloud Foundry (siehe Kapitel 18).

- *Monitoring* ist der Schwerpunkt von Kapitel 20.
- Die *Analyse von Log-Daten* beschreibt Kapitel 21.
- Schließlich zeigt Kapitel 22, wie *Tracing* die Aufrufe zwischen Microservices verfolgen kann.

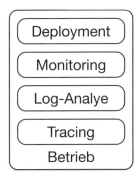

Abb. 19–2   *Herausforderungen beim Betrieb von Microservices*

Microservices bringen Vorteile im Bereich Betrieb mit.

19.2.1 Unabhängiges Deployment

Ein Microservice ist wesentlich kleiner als ein Deployment-Monolith und daher einfacher zu deployen. Selbst wenn der Microservice während des Deployments für einige Zeit ausfällt, so sollte das wegen der Resilience keine dramatischen Auswirkungen haben, denn die anderen Microservices laufen weiter.

Das setzt voraus, dass die Microservices unabhängig deployt werden können. Wenn ein Feature Änderungen an mehreren Microservices erfordert, muss beim Deployment darauf geachtet werden, dass das Deployment immer noch unabhängig ist. Wenn Client und Server der Schnittstelle gleichzeitig deployt werden müssen, ist das Deployment nicht mehr unabhängig. Stattdessen können die Microservices die alte und die neue Schnittstelle parallel anbieten, um so das Deployment von Client und Server der Schnittstelle zu entkoppeln. Das Deployment des einzelnen Microservice ist zwar einfacher, aber es müssen mehr Microservices deployt werden.

Wenn die Deployments nicht entkoppelt sind, dann müssen mehrere Microservices oder gar alle Microservices koordiniert deployt werden. Das ist schwierig, weil alle Deployments reibungslos funktionieren müssen und bei einem Fehlschlag alle wieder zurückgerollt werden müssen.

Unabhängiges Deployment ist einer der wichtigsten Vorteile von Microservices, weil es zu einer weitgehenden Unabhängigkeit führt. Daher sollte man immer ein unabhängiges Deployment anstreben.

19.2.2   Schrittweiser Aufbau des Betriebs

Der Betrieb der Microservices hat also eine große Bedeutung. Für Microservices sind neben dem Betrieb auch viele andere fundamentale Änderungen notwendig: So müssen neue Technologien, Frameworks und Architekturen umgesetzt werden. Dazu können noch organisatorische Änderungen kommen, um die unabhängigen Microservices durch unabhängige und selbstorganisierte Teams umzusetzten und den maximalen Nutzen aus den Microservices zu ziehen. Bei so vielen Änderungen steigt das Risiko, dass es irgendwo zu Problemen kommt.

Wenn der erste Microservice in Produktion gehen soll, ist noch nicht das Maß an Automatisierung und Zuverlässigkeit notwendig, das bei einer Vielzahl von Microservices notwendig wäre. Es ist also denkbar, die notwendigen Betriebstechnologien schrittweise aufzubauen. Das birgt allerdings : Wenn der Aufbau der Betriebsumgebung mit der Anzahl der Microservices nicht Schritt halten kann, dann wird das Microservices-System unzuverlässig und aufwendig im Betrieb.

19.3   Auswirkungen der behandelten Technologien

Die bisher behandelten Technologien haben Auswirkungen auf den Betrieb:

▯ *Docker* (siehe Kapitel 5) erlaubt eine sehr einfache Installation von Software. Die komplette Umgebung einschließlich der Linux-Distribution ist durch das Docker-Image definiert. Gleichzeitig ist Docker sehr effizient, sodass nur wenig Hardware benötigt wird.

▯ *Links und clientseitige Integration* (Kapitel 8) führen nur dazu, dass mehrere Web-Anwendungen betrieben werden müssen. Die meisten Unternehmen betreiben bereits Web-Anwendungen, sodass nur mehr Umgebungen desselben Typs betrieben werden müssen.

▯ Bei der *Integration auf dem Server* zum Beispiel mit ESI (Edge Side Includes, siehe Kapitel 9) muss ein zusätzlicher Server für die Integration betrieben werden, also zum Beispiel ein Varnish. Bei Server Side Includes reicht ein Webserver aus, der vielleicht sowieso schon in dem System genutzt wird und dann nur passend konfiguriert werden muss.

▯ *Kafka* (Kapitel 11) oder andere Message-oriented Middleware (MOM) führt für die asynchrone Kommunikation eine mächtige, aber auch komplexe Software ein. Dementsprechend ist auch der Betrieb komplex. Ein Ausfall oder ein Problem der MOM beeinflusst das gesamte Microservices-System. Also ist diese Alternative für den Betrieb eine große Herausforderung.

▯ Im Gegensatz dazu nutzt die asynchrone Kommunikation mit *Atom* (Kapitel 12) HTTP und REST. Es ist also gegenüber einem REST-System keine andere Infrastruktur notwendig, sodass der Betrieb gegenüber einer REST- oder Web-Anwendung identisch ist.

Der *Netflix-Stack* (Kapitel 14) implementiert alle nötige Infrastruktur mit Java. Spring Cloud ermöglicht außerdem eine einheitliche Konfiguration der Microservices und der Infrastruktur-Services aus dem Netflix Stack. Gerade bei einem Java-Microservices-System kann so der Betrieb des Gesamtsystems vereinfacht werden. Auf der anderen Seite nutzt der Netflix Stack für das Routing eine eigene Lösung statt eines Webservers, mit dem der Betrieb meistens schon Erfahrungen gesammelt hat.

Der *Consul-Stack* (siehe Kapitel 15) führt zwar mit Consul eine Go-Anwendung ein. Dafür ist Consul so flexibel, dass eine Konfiguration von Webservern wie einem Apache httpd ohne Weiteres möglich ist. Das Beispiel nutzt den Apache httpd für Routing, aber auch für das Load Balancing zwischen Microservices könnte der httpd genutzt werden. So lassen sich Technologien nutzen, die der Betrieb bereits kennt, was das Risiko minimiert.

Kubernetes oder ein *PaaS* wie *Cloud Foundry* bieten eine komplette Lösung für den Betrieb von Microservices. Sie sind aber auch komplex und übernehmen Funktionen von vorhandenen Systemen wie einer Virtualisierungssoftware. Daher ist es ein großer Schritt, sie in Produktion zu bringen. Dann bieten sie aber viele Vorteile.

19.4 Fazit

Obwohl das Thema »Betrieb« am Ende des Buchs steht, ist es ein wichtiges Thema. Ohne einen guten Betrieb können die vielen Microservices nicht in Produktion gebracht werden. Auch die Zuverlässigkeit und Leistungsfähigkeit einer Microservices-Lösung hängt sehr stark vom Betrieb ab, sodass er auch aus diesem Grund von hoher Bedeutung ist.

20 Rezept: Monitoring mit Prometheus

In diesem Kapitel steht das Monitoring von Microservices im Mittelpunkt. Wesentliche Themen sind:

- Das Kapitel zeigt die Grundlagen von Monitoring auf: Welche Metriken überwacht werden müssen und wozu sie nützlich sind.
- Das Monitoring von Microservices stellt neue Anforderungen an Monitoring-Werkzeuge.
- Prometheus hat Features, die beim Monitoring von Microservices-Umgebungen von Vorteil sind.
- Andere Werkzeuge sind ebenfalls für das Monitoring von Microservices geeignet.

20.1 Grundlagen

Monitoring zeigt Werte an, die den Zustand des Systems beschreiben.
  Es gibt verschiedene Arten von Metriken:

- *Counter* (Zähler) können erhöht werden und so Ereignisse zählen. Beispielsweise kann die Anzahl der registrierten Benutzer oder der bearbeiteten Aufgaben gezählt werden.
- *Gauges* (Maß) zeigen einen Wert an, der sich mit der Zeit ändert. Zum Beispiel kann der Speicherverbrauch oder der Netzwerkverkehr mit einer Gauge gemessen werden.
- Ein *Histogram* gibt die Anzahl bestimmter Ereignisse und die Summe daraus an. Beispielsweise kann die Anzahl der bearbeiteten Requests gezählt werden und zusätzlich die Anzahl erfolgreich bearbeiteter Requests und der mit verschiedenen Fehlerarten abgebrochenen Requests unterschieden werden.

20.1.1 Verarbeitung der Metriken

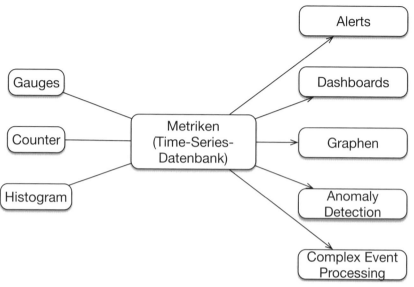

Abb. 20–1   *Metriken: Arten und Verarbeitung*

Oft werden Metriken in Time-Series-Datenbanken gespeichert. Time-Series-Daten-banken sind darauf spezialisiert, Daten zu speichern, die nach Zeit indiziert sind.
  Die Metriken können unterschiedlich weiterverarbeitet werden:

- Wenn eine Metrik einen bestimmten Wert erreicht, kann ein *Alert* erzeugt werden, woraufhin zum Beispiel ein Betriebsexperte informiert wird, der das Problem analysiert und löst.

- Mit einem *Graphen* kann man die Metriken betrachten und sehr schnell Änderungen und Entwicklungen erkennen. So kann ein Mensch das System analysieren.

- Ein *Dashboard* zeigt mehrere Metriken im Überblick. Das vermittelt sehr schnell einen Eindruck vom Zustand des Systems. Beispielsweise kann das Dashboard auf einem Monitor in der Nähe der Kaffeemaschine angezeigt werden, sodass die Mitarbeiter an diesem Ort über den aktuellen Zustand des Systems informiert werden.

- *Complex Event Processing (CEP)* bearbeitet Metriken und implementiert Auswertungen. Beispielsweise können die Metriken auf Durchschnittswerte über einen bestimmten Zeitraum verdichtet werden.

- *Anomaly Detection* erkennt automatisch, ob Metriken außerhalb erwarteter Bereiche sind, und weist so frühzeitig auf Probleme hin.

20.1.2 Unterschiedliche Metriken für unterschiedliche Stakeholder

Verschiedene Stakeholder können an unterschiedlichen Metriken interessiert sein. Beispielsweise setzen Systemmetriken auf der Ebene des Betriebssystems oder der Hardware an. Netzwerkdurchsatz oder Festplattdurchsatz gehören in diese Kategorie und Betriebsexperten sind an solchen Metriken interessiert.

Applikationsmetriken beschreiben zum Beispiel die Anzahl der verschiedenen Arten von Requests oder der Methodenaufrufe einer bestimmten Methode. Entwickler orientierten sich an diesen Metriken.

Schließlich gibt es Geschäftsmetriken wie Umsatz oder Anzahl registrierter Benutzer. Solche Metriken sind oft für die Fachbereiche interessant.

Technisch kann ein System alle diese Metriken speichern. Oft wollen die Stakeholder aber unterschiedliche Werkzeuge nutzen. Spezielle Werkzeuge bieten oft bessere Analysemöglichkeiten oder sind den Stakeholdern schon vertraut. So kann eine Analyse der Website mit Werkzeugen wie Google Analytics (*https://analytics.google.com/*) ausreichend sein. Wenn die Stakeholder auf verschiedenen Werkzeugen bestehen, dann ist es denkbar, die Metriken auch in verschiedenen Systemen zu speichern.

Aus den Metriken können verschiedene Schlüsse gezogen werden: Der Fachbereich kann den Geschäftserfolg bewerten, der Betrieb kann Kapazitäten planen und die Entwickler können Fehler analysieren.

20.2 Metriken bei Microservices

Microservices unterscheiden sich von klassischen Systemen bei der Verarbeitung von Metriken an einigen wichtigen Stellen.

20.2.1 Mehr Services, mehr Metriken

Es gibt wesentlich mehr Instanzen von Microservices, als dies bei Deployment-Monolithen der Fall wäre. Also gibt es auch viel mehr Metriken. Das System zur Verarbeitung der Metriken muss entsprechend skalieren. Außerdem sollten alle Metriken aller Microservices in einem System gesammelt werden, um den Überblick zu behalten.

20.2.2 Service statt Instanzen

Von den meisten Microservices laufen mehrere Instanzen. Nur so kann Ausfallsicherheit gewährleistet und mit der Last umgegangen werden. Für die Metriken sind die Instanzen nicht interessant, sondern die Ergebnisse des Microservices und damit aller Instanzen.

20.2.3 Weg von Systemmetriken

Außerdem muss sich die Verarbeitung der Metriken ändern. In einem klassischen System führt der Ausfall eines Servers üblicherweise zu einem Alert oder sogar dazu, dass ein Betriebsexperte aus dem Schlaf geholt wird. In einem Microservices-System ist das nicht unbedingt notwendig. Jeder Microservice kann einzeln skaliert werden, sodass von jedem Microservice mehrere Instanzen laufen. Bei einem Ausfall eines Servers können neue Instanzen auf anderen Servern gestartet werden, um den Ausfall zu kompensieren.

Aufgrund der Robustheit und Resilience können Microservices den Ausfall anderer Microservices sogar kompensieren. Deswegen ist der Ausfall eines Servers oder von Microservices weniger problematisch, als es bei einem klassischen System der Fall wäre. Eine Überlast kann das System kompensieren, wenn es als Reaktion auf eine hohe Last neue Instanzen auf neuen Servern startet und so mit der höheren Last Schritt hält.

20.2.4 Hin zu Applikationsmetriken

Also sind die Systemmetriken für Microservices nicht von so großer Bedeutung wie bei klassischen Systemen. Hingegen ist es wichtig, das System aus Benutzersicht zu analysieren. So kann es beispielsweise dazu kommen, dass Anfragen sehr lange dauern und die Benutzer beeinträchtigt sind. Und das, obwohl die Systemmetriken alle normal sind.

Es kann zum Beispiel sein, dass es einen Fehler in der Software gibt oder eine bestimmte Datenkonstellation zu dem Problem führt. Wenn die zusätzlichen Wartezeiten den Umsatz negativ beeinflussen, kann das ein Grund sein, bei erhöhten Wartezeiten sofort einen Alert auszulösen, obwohl alle Systemmetriken normal sind. Die Priorität verschiebt sich also von Systemmetriken hin zu Applikationsmetriken und Geschäftsmetriken. Service Level Agreements (SLAs) können eine gute Quelle für Metriken sein. SLAs definieren, was der Kunde von dem System beispielsweise in Bezug auf Antwortzeiten erwartet.

20.2.5 Fachliche Alerts

Ob eine Applikationsmetrik ungewöhnliche Werte zeigt und ob darauf reagiert werden muss, ist eine fachliche Entscheidung. Sie muss von Fachexperten getroffen werden. Typischerweise haben Entwickler einen guten Einblick in die umgesetzte Fachlichkeit, sodass fachliche Alerts vom Betrieb in enger Kollaboration mit der Entwicklung definiert werden können. Der Betrieb alleine kann das jedoch typischerweise nicht.

20.3   Metriken mit Prometheus

Prometheus (*http://prometheus.io/*) ist ein relativ neues Werkzeug zum Monitoring. Es hat einige interessante Eigenschaften:

▓ Prometheus unterstützt ein *multidimensionales Datenmodell.* Beispielsweise kann die Dauer von HTTP-Requests pro URL und pro HTTP-Methode (z.B. GET, POST, DELETE) gespeichert werden. Für jede URL gibt es also für jede der vier HTTP-Methoden jeweils einen Wert. Prometheus kann die Dauer aller HTTP-Methoden für eine URL aufsummieren oder die Dauer für eine HTTP-Methode für alle URLs für eine bestimmte Zeit. Das erlaubt mehr Flexibilität bei der Auswertung. Die Auswertung erfolgt mit einer Query-Sprache. Die Ergebnisse können nicht nur berechnet, sondern auch grafisch dargestellt werden.

▓ Viele Monitoring-Lösungen lassen die überwachten Systeme die Metriken in das Monitoring-System schreiben (Push-Modell). Prometheus hat ein *Pull-Modell* und holt sich die Daten von einem HTTP-Endpunkt in den überwachten Systemen in bestimmten Intervallen ab. Das entspricht dem Vorgehen für asynchrone Kommunikation über HTTP aus dem Kapitel 12. Für die Kommunikation mit Anwendungen, die ein Push-Modell verwenden, gibt es das Pushgateway (*https://github.com/prometheus/pushgateway*).

▓ Es gibt einen *Alertmanager* (*https://prometheus.io/docs/alerting/alertmanager/*), der auf Basis von Queries Alerts auslösen kann und Alert-Meldungen als E-Mail oder per PagerDuty verschicken kann.

▓ Im *Dashboard* kann der Benutzer Queries ausführen und sich die Ergebnisse grafisch anzeigen lassen. Prometheus kann sich auch in andere Werkzeuge zur grafischen Repräsentation von Metriken integrieren, z.B. in Grafana (*https://prometheus.io/docs/visualization/grafana/*).

Im Kern ist Prometheus eine multidimensionale Time-Series-Datenbank und bietet darüber hinaus Unterstützung für Alerts und grafische Auswertungen. Mit der multidimensionalen Datenbank ist es möglich, die Metriken aller Instanzen aller Microservices zu erfassen und dann gegebenenfalls für eine Art von Microservices aufzuaddieren.

20.3.1   Beispiel für multidimensionale Metriken

Prometheus kann die Anzahl der HTTP-Requests zählen. Darauf basierend kann Prometheus mit den eingebauten Funktionen (*https://prometheus.io/docs/querying/functions/*) die sekündliche Anzahl der HTTP-Requests berechnen und weiterverarbeiten. Beispielsweise lässt sich so der Durchschnitt für jeden Handler bilden (Abbildung 20–2). Dazu dient die Formel `avg(rate(http_requests_total[5m])) by (handler)`.

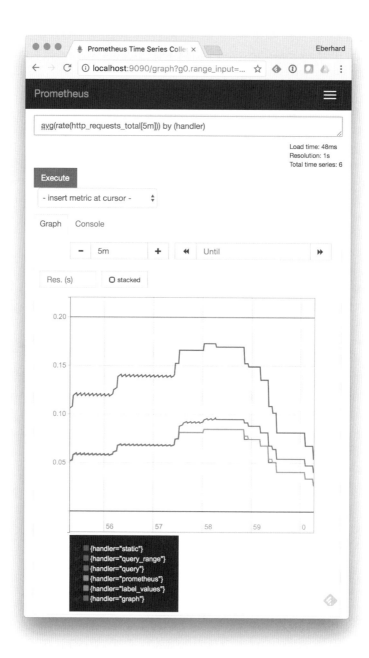

Abb. 20–2   *Prometheus Dashboard mit berechneter Metrik*

Prometheus kann den Durchschnitt auch nach HTTP-Codes bilden. Dazu muss nur die Formel geändert werden: `avg(rate(http_requests_total[5m])) by (code)`. Abbildung 20–3 zeigt das Ergebnis.

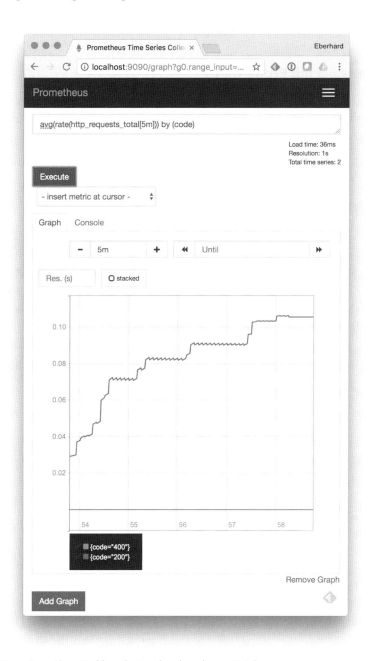

Abb. 20–3   *Prometheus Dashboard mit anderer berechneter Metrik*

So kann Prometheus aus den Metriken aller Microservices Informationen extrahieren, die aus Sicht der Benutzer des Systems interessant sind. Wenn eine Instanz eines Microservice sehr langsam ist, ist das weniger problematisch als ein generelles Problem, das alle Instanzen eines Microservice betrifft. Die Auswertungen von Prometheus erlauben es, genau solche Schlussfolgerungen zu ziehen.

20.4   Beispiel mit Prometheus

Das Beispiel zu Microservices mit Consul (siehe Kapitel 15) kann mit Prometheus gemonitort werden. Dazu ist lediglich eine Docker-Compose-Konfiguration mit einigen zusätzlichen Containern notwendig.

20.4.1   Umgebung starten

Im Abschnitt »Quick Start« in der Einleitung ist beschrieben, welche Software installiert sein muss, um das Beispiel zu starten.

Das Beispielprojekt steht unter *https://github.com/ewolff/microservice-consul* bereit. Zunächst muss der Code mit `git clone https://github.com/ewolff/` `microservice-consul.git` auf die lokale Maschine heruntergeladen werden.

Unter *https://github.com/ewolff/microservice-consul/blob/master/WIE-LAUFEN.md* steht eine Anleitung bereit, die das Starten des Beispiels und die Installation der dafür notwendigen Software detailliert beschreibt. Das Vorgehen für das Monitoring mit Prometheus ist unter *https://github.com/ewolff/microservice-consul/blob/master/WIE-LAUFEN.md#prometheus-beispiel-ausführen* näher erläutert.

Um das System zu starten, muss man die Anwendung zunächst mit Maven kompilieren. Dazu muss man im Unterverzeichnis `microservice-consul-demo` mit `mvn clean package` den Code übersetzten.

Anschließend kann man im Unterverzeichnis `docker` mit `docker-compose -f` `docker-compose-prometheus.yml build` die Docker-Container erzeugen. Die normale Konfiguration des Systems hat keinen Prometheus-Docker-Container. Dazu ist die Konfiguration in der Datei `docker-compose-prometheus.yml` notwendig. Mit `docker-compose -f docker-compose-prometheus.yml up -d` lässt sich dann die Anwendung starten.

Wie schon bei der Consul-Demo steht die Anwendung unter Port 8080 zur Verfügung, also beispielsweise unter der URL *http://localhost:8080/*. Auf dem Docker-Host ist Prometheus unter dem Port 9090 erreichbar. Wenn also die Docker-Container lokal laufen, steht unter *http://localhost:9090/* die Prometheus-Oberfläche zur Verfügung, in der sich die Metriken auswerten lassen. Für Debugging ist *http://localhost:9090/targets* nützlich. Unter dieser URL ist der Zustand aller Jobs vermerkt, mit denen Prometheus Metriken von den verschiedenen Microservices abholt.

20.4.2 Code in Spring Boot

In dem Beispiel-Projekt ist der Order-Microservice mit einer Schnittstelle für das Monitoring ausgestattet. Die anderen Microservices bieten eine solche Schnittstelle nicht an.

Wie im Abschnitt 6.3 erläutert, bietet Spring Boot mit Sprint Boot Actuator eine Möglichkeit an, um Metriken über den Microservice zu sammeln. Zu den Metriken zählen beispielsweise die Anzahl und Dauer der HTTP-Zugriffe. Für die Unterstützung von Prometheus müssen diese Metriken nur so angeboten werden, dass Prometheus sie abholen kann.

Dazu sind im Projekt folgende Änderungen notwendig:

- Es muss eine zusätzliche Abhängigkeit zur Prometheus-Client-Bibliothek im pom.xml eingefügt werden.
- Leider kann Prometheus nicht die üblichen Spring-Boot-Actuator-REST-Endpunkte für Metriken nutzen. Daher muss das Prometheus-Servlet integriert werden und die Spring-Boot-Actuator-Metriken mit einem SpringBootMetricsCollector für Prometheus zur Verfügung gestellt werden. Diese Klasse gehört zur Prometheus-Client-Bibliothek. In der Klasse PrometheusConfiguration wird eine Instanz dieser Klasse als Spring Bean erzeugt, um so die Metriken für Prometheus verfügbar zu machen.

20.4.3 Prometheus-Konfiguration

Nur die Metriken anzubieten, reicht nicht aus. Außerdem muss Prometheus die Metriken von dem Order-Microservice abholen. Im Unterverzeichnis docker/prometheus im Beispiel-Projekt ist eine Prometheus-Installation in einem Docker-Container enthalten. Sie basiert auf dem Prometheus-Docker-Image vom Hersteller und ergänzt nur eine eigene Konfiguration. Das Format der Konfiguration ist in der Konfigurationsdokumentation (*https://prometheus.io/docs/operating/configuration/*) näher beschrieben.

20.4.4 Konfiguration im Beispiel

Die Konfiguration in der Datei prometheus.yml sieht folgendermaßen aus:

```
1  global:
2    scrape_interval:     15s
3
4  scrape_configs:
5    - job_name: 'prometheus'
6      scrape_interval: 5s
7      static_configs:
8        - targets: ['localhost:9090']
9
```

```
10    - job_name: 'order'
11      scrape_interval: 10s
12      metrics_path: '/prometheus'
13      static_configs:
14      - targets: ['order:8380']
```

Der Abschnitt global (Zeile 1) enthält Einstellungen, die das gesamte System beeinflussen. Das ist im Beispiel nur der Vorgabewert scrape_interval (Zeile 2), der festlegt, wie oft die Metriken von den überwachten Microservices abgeholt werden (»Scraping«).

Der Abschnitt scrape_configs (Zeile 4) definiert die Jobs. Ein Job ist eine Konfiguration, mit der Prometheus von einem Server Metriken abholt, um sie zu speichern und zu verarbeiten.

Der Job prometheus (Zeile 5–8) dient dazu, Prometheus selber zu überwachen. Prometheus holt Metriken vom Server localhost unter Port 9090 ab. Das passiert alle fünf Sekunden und damit öfter als der Default-Wert.

Der andere Job heißt order (Zeile 10–14) und dient dazu, den Order-Microservice zu überwachen. Prometheus holt die Metriken alle zehn Sekunden ab und zwar vom Server order unter dem Port 8380. In der Docker-Compose-Konfiguration ist ein Docker-Compose-Link angelegt, sodass der Host-Name order zum Order-Microservice aufgelöst wird. Für den Job ist auch metrics_path definiert. Normalerweise ist er /metrics. Bei einer Spring-Boot-Anwendung verstecken sich hinter diesem Pfad aber die als JSON formatierten Spring-Boot-Actuator-Metriken. Prometheus erfordert ein eigenes textbasiertes Format, das in einer Spring-Boot-Anwendung unter dem Pfad /prometheus verfügbar ist.

20.5 Rezept-Variationen

20.5.1   Weitere Werkzeuge

Im Bereich Monitoring gibt es eine Vielzahl an Werkzeugen:

- StatsD (*https://github.com/etsy/statsd*) kann die gesammelten Metriken konsolidieren, um so weniger Metriken über das Netzwerk zu schicken. Es gibt einen StatsD Exporter (*https://github.com/prometheus/statsd_exporter*), der die Metriken zu Prometheus exportieren kann.

- collectd (*https://collectd.org/*) ermittelt Systemmetriken. Mit dem collectd Exporter (*https://github.com/prometheus/collectd_exporter*) kann Prometheus die Daten nutzten.

- Es gibt aber Alternativen, die Prometheus ersetzen, zum Beispiel den TICK Stack (*https://www.influxdata.com/time-series-platform/*).

- Telegraf sammelt Daten und reicht sie weiter.

- InfluxDB ist eine Time-Series-Datenbank.

Chronograf bietet Visualisierung und Analyisemöglichkeiten.

Kapacitor kümmert sich um Alerts und Anomaly Detection.

20.6 Experimente

20.6.1 Experimente: Metriken auswählen

Welche Metriken für einen Microservice relevant sind, ist für jeden Microservice anders und unterscheidet sich außerdem von Projekt zu Projekt. Eine Anpassung des Monitorings an die eigenen Bedürfnisse kann folgendermaßen erfolgen:

Betrachte ein dir bekanntes Projekt. Welche *Metriken* werden aktuell verarbeitet? Beachte: Die technischen Metriken aus dem Betrieb sind oft leicht zu ermitteln, weil sie in den bekannten Monitoring-Anwendungen verarbeitet werden. Aus der Business-Perspektive können Werkzeuge zur Web-Analyse oder auch Reports genutzt werden. Letztendlich sind das auch Metriken, selbst wenn sie in anderen Werkzeugen verarbeitet werden.

Welche *Stakeholder* gibt es? Offensichtliche Stakeholder sind Entwicklung und Betrieb. Die Geschäftsseite ist aber ebenso relevant. Auf der Geschäftsseite kann es sogar viele unterschiedliche Stakeholder geben, wenn beispielsweise mehrere Fachbereiche an der Anwendung interessiert sind. Vielleicht sind auch andere Bereiche wie QA interessant.

Zusammen mit den Stakeholdern kann man herausfinden, welche *weiteren Metriken* relevant sind. Microservices erlauben schnelle Release-Zyklen. Um besser zu verstehen, was an der Software geändert und in Produktion gebracht werden soll, muss es weitere und bessere Metriken geben.

Was ändert sich bei einer Aufteilung in *Microservices*? Es gibt dann mehr Server, mehr Kommunikation zwischen den Microservices über das Netzwerk und eine klarere fachliche Aufteilung. Welche Auswirkungen hat das auf die Metriken?

Ergibt sich durch die zusätzlich notwendigen Metriken und die größere Anzahl von deploybaren Artefakten eine *Datenmenge*, die mit den aktuellen Monitoring-Technologien nicht verarbeitet werden kann?

20.6.2 Experimente: Prometheus ausbauen

Die Prometheus-Installation kann auf unterschiedlichen Wegen erweitert werden:

Statt der statischen Konfiguration, bei der jeder Microservice in der Prometheus-Konfiguration aufgeführt werden muss, kann die Service-Discovery mit Consul genutzt werden. Dann werden neue Services automatisch in das Monitoring aufgenommen. Dazu sind folgende Schritte nötig:

- In `docker-compose-prometheus.yml` den Link vom Docker-Container prometheus zum Docker-Container order entfernen. Der Zugriff erfolgt in Zukunft über Consul, sodass ein Docker-Compose-Link zu diesem Microservice nicht mehr notwendig ist.
- In `docker-compose-prometheus.yml` einen Link vom Docker-Container prometheus zum Docker-Container consul einrichten, sodass Prometheus die Informationen über die Services aus Consul auslesen kann.
- In der Prometheus-Konfiguration prometheus.yml den Job order löschen.
- In der Prometheus-Konfiguration prometheus.yml einen neuen Job consul anlegen. In der Dokumentation (*https://github.com/prometheus/docs/ blob/master/content/docs/operating/configuration.md#consul_sd_config*) steht, dass statt `scrape_configs` ein Element `consul_sd_configs` angelegt werden muss, in dem dann der server definiert wird. Wegen des Links heißt der Consul-Server consul. Es muss auch der Port angegeben werden. Also ist `'consul:8500'` korrekt.
- Die Docker-Container mit `docker-compose -f docker-compose-prometheus.yml build` neu bauen und mit `docker-compose -f docker-compose-prometheus.yml up -d` erneut starten.

▨ Nur der Order-Microservice stellt im Moment Metriken für Prometheus zur Verfügung. Also kann man die Microservices Catalog und Customer ebenfalls mit Prometheus-Unterstützung versehen. Dazu muss man:

- In das `pom.xml` die Dependencies mit der groupId io.prometheus einfügen, damit der Client-Code verfügbar ist. Das `pom.xml` aus dem Order-Microservice kann dafür als Vorlage dienen.
- Das Package `com.ewolff.microservice.order.prometheus` in das andere Projekt kopieren und dort umbenennen – beispielsweise zu `com.ewolff. microservice.catalog.prometheus` .
- Wenn die Consul Service Discovery genutzt wird, findet Prometheus den neuen Service. Ohne Consul muss ein neuer Job im Bereich `scrape_configs` im prometheus.yml angelegt werden. Der Order-Job kann dafür eine gute Vorlage sein.
- Wie oben beschrieben die Anwendungen mit `mvn clean package` im Verzeichnis `microservice-consul-demo` neu kompilieren, die Docker-Container mit `docker-compose -f docker-compose-prometheus.yml build` neu bauen und mit `docker-compose -f docker-compose-prometheus.yml up -d` erneut starten. Nun sollte unter *http://localhost:9090/targets* ein weiterer Microservice Metriken ausgeben.

▨ Nutze den Node Exporter (*https://github.com/prometheus/node_exporter*), um Metriken des Hosts in Prometheus anzuzeigen. Das sind Metriken des physischen Systems wie Disk I/O.

▨ Mit cAdvisor (*https://github.com/google/cadvisor*) können die Metriken eines Docker-Containers ausgelesen werden. cAdvisor kann die Metriken auch

Prometheus (*https://github.com/google/cadvisor/blob/master/docs/storage/prometheus.md*) zur Verfügung stellen.

▫ Überwache die Docker-Laufzeitumgebung mit Prometheus. Die Docker-Dokumentation (*https://docs.docker.com/engine/admin/prometheus/*) zeigt, wie das Monitoring umgesetzt werden kann.

▫ Installiere Grafana (*https://prometheus.io/docs/visualization/grafana/*) als ein alternatives grafisches Frontend für Prometheus.

▫ Installiere den Altertmanager. Dazu kannst du analog zum Prometheus-Image aus dem Verzeichnis `microservies-consul/docker/prometheus` ein Alertmanager-Docker-Image erzeugen, das auf dem Alertmanager-Docker-Image (*https://hub.docker.com/r/prom/alertmanager/tags/*) basiert und eine Konfiguration hinzufügt. Die Dokumentation der Konfiguration (*https://prometheus.io/docs/alerting/configuration/*) und Beispiele für Alerts (*https://prometheus.io/docs/alerting/notification_examples/*) können dabei helfen, eine eigene Konfiguration zu erstellen.

20.7 Fazit

Monitoring ist für jede Art von Microservice unerlässlich und aufgrund der vielen Services anspruchsvoll. Ein zentrales Monitoring für alle Services hat oft erhebliche Vorteile. Daher sollte ein zentrales Monitoring bei jedem Microservices-System in Erwägung gezogen werden.

Prometheus hat als Monitoring-Werkzeug in Microservices-Umgebungen den Vorteil, dass durch das multidimensionale Modell Daten später zusammengefasst werden können und so Metriken aus Benutzersicht möglich sind. Der Nutzer nutzt ja nicht nur eine Instanz eines Microservice, sondern das gesamte System. Andere Technologien können das Monitoring eines Microservices-System weiter unterstützen oder Prometheus ersetzen.

20.7.1 Vorteile

▫ Das Pollen von Daten schützt vor Überlasten.

▫ Multidimensionale Daten können unterschiedlich ausgewertet werden. Beispielsweise können alle Instanzen eines Microservices zusammengefasst werden.

▫ Prometheus kann mit anderen Lösungen integriert werden.

20.7.2 Herausforderungen

▫ Prometheus deckt einen Bereich ab, für den die meisten Organisationen bereits Lösungen haben. Also ist ein Umlernen notwendig.

21 Rezept: Log-Analyse mit dem Elastic Stack

Dieses Kapitel beschreibt die Analyse von Log-Daten.

◻ Zunächst zeigt das Kapitel, warum Logs so weit verbreitet sind und wie sie die Überwachung von Systemen vereinfachen.

◻ Logs in Microservices-Systemen müssen anderen Anforderungen gerecht werden als Logs in klassischen Systemen. Das Kapitel zeigt, wie auch große Microservices-Systeme mit einem System für die Log-Analyse versehen werden können.

◻ Als konkrete Lösung für die Analyse von Log-Daten zeigt das Kapitel den Elastic Stack.

So erfährt der Leser, wie Logs in einem Microservices-System effizient und effektiv verarbeitet werden können.

21.1 Grundlagen

Logs (Events) unterscheiden sich von Metriken. Metriken stellen den aktuellen Zustand des Systems dar. Im Log werden Ereignisse aufgezeichnet. Dazu können Fehler gehören oder Geschäftsereignisse wie Benutzerregistrierungen. Metriken messen beispielsweise den Durchsatz. Die Erfahrung zeigt, dass für beide Datenarten spezialisierte Werkzeuge notwendig sind. Metriken in Logs zu schreiben, ist zwar technisch möglich, hat sich aber als keine gute Idee herausgestellt.

21.1.1 Warum Logs?

Logs sind sehr einfach: Es sind Text-Dateien, die Informationen über die aufgetretenen Ereignisse enthalten. Das hat mehrere Vorteile:

◻ Log-Dateien unterstützten *jede Programmiersprache und Infrastruktur*. Es gibt also keinen Lock-In und keine Beschränkung bezüglich der zu nutzenden Technologien.

▒ Die Daten sind *dauerhaft gespeichert*, sodass man auch später noch die Ereignisse nachvollziehen und analysieren kann.

▒ Das lineare Schreiben in eine Datei ist *sehr schnell*. Also beeinflusst es die Performance des Systems kaum.

▒ Log-Dateien können *einfach analysiert* werden. Die Dateien sind für Menschen lesbar. Werkzeuge wie `grep` oder `tail` erlauben es, sich schnell einen Überblick zu verschaffen und die Daten zu analysieren.

Die Stärke der Logs ist also gerade die Einfachheit.

21.1.2   Log bei Microservices

Bei Microservices ändert sich das Bild recht drastisch:

▒ Microservice-Instanzen *kommen und gehen*. Die Daten in einer Instanz zu speichern, reicht nicht aus. Die Instanz und die dort gespeicherten Log-Daten können verloren gehen.

▒ Es gibt *sehr viele Systeme* mit Microservices. Niemand kann sich auf allen Systemen einloggen und dort die Log-Dateien analysieren. Das ist viel zu aufwendig.

▒ Es kann *neue Microservices* geben, deren Logs ebenfalls analysiert werden müssen.

▒ Daraus folgt, dass eine *zentralisierte Speicherung* der Logs zur Analyse genutzt werden muss. Sie müssen die Logs von allen Systemen einsammeln.

▒ Weil in einem Microservices-System viele Logs analysiert werden müssen, reichen die üblichen Kommandozeilenwerkzeuge zur Analyse nicht aus. *Effizientere Werkzeuge* für die Analyse größerer Datenmengen sind notwendig.

▒ Wenn die Logs sowieso zentral gespeichert und mit einem Werkzeug analysiert werden, dann sollten sie dafür optimiert und *maschinenlesbar* sein. Es ist nicht notwendig, dass sie menschenlesbar sind.

21.1.3   Log-Informationen

Um die Analyse der Logs zu vereinfachen, ist es notwendig, ein einheitliches Format für die Logs zu definieren.

  Ein Beispiel für einen Bestandteil des Formats ist der Log-Level. So kann *Error* für Ereignisse stehen, die eine negative Auswirkung auf Benutzer haben. Ein solcher Log-Eintrag kann Ergebnis eines Abbruchs einer Operation wegen eines Fehlers sein. Bei *Warnings* konnten die Auswirkungen auf den Benutzer noch verhindert werden. Ein Beispiel für ein solches Szenario: Ein anderes System stand nicht zur Verfügung, aber der Ausfall konnte durch einen Default-Wert kompensiert werden. *Infos* können Informationen mit einer Geschäftsbedeutung sein wie eine neue Registrierung. *Debug* sind Details, die nur für Entwickler relevant sind.

In den Log-Nachrichten können weitere standardisierte Informationen abgelegt werden. So kann ein Request eine ID bekommen, die in jeder Log-Nachricht ausgegeben wird. Das erlaubt es, die Zusammenhänge zwischen den Log-Einträgen besser zu verstehen. Bei einem Aufruf eines anderen Microservice kann die ID mit übergeben werden, sodass der Zusammenhang von Log-Nachrichten in verschiedenen Microservices in den Logs nachvollziehbar bleibt. Kapitel 22 fokussiert den Bereich Tracing, bei dem es um die Nachvollziehbarkeit von Aufrufen zwischen Microservices geht.

Natürlich können weitere Kontext-Informationen ausgegeben werden. Dazu kann der aktuelle Benutzer oder der verwendete Web-Browser zählen.

21.1.4 Logs verschicken und nicht speichern

Logs werden normalerweise in eine Datei geschrieben. Das ist in einem Microservices-System nicht ausreichend, weil ein Überblick über alle Microservices notwendig ist. Alle Log-Informationen müssen auf einem zentralen Server gesammelt werden. Also kann ein Prozess die Dateien auslesen und an den zentralen Server schicken.

Eine Alternative kann asynchrone Kommunikation sein. Die Log-Daten werden gar nicht mehr in einer Datei gespeichert, sondern direkt zum zentralen Server geschickt. Die Übertragung von Log-Daten kann von der Übertragung der fachlichen Daten getrennt werden, wenn die Anforderungen bezüglich Zuverlässigkeit, Geschwindigkeit usw. unterschiedlich sein können.

21.1.5 Werkzeug: Map/Reduce

Für die Analyse der Log-Daten haben ursprünglich Firmen wie Google *Map/Reduce* verwendet. Dabei wird eine Funktion auf jede Log-Zeile angewendet (Map). Sie kann relevante Daten aus der Log-Zeile herausfiltern. So können beispielsweise Logs von Benutzerregistrierungen von anderen Ereignissen getrennt werden. Im Reduce-Schritt werden die einzelnen Datensätze dann beispielsweise durch Zählen zusammengefasst. Das Ergebnis ist eine Statistik über die Benutzerregistrierungen.

Map/Reduce kann große Datenmegen verarbeiten und die Arbeit gut auf viele Server aufteilen. Aber die Ergebnisse stehen erst nach längerer Zeit zur Verfügung. Das ist oft nicht akzeptabel.

21.1.6   Werkzeug: Suchmaschinen

Mittlerweile haben sich daher andere Werkzeuge etabliert, um mit Log-Daten umzugehen. Suchserver sind sehr schnell und können Text-Daten effizient verarbeiten. Sie sind außerdem für die Analyse großer Datenmengen gut geeignet.

Suchmaschinen sind darauf optimiert, das Hinzufügen von Daten besonders gut handhaben zu können. Sie sind aber weniger gut dazu in der Lage, Updates zu verarbeiten. Weil Log-Daten nur hinzugefügt, aber nie geändert werden, passen Suchmaschinen auch aus dieser Perspektive gut zu Log-Daten.

21.1.7   Elasticsearch

Mittlerweile können Suchmaschinen wie Elasticsearch (*https://www.elastic.co/products/elasticsearch*) viel mehr, als nur einfach Texte durchsuchen. Sie können auch mit anderen Daten wie Zahlen oder Geodaten umgehen. Dazu verarbeiten die Suchmaschinen strukturierte Daten, die zum Beispiel als JSON-Dokumente vorliegen.

Auch Log-Einträge haben eine Struktur: Sie bestehen aus einem Zeitstempel, einem Log-Level, Informationen zum Prozess oder zum Thread und der eigentlichen Log-Nachricht. In der Suchmaschine sollte diese Struktur genutzt werden. Dazu kann ein Werkzeug wie Logstash (*https://www.elastic.co/products/logstash*) die Log-Daten parsen und als JSON an den Suchserver weitergeben.

Die Log-Dateien zu parsen und als JSON an den Suchserver weiterzuleiten, ist eigentlich unsinnig. Der Microservice stellt die Daten zu einem Log-Eintrag zusammen, der anschließend wieder geparst wird. Es wäre viel einfacher, wenn die Microservices gleich JSON-Daten loggen würden. Das GELF Format (*http://docs.graylog.org/en/2.3/pages/gelf.html*) kann dazu dienen, JSON-Logs direkt über das Netzwerk zu übertragen. Es gibt sogar GELF-Plug-Ins für einige Logging-Frameworks, sodass die Nutzung von Logstash oder Filebeat dann entfallen kann.

Wenn die Daten an den Server geschickt werden und auf die lokale Speicherung verzichtet wird, sind Log-Nachrichten tatsächlich nichts anderes als Events. Nur geht es bei den Logs um technische Events, während es im Kapitel 10 um fachliche Events geht. Die Grenzen sind fließend: Eine Registrierung eines Kunden kann man sowohl mit einem Log-System bearbeiten wie auch fachlich, um beispielsweise einen speziellen Report erstellen zu können.

21.2   Logging mit dem Elastic Stack

Als Beispiel für die Verarbeitung von Logs in einem Microservices-System gibt es im Consul-Projekt (siehe Kapitel 15) eine Installation von Log-Werkzeugen. Abbildung 21–1 zeigt den Aufbau.

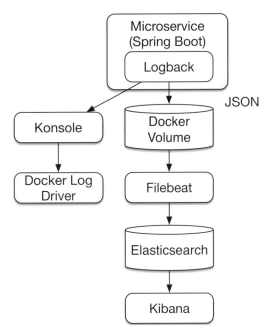

Abb. 21–1   *Verarbeitung von Log-Daten*

▨ Der Microservice ist mit Spring Boot implementiert und nutzt Logback (*https://logback.qos.ch/*) als Bibliothek zum Logging. Diese Bibliothek erlaubt ein Logging von JSON-Daten. In einer Microservices-Architektur bietet es sich an, das Format der JSON-Daten zu standardisieren, damit eine einheitliche Lösung zur Analyse genutzt werden kann. Die Bibliothek zu standardisieren, ist nicht notwendig, weil nur das Format der Daten relevant ist. Eine Standardisierung der Bibliothek würde die Technologiefreiheit unnötig einschränken.

▨ Logback gibt die Log-Daten auf der *Konsole* aus. Damit kann der Entwickler einen Eindruck davon bekommen, was die Anwendung tut, wenn er sie lokal testet. Die Ausgabe auf der Konsole wird auch von Docker verarbeitet. Die Log-Verarbeitung von Dockers kann die Basis für ein gemeinsames Logging über verschiedene Microservices sein.

▨ Von der Konsole aus verarbeitet ein *Docker Log Driver* die Log-Informationen und stellt sie beispielsweise für den `docker log`-Befehl bereit. Der Docker Log Driver (*https://docs.docker.com/engine/admin/logging/overview/#configure-the-default-logging-driver*) ist konfigurierbar, sodass auch andere Verarbeitungen möglich sind.

▨ Außerdem schreibt Logback die Log-Daten in einem JSON-Format auf ein *Docker-Volume*. Dieses Volume teilen sich alle Microservices. Von dort aus können die Daten weiterverarbeitet werden. Eigentlich wäre dieses Volume nicht unbedingt notwendig, denn die Daten sollen vor allem vom Suchservice gespeichert werden, auf dem die Analysen aufbauen. Aber so gibt es noch ein Backup der Daten. Eine Alternative wäre, die Daten direkt über das Netzwerk an Elasticsearch zu schicken.

▥ Filebeat (*https://www.elastic.co/products/beats/filebeat*) liest die JSON-Dateien aus dem Docker-Volume aus und schickt sie an Elasticsearch. Im Beispiel gibt es eine Filebeat-Instanz für alle Logs. Wenn ein neuer Microservice in das System eingefügt wird, muss er lediglich in eine Datei mit einem anderen Namen loggen. Filebeat liest diese Datei automatisch aus, sodass keine zusätzliche Konfiguration notwendig ist. In einem Produktionssystem kann es sinnvoll sein, für jeden Microservice eine eigene Instanz von Filebeat laufen zu lassen. Konzepte wie Kubernetes Pods können dazu hilfreich sein, weil in einem Pod die Container sich einfach Volumes teilen können. So könnte ein Pod einen Microservice beherbergen, der Logs in ein Volume schreibt. Dieses Volume kann der Filebeat-Prozess im selben Pod auslesen und so die Daten an Elasticsearch schicken. Filebeat ergänzt Meta-Daten in den Log-Einträgen.

▥ Schließlich speichert Elasticsearch (*https://www.elastic.co/products/elasticsearch*) die Log-Daten.

▥ Kibana (*https://www.elastic.co/de/products/kibana*) bietet eine Benutzerschnittstelle an, um die Daten zu visualisieren, zu durchsuchen und zu analysieren.

21.3   Beispiel

Im Abschnitt »Quick Start« in der Einleitung ist beschrieben, welche Software installiert sein muss, um das Beispiel zu starten.

Das Beispielprojekt unter *https://github.com/ewolff/microservice-consul* enthält eine Unterstützung für den Elastic Stack. Mit `git clone https://github.com/ ewolff/microservice-consul.git` lässt sich das Projekt herunterladen.

Unter *https://github.com/ewolff/microservice-consul/blob/master/WIE-LAUFEN.md* ist die Installation und das Ablaufen lassen des Beispiels näher erläutert. Unter *https://github.com/ewolff/microservice-consul/blob/master/WIE-LAUFEN.md#elastic-beispiel-ausführen* ist der Aufbau des Elastic Stacks detailliert dargestellt.

Um das System mit der Log Analyse zu starten, muss man die Anwendung zunächst mit Maven kompilieren. Dazu muss man im Unterverzeichnis `microservice-consul-demo` mit `mvn clean package` den Code übersetzen. Die Konfiguration für Logback ist in der Datei `logback-spring.xml` in jedem Microservices-Projekt enthalten.

Anschließend kann man im Unterverzeichnis `docker` mit `docker-compose -f docker-compose-elastic.yml build` die Docker-Container erzeugen. Die normale

Konfiguration des Systems hat keinen Docker-Container für Kibana, Elastic-search oder Filebeat. Dazu ist die Konfiguration in der Datei `docker-compose-elastic.yml` notwendig. Mit `docker-compose -f docker-compose-elastic.yml up -d` lässt sich dann die Anwendung starten.

Die Datei `docker-compose-elastic.yml` enthält neben den Docker-Containern für die Microservices die in Abbildung 21–1 dargestellten Docker-Container für Filebeat, Elasticsearch und Kibana. Ebenso enthält es das notwendige Docker-Volume für die Ablage der Log-Dateien, aus denen Filebeat die Dateien in Elastic-search importiert.

Die Anwendung steht unter Port 8080 auf dem Docker-Host bereit. Wenn die Docker-Container lokal laufen, wäre das also die URL *http://localhost:8080/*. Unter Port 5601 steht Kibana zur Verfügung (*http://localhost:5601/*). Beim Start von Kibana muss der Name der relevanten Indizes eingegeben werden. Der Name lautet `filebeat-*`.

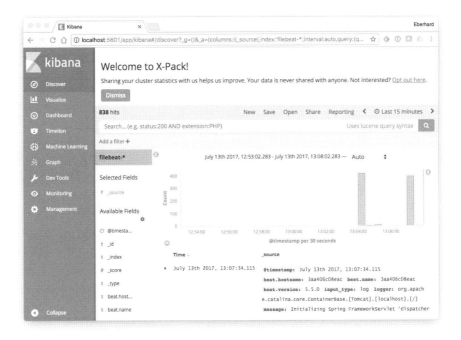

Abb. 21–2   *Auswertung mit Kibana*

Anschließend stehen in Kibana die Log-Daten zur Verfügung (Abbildung 21–2) und können ausgewertet werden. Die Abbildung zeigt, dass der Zeitstempel und andere Daten wie die Severity als einzelne Felder dargestellt werden, nach denen der Nutzer nun suchen oder filtern kann.

21.4 Rezept-Variationen

Der Betrieb eines Microservices-Systems ohne zentralisierte Analyse der Log-Daten ist kaum sinnvoll. Für eine manuelle Analyse der Log-Daten sind es einfach zu viele Microservices und Microservice-Instanzen.

   Der Elastic Stack ist sehr weit verbreitet, aber es gibt auch Alternativen:

- Graylog (*https://www.graylog.org/*) nutzt ebenfalls Elasticsearch zum Speichern der Log-Daten. Darüber hinaus verwendet es MongoDB für Konfiguration und Metadaten. Eine Web-Schnittstelle zur Analyse ist integriert.

- Mit Apache Flume (*https://flume.apache.org/*) ist es möglich, Daten von einer Quelle zu lesen, zu verarbeiten und in eine Senke zu schreiben. Es kann Dateien lesen und in Elasticsearch schreiben, sodass es eine Alternative zu Logstash sein kann. Filebeat hat im Vergleich zu Flume oder Logstash keine so ausgefeilten Möglichkeiten, um die Daten zu parsen.

- Ebenso kann Fluentd (*http://www.fluentd.org/*) eine Alternative für das Auslesen, Verarbeiten und Speichern der Daten sein.

- Cloud-Dienste wie Loggly (*https://www.loggly.com/*) oder Papertrail (*https://papertrailapp.com/*) ersparen dem Nutzer den Aufbau einer Infrastruktur, die mit den großen Log-Datenmengen umgehen kann.

- Schließlich bietet Splunk (*https://www.splunk.com/*) eine kommerzielle Lösung sowohl für die Installation im eigenen Rechenzentrum wie auch in der Cloud an.

- Microservices-Plattformen können ebenfalls eine Log-Analyse (Kapitel 16) anbieten. Cloud Foundry als PaaS (Kapitel 18) und Kubernetes (Kapitel 17) bieten beide eine Unterstützung für Log-Daten.

21.5 Experimente

Der Elastic Stack bietet viele interessante Möglichkeiten:

- Die Kibana-Referenz-Dokumentation ist eine gute Grundlage, um sich in die Analysemöglichkeiten einzuarbeiten. Es gibt nähere Erklärungen zur Discovery (*https://www.elastic.co/guide/en/kibana/current/discover.html*) und zur Visualisierung (*https://www.elastic.co/guide/en/kibana/current/visualize.html*).

- Integriere Logstash (*https://www.elastic.co/guide/en/logstash/current/getting-started-with-logstash.html*) in das Setup. Dazu ist eine Konfiguraton notwendig, um die Dateien von Filebeat zu lesen und zu parsen. Die verlinkte Dokumentation kann dazu ein Start sein.

- Ersetzte die einzelne Elasticsearch-Instanz durch einen Cluster. Dazu kann die Dokumentation zum Start mit Elasticsearch (*https://www.elastic.co/guide/en/elasticsearch/reference/current/docker.html*) hilfreich sein.

▨ Schließlich kann das Logging so umgestellt werden, dass die Microservices direkt Log-Daten als JSON an Elasticsearch schicken, ohne die Daten vorher zu speichern. Dazu kann der Logback Elasticsearch Appender (*https://github.com/internetitem/logback-elasticsearch-appender*) nützlich sein.

▨ Außerdem können die Logs mit einem Docker Log Driver (*https://docs.docker.com/engine/admin/logging/overview/#configure-the-default-logging-driver*) direkt von Docker ausgeliefert werden. Im Internet finden sich Anleitungen, um auf diesem Wege ebenfalls eine Integration in den Elastic Stack umzusetzen. Logstash kann die Logs aus verschiedenen Quellen wie MOMs entgegen nehmen und an Elasticsearch weiterschicken.

21.6 Fazit

Die Verwaltung von Log-Daten ist in einem Microservices-System sehr wichtig, weil es sehr viele Microservices gibt. Die Daten müssen zentral gesammelt und analysiert werden. Statt einer einfachen Lösung mit menschenlesbaren Logs muss es bei einem Microservices-System eine Lösung geben, die mit großen Datenmengen umgehen kann und sie für die maschinelle Analyse zur Verfügung stellt. Mit dem Elastic Stack kann eine solche Umgebung für die Log-Analyse aufgebaut werden.

21.6.1 Vorteile

▨ Elasticsearch kann auch große Datenmengen schnell analysieren und skaliert gut.

▨ Der Elastic-Stack ist weit verbreitet, so dass es einen umfangreichen Erfahrungsschatz mit dieser Technologie gibt.

21.6.2 Herausforderungen

▨ Log-Dateien können nicht mehr einfach so, sondern nur noch mit dem Elastic-Stack analysiert werden.

▨ Der Aufbau einer zuverlässigen und skalierbaren Log-Verarbeitung ist wegen der großen Datenmenge aufwendig.

22 Rezept: Tracing mit Zipkin

In einem verteilten System kann es notwendig sein, den Weg eines Requests durch die Microservices zu verfolgen. Dazu dient Tracing.

Die Themen in diesem Kapitel sind:

- Das Kapitel erläutert die Definition von Tracing und in welchen Situationen Tracing sinnvoll ist.
- Das Kapitel zeigt ein konkretes Beispiel für das Tracing eines Microservices-Systems mit Zipkin.
- Das Kapitel zeigt außerdem Alternativen zu Zipkin auf, um Requests durch die Microservices zu verfolgen.

22.1 Grundlagen

Microservices sind ein verteiltes System. Microservices rufen sich gegenseitig auf. Ein Problem eines Microservice kann darauf zurückzuführen sein, dass einer der aufgerufenen Microservices nicht funktioniert oder zu lange für die Beantwortung einer Anfrage braucht.

Tracing ist besonders sinnvoll, wenn Microservices sich gegenseitig aufrufen. Aber auch die Aufrufe einer Datenbank oder eines externen Systems können mit Tracing zu aufschlussreichen Informationen führen.

22.1.1 Tracing notwendig?

In einem Microservices-System sollten Aufrufe zwischen Microservices die Ausnahme sein. Zu viele Aufrufe zwischen den Microservices führen zu einem Overhead durch die Kommunikation über das Netzwerk und damit zu einer schlechten Performance. Außerdem muss bei einem Aufruf zwischen Microservices damit umgegangen werden, dass der Aufruf wegen eines Problems mit dem Netzwerk oder dem aufgerufenen Server fehlschlägt. Das macht solche Systeme schwierig zu betreiben.

Auch für die Wartung sind solche Systeme problematisch, weil die Aufrufe Abhängigkeiten zwischen den Microservices darstellen. Wenn ein Microservice geändert werden muss, kann das wegen der Abhängigkeiten eine Herausforderung sein. Es kann nämlich vorkommen, dass auch andere Microservices geändert werden müssen. Dann müssen aber auch mehrere Microservices deployt werden und ein koordiniertes Deployment wird erforderlich.

Letztendlich verstößt ein solches System gegen die Regel, dass Module eine hohe Kohäsion, aber lose Kopplung haben sollen. Viel Kommunikation weist auf eine enge Kopplung hin.

Tracing ist vor allem bei synchroner Kommunikation notwendig. Bei asynchroner Kommunikation löst ein Request keinen anderen Request aus, sodass Kaskaden, die ein Tracing notwendig machen, nicht vorkommen.

22.2 Tracing mit Zipkin

Ein Werkzeug für Tracing ist Zipkin (*http://zipkin.io/*). Es verfügt über einen Server, an den die Tracing-Daten geschickt werden können. Außerdem können sie mit der UI dargestellt werden.

22.2.1 Zipkin: Aufbau

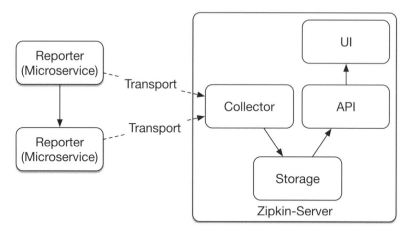

Abb. 22–1   *Tracing-Aufbau*

Abbildung 22–1 zeigt den Aufbau von Zipkin: Die Microservices geben als *Reporter* Daten an Zipkin mithilfe des *Transports* weiter. Transport kann HTTP, aber auch Kafka sein. Um die Performance des Systems nicht zu sehr zu beeinflussen, werden die Daten von den Reportern asynchron an den Zipkin-Server geschickt.

Im Zipkin-Server nimmt der *Collector* die Daten entgegen und speichert sie im *Storage*. Das kann ein System wie Cassandra, Elasticsearch oder MySQL sein. Die *API* bietet Zugriff auf die Daten. Dabei sind auch Queries über den Datenbestand möglich. Der Benutzer kann die Daten mit der *UI* analysieren.

22.2.2 Trace- und Span-ID

Um den Weg eines Aufrufs durch die Microservices zu verfolgen, muss jeder Aufruf mit einer eindeutigen Trace-ID versehen werden. Diese Trace-ID muss bei den weiteren Aufrufen mit übergeben werden. Für jeden Aufruf und jede andere gemessene Zeitspanne gibt es einen weiteren eindeutigen Identifier: eine SpanID.

Diese Konzepte sind nicht auf REST begrenzt, sondern können auch mit anderen Kommunikationsprotokollen genutzt werden.

22.2.3 Tracing im Beispiel

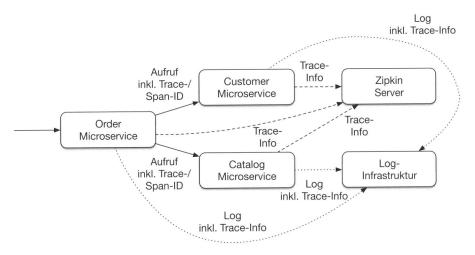

Abb. 22–2 *Tracing im Beispiel*

Abbildung 22–2 zeigt, wie das Tracing im Beispiel funktioniert: Wenn der Aufruf im Gesamtsystem beim Order-Microservice eintrifft, wird die Trace-ID erzeugt. Alle Aufrufe zu Customer und Catalog, die von einem Aufruf auf Order erzeugt werden, haben dieselbe Trace-ID. Jeder Aufruf an Customer oder Catalog hat dann jeweils eine eigene Span-ID. Diese Daten werden an den Zipkin-Server geschickt. Außerdem wird die Trace ID in den Logs gespeichert, sodass auch Log-Einträge nach Trace-IDs durchsucht werden können.

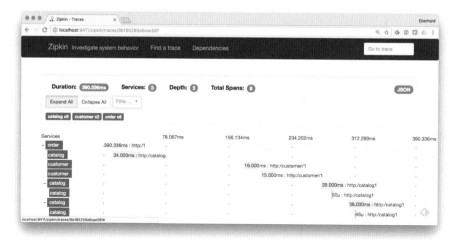

Abb. 22–3   *Beispiel mit Zipkin*

Abbildung 22–3 zeigt einen Trace, bei dem der Order-Microservice den Catalog-
und den Customer-Microservice aufruft. Der Trace zeigt, wie viel Zeit in den einzelnen Services verbracht wird.

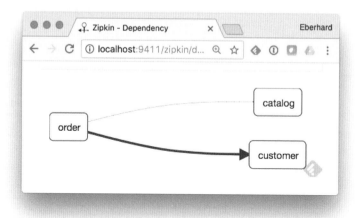

Abb. 22–4   *Abhängigkeiten mit Zipkin*

Zipkin kann außerdem die Abhängigkeiten im System visualisieren (Abbildung
22–4). Das kann bei einem komplexen System hilfreich sein, um einen Überblick
über die Interaktionen der Microservices zu bekommen.

Spring Cloud Sleuth (*https://cloud.spring.io/spring-cloud-sleuth/*) bietet eine
sehr einfache Möglichkeit, Zipkin in eine Spring-Boot-Anwendung zu integrieren. Es sorgt dafür, dass Trace-IDs und Span-IDs erzeugt und bei der Kommuni-

kation weitergeleitet werden. Außerdem überträgt es die Trace-Daten an den Zipkin-Server.

Das Consul-Beispielprojekt hat eine Erweiterung (siehe auch Kapitel 15), die Zipkin mit Spring Cloud Seuth in das Beispielprojekt integriert. In den Java-Projekten muss nur eine Abhängigkeit zu `spring-cloud-starter-zipkin` hinzugefügt werden. Anschließend kann mit der Umgebungsvariable `SPRING_ZIPKIN_ENABLED` die Unterstützung für Zipkin aktiviert und mit `SPRING_ZIPKIN_BASE_URL` die URL des Zipkin-Servers konfiguriert werden. Diese Einstellungen erfolgen in der Datei `docker-compose-zipkin.yml`, sodass Docker Compose sie an die Microservices weitergibt.

In der Datei `application.properties` der Microservices-Projekte ist die Eigenschaft `spring.sleuth.sampler.percentage` auf den Wert 1.0 eingestellt, so dass jeder Span an den Zipkin-Server weitergeleitet wird. In einem Produktionssystem können das zu viele Daten sein. Da viele Aufrufe identisch sind, kann es ausreichend sein, den Wert niedriger zu wählen. Der Default ist 0.1, so dass 10% aller Spans auf dem Server landen. In den Logs tauchen die IDs unabhängig von dem eingestellten Wert auf.

22.3 Beispiel

Im Abschnitt »Quick Start« in der Einleitung ist beschrieben, welche Software installiert sein muss, um das Beispiel zu starten.

Um das Beispiel auszuprobieren, muss man zunächst mit `git clone https://github.com/ewolff/microservice-consul.git` das Projekt herunterladen. Dann muss man die Anwendung mit Maven kompilieren. Dazu muss man im Unterverzeichnis `microservice-consul-demo` mit `mvn clean package` den Code übersetzen.

Anschließen kann man im Unterverzeichnis `docker` mit `docker-compose -f docker-compose-zipkin.yml build` die Docker-Container erzeugen. Die Die Konfiguration in der Datei `docker-compose-zipkin.yml` enthält zusätzlich zur normalen Konfiguration des Systems einen Docker-Container für den Zipkin-Server und schaltet die Unterstützung für Zipkin ein. Mit `docker-compose -f docker-compose-zipkin.yml up -d` kann man dann die Anwendung mit Zipkin starten.

Anschließend kann man den Order-Microservice nutzen und mit Zipkin einen Aufruf über mehrere Systeme verfolgen.

Dazu ist in der Docker-Compose-Konfiguration ein Zipkin-Docker-Container konfiguriert. Er steht unter Port 9411 des Docker-Hosts zur Verfügung, also beispielsweise *http://localhost:9411*, falls die Docker-Container auf dem lokalen Rechner laufen.

Unter *https://github.com/ewolff/microservice-consul/blob/master/WIE-LAUFEN.md* findet sich eine detaillierte Anleitung, um das Beispiel zu bauen und zu starten. *https://github.com/ewolff/microservice-consul/blob/master/WIE-LAUFEN.md#zipkin-beispiel-ausführen* erläutert, wie Zipkin zu dem Beispiel hinzugefügt werden kann.

22.4 Rezept-Variationen

Eine Kopplung auf UI-Ebene benötigt kein Tracing. Bei einer UI-Kopplung ist erkennbar, welcher Teil der UI zu welchem Microservice gehört. So erfolgt die Fehlersuche relativ problemlos.

Zipkin unterstützt viele weitere Bibliotheken und Frameworks (*http://zipkin.io/pages/existing_instrumentations.html*), sodass ein Tracing ebenfalls in einem heterogenen System möglich ist.

Spring Cloud Sleuth kann auch so eingesetzt werden, dass lediglich die Trace-IDs übertragen werden (*http://cloud.spring.io/spring-cloud-static/spring-cloud-sleuth/1.2.5.RELEASE/single/spring-cloud-sleuth.html#_only_sleuth_log_correlation*). Wenn die Trace-ID in den Logs mit abgelegt wird, dann können so zumindest alle Log-Informationen zu einem Request gesammelt werden.

Klassische kommerzielle Systeme zum Monitoring wie Dynatrace (*https://www.dynatrace.com/platform/offerings/dynatrace/*), New Relic (*https://newrelic.com/*) oder AppDynamics (*https://www.appdynamics.com/*) bieten ähnliche Features an, um auch verteilte Systeme zu überwachen.

22.5 Fazit

Tracing erlaubt es, Aufrufe über Microservices zu verfolgen. Für synchrone Microservices (Kapitel 13) ist Tracing insbesondere sinnvoll, wenn die Microservices sehr viel miteinander kommunizieren. Zu viel Kommunikation sollte man in einer Microservices-Architektur vermeiden, weil es ein Zeichen zu vieler Abhängigkeiten ist, die sich auch bezüglich Änderbarkeit und Performance nachteilig auswirken. Trotz der hohen Ansprüche beim Betrieb von Microservices ist Tracing also bei einer guten Architektur nicht unbedingt notwendig.

Die Alternative zu Zipkin ist vor allem das konsolidierte Logging (Kapitel 21) mit einer Trace-ID für jeden Request. Dann ist kein spezieller Server für Tracing notwendig, sondern nur die Übertragung der Trace-ID in jedem Request.

22.5.1 Vorteile

▍ Zusammen mit Spring Cloud einfach in die Infrastruktur integrierbar.

▍ Umfangreiche Auswertung möglich.

▍ Log-Files können ebenfalls besser ausgewertet werden.

22.5.2 Herausforderungen

▍ Tracing ist nur dann notwendig, wenn die Abhängigkeiten zwischen den Komponenten komplex sind.

▍ Infrastruktur für Tracing muss aufgebaut und betrieben werden.

23 Und nun?

Das Buch hat unterschiedliche Konzepte und Rezepte mit verschiedenen Technologien gezeigt. In jedem Kapitel gab es einen Abschnitt über »Variationen«. Aus den Konzepten, Rezepten und ihren Variationen gilt es nun, ein eigenes Menü zusammenzustellen. Dazu einige Hinweise:

- Die *Rezepte anzupassen* und *zu kombinieren*, ist keine Option, sondern eine Pflicht. Jedes Projekt ist anders und braucht eine eigene Technologie-Lösung.

- Das Interessanteste beim ausgewählten Technologie-Stack ist die *Begründung der Wahl*. Niemand kann dem Projekt die Verantwortung für diese Technologiewahl abnehmen. Daher muss sie gut überlegt sein. Das zeigt sich an der Begründung.

- Die Einführung von Microservices ist eine Architektur-Änderung. Oft geht sie mit einer Organisationsänderung und vielen neuen Technologien einher. *Zu viele Änderungen* auf einmal verkraftet kein Projekt. Daher sollten möglichst wenige Technologien neu eingeführt und einfache Technologien bevorzugt werden. Schließlich kann die Einführung der Technologien schrittweise erfolgen. Der komplette Technologie-Stack ist vielleicht für den ersten Microservice noch nicht notwendig.

- Die *Migration* eines vorhandenen Systems hat viel Einfluss auf die Entscheidungen bei der Umsetzung der Microservices-Architektur. Technologien und Architekturen, die schon im alten System genutzt wurden, können die Migration vereinfachen.

- Die *Skills* der beteiligten Team-Mitglieder sind ebenfalls ein wichtiger Einflussfaktor. Wenn niemand Erfahrungen mit einer Technologie hat, ist das ein Risiko.

- Die Beispiele aus dem Buch erleichtern die Einarbeitung. Für eine Produktionsumgebung müssen Faktoren wie *Ausfallsicherheit, Lastverteilung und Cluster* betrachtet werden.

Der Überblick über die Rezepte hat hoffentlich den Start in die Microservices-Welt vereinfacht und vielleicht auch Spaß gemacht. Ich wünsche Euch auf jeden Fall viel Erfolg mit Microservices!

Anhang

A   Installation der Umgebung

- Die Beispiele stehen auf Github im Sourcecode bereits. Für den Zugriff muss die Versionskontrolle *git* installiert sein, siehe *https://git-scm.com/book/en/v2/ Getting-Started-Installing-Git*. Wenn die Installation erfolgreich war, funktioniert ein Aufruf von git in der Eingabeaufforderung.

- Die Beispiele sind in Java implementiert. Daher muss *Java* installiert werden. Die Anleitung findet sich unter *https://www.java.com/en/download/help/ download_options.xml*. Da die Beispiele kompiliert werden müssen, muss ein JDK (Java Development Kit) installiert werden. Das JRE (Java Runtime Environment) reicht nicht aus. Nach der Installation müssen java und javac in der Eingabeaufforderung gestartet werden können.

- *Maven* baut die Projekte. Zur Installation siehe *https://maven.apache.org/ download.cgi*. Nach der Installation sollte mvn in der Eingabeaufforderung eingegeben werden können. Maven speichert seine Konfiguration und die Abhängigkeiten in einem Unterverzeichnis .m2 im Heimatverzeichnis des Benutzers. Wenn dort im setting.xml eigene Proxies oder Repos eingerichtet sind, kann es zu Fehlern bei den Builds der Beispiele kommen.

- Die Beispiele laufen in Docker-Containern. Dazu ist eine Installation von *Docker Community Edition* notwendig, siehe *https://www.docker.com/community-edition/*. Docker kann mit docker aufgerufen werden. Das sollte nach der Installation ohne Fehler möglich sein.

- Die Beispiele benötigen zum Teil sehr viel Speicher. Daher sollte *Docker ca. 4 GB* zur Verfügung haben. Sonst kann es vorkommen, dass Docker-Container aus Speichermangel beendet werden. Unter Windows und macOS findet sich die Einstellung dafür in der Docker-Anwendung unter Preferences/ Advanced. Wenn der Speicher nicht ausreicht, werden Docker-Container beendet. Das zeigt sich an dem Eintrag killed in den Logs der Container.

- Nach der Installation von Docker sollte docker-compose aufrufbar sein. Wenn *Docker Compose* nicht aufgerufen werden kann, dann ist eine separate Installation notwendig, siehe *https://docs.docker.com/compose/install/*.

Details zu Docker erläutert das Kapitel 5.

B   Maven-Kommandos

Maven ist ein Build-Werkzeug. Die Konfiguration für ein Projekt ist in einer pom.xml-Datei abgelegt. Der Abschnitt 6.3 enthält ein Listing einer solchen Datei für ein Spring-Boot-Projekt. *http://start.spring.io/* bietet eine einfache Möglichkeit, um neue Spring-Boot-Projekte mit passenden pom.xml-Dateien zu erzeugen. Dazu muss der Nutzer auf der Website nur einige Einstellungen übergeben. Die Website erstellt dann das passende Projekt mit einer pom.xml.

Maven kann mehrere Projekte zu einem Multi-Modul-Projekt (*https://maven.apache.org/guides/mini/guide-multiple-modules.html*) zusammenfassen. Dann sind die Definitionen, die für alle Module gelten sollen, in einem pom.xml hinterlegt. Dieses pom.xml referenzieren alle Module.

Das pom.xml ist in einem Verzeichnis abgespeichert. Die Module sind in Unterverzeichnissen abgespeichert. Sie haben eigene pom.xml mit den spezifischen Informationen für das jeweilige Modul.

Entweder kann man Maven in dem Verzeichnis mit dem pom.xml für das Gesamtprojekt starten. Dann baut Maven das gesamte Projekt mit allen Modulen. Startet man Maven in dem Verzeichnis für ein spezifisches Modul, dann beziehen sich die Maven-Kommandos auf ein Modul.

Verzeichnisse

Ein Maven-Modul hat eine feste Dateistruktur:

▓ Im Verzeichnis main sind alle Dateien des Moduls enthalten.

▓ Das Verzeichnis test enthält Dateien, die nur für Tests benötigt werden.

Unterhalb dieser Verzeichnisse liegt ebenfalls eine standardisierte Verzeichnis-Struktur:

▓ java enthält den Java-Code.

▓ resources enthält Ressourcen, die in die Anwendung übernommen werden.

Kommandos

Die wichtigsten Kommandos für Maven sind:

- `mvn package` lädt alle Abhängigkeiten aus dem Internet herunter, kompiliert den Code, führt die Tests aus und erzeugt eine ausführbare JAR-Dateien. Das Ergebnis steht im Unterverzeichnis `target` des jeweiligen Moduls bereit. `mvn package -Dmaven.test.skip=true` führt die Tests nicht aus. `mvn package -DdownloadSources=true -DdownloadJavadocs=true` lädt den Source Code und das JavaDoc der abhängigen Bibliotheken aus dem Internet. Das JavaDoc enthält eine Beschreibung der API. Entwicklungsumgebungen können JavaDoc und Sourcecode der Bibliotheken dem Benutzern darstellen.

- `mvn test` kompiliert und testet den Code, erstellt aber kein JAR.

- `mvn install` fügt `mvn package` noch einen Schritt hinzu, indem es die JAR-Dateien in das lokale Repository im `.m2`-Verzeichnis im Heimatverzeichnis des Benutzers kopiert. So können andere Projekte und Module das Modul als Abhängigkeit im `pom.xml` deklarieren. Für die Beispiele ist das aber nicht notwendig, sodass `mvn package` ausreichend ist.

- `mvn clean` löscht alle Ergebnisse der vorherigen Builds. Maven-Kommandos können kombiniert werden. `mvn clean package` kompiliert also alles komplett neu, weil die Ergebnisse der alten Builds vor dem Build gelöscht werden.

Das Ergebnis des Maven-Builds ist ein JAR (Java Archive). In dem JAR sind alle Bestandteile der Anwendung einschließlich aller Bibliotheken enthalten. Java unterstützt dieses Dateiformat direkt. Also kann ein Microservice mit `java -jar target/microservice-order-0.0.1-SNAPSHOT.jar` gestartet werden.

Troubleshooting

Wenn `mvn package` nicht funktioniert:

- `mvn clean package` ausprobieren, um alte Build-Ergebnisse vor dem Build zu löschen.

- `mvn clean package package -Dmaven.test.skip=true` nutzen, um die Tests nicht auszuführen.

C Docker- und Docker-Compose-Kommandos

Docker Compose dient zur Koordination von mehreren Docker-Containern. Microservices-Systeme bestehen meistens aus vielen Docker-Containern. Daher ist es sinnvoll, die Container mit Docker Compose zu starten und zu stoppen.

Docker Compose

Docker Compose nutzt die Datei `docker-compose.yml`, um Informationen zu den Containern auszulesen. Die Docker-Dokumentation (*https://docs.docker.com/compose/compose-file/*) erläutert den Aufbau dieser Datei. Abschnitt 5.6 enthält ein Beispiel für eine Docker-Compose-Datei.

Beim Starten gibt `docker-compose` alle möglichen Kommandos aus. Die wichtigsten Kommandos für Docker Compose sind:

- `docker-compose build` erstellt die Docker-Images für die Container mithilfe der `Dockerfiles`.
- `docker-compose pull` lädt die Docker-Images vom Docker-Hub herunter.
- `docker-compose up -d` startet die Docker-Container im Hintergrund. Ohne `-d` starten die Container im Vordergrund, sodass die Ausgabe aller Docker-Container auf der Konsole ausgegeben wird. Das ist nicht besonders übersichtlich. Die Option `--scale` kann mehrere Instanzen eines Service starten, z.B. `docker-compose up -d --scale order=2` startet zwei Instanzen des Order-Service. Vorgabewert ist eine Instanz.
- `docker-compose down` stoppt die Container und löscht sie. Außerdem werden das Netzwerk und die Docker-Dateisysteme gelöscht.
- `docker-compose stop` stoppt die Container. Netzwerk, Dateisysteme und Container werden nicht gelöscht.

Docker

`docker` gibt beim Start ohne Parameter alle gültigen Kommandos aus.

Tipp: Tab-Drücken vervollständigt Namen und IDs von Containern und Images.

Hier die wichtigsten Kommandos im Überblick. Als Beispiel dient der Container `ms_catalog_1`:

Status eines Containers

- `docker ps` zeigt alle laufenden Docker-Container. `docker ps -a` zeigt auch die gestoppten Docker-Container. Die Container haben wie die Images eine hexadezimale ID und einen Namen. `docker ps` gibt alle diese Informationen aus. Für andere Befehle können Container mit Name oder hexadezimaler ID identifiziert werden. Meistens haben die Container Namen wie `ms_catalog_1`. Dieser Name besteht aus einem Präfix `ms` für das Projekt, den Namen des Services `catalog` und der laufenden Nummer 1. Oft wird der Name des Containers mit dem Namen des Images (z.B. `ms_catalog`) verwechselt.

- `docker logs ms_catalog_1` zeigt die bisherigen Ausgaben des Containers `ms_catalog_1`. `docker logs -f ms_catalog_1` zeigt auch alle weiteren Ausgaben an, die der Container noch ausgibt.

Lebenszyklus eines Containers

- `docker run ms_catalog --name="container_name"` startet einen neuen Container mit dem Image `ms_catalog`, der den Namen `container_name` erhält. Der Parameter `--name` ist optional. Der Container führt dann das Kommando aus, das im `CMD`-Eintrag des `Dockerfiles` hinterlegt ist. Man kann aber mit `docker run <image> <Kommando>` ein Kommando in einem Container ausführen lassen. `docker run ewolff/docker-java /bin/ls` führt das Kommando `ls` in einem Container mit dem Docker-Image `ewolff/docker-java` aus. Also zeigt das Kommando die Dateien im Wurzelverzeichnis des Containers an. Falls das Image lokal noch nicht vorhanden ist, wird es automatisch vom Docker-Hub im Internet heruntergeladen. Wenn das Kommando ausgeführt worden ist, beendet der Container sich.

- `docker exec ms_catalog_1 /bin/ls` führt `/bin/ls` im laufenden Container `ms_catalog_1` aus. Mit diesen Befehlen kann man also in einem bereits laufenden Container Werkzeuge starten. `docker exec -it ms_catalog_1 /bin/sh` startet eine Shell und leitet Ein- und Ausgabe auf das aktuelle Terminal um. So hat man also eine Shell in dem Docker-Container zur Verfügung und kann interaktiv mit dem Container arbeiten.

- `docker stop ms_catalog_1` hält den Container an. Es schickt zuerst einen SIGTERM, damit der Container sauber herunterfahren kann, und dann einen SIGKILL.

- `docker kill ms_catalog_1` beendet die Ausführung des Containers mit einem SIGKILL. Der Container ist aber immer noch vorhanden.

- `docker rm ms_catalog_1` löscht den Container dauerhaft.

- `docker start ms_catalog_1` startet den übergebenen Container wieder.

- `docker restart ms_catalog_1` startet den übergebenen Container neu.

Docker-Images

- `docker images` zeigt alle Docker-Images an. Die Images haben eine hexadezimale ID und einen Namen. Für andere Befehle können Images mit beiden Mechanismen identifiziert werden.

- `docker build –t=<name>` build `<path>` erzeugt ein Image mit dem Namen `name`. Das `Dockerfile` muss im Verzeichnis `path` liegen. Wenn keine Version angegeben wird, bekommt das Image die Version `latest`. Als Alternative kann auch die Version im Format `-t=<name:version>` angegeben werden. Abschnitt 5.5 beschreibt das Format der `Dockerfiles`.

- `docker history <image>` zeigt die Schichten eines Images an. Für jede Schicht werden die ID, der ausgeführte Befehl und die Größe der Schicht ausgegeben. Das anzuzeigende Image kann mit dem Namen identifiziert werden, wenn es nur eine Version des Images mit diesem Namen gibt. Sonst können Name und Version über `name:version` angegeben werden. Natürlich ist es auch möglich, die hexadezimale ID des Images anzugeben.

- `docker rmi <image>` löscht ein Image. Solange noch ein Container das Image nutzt, kann es nicht gelöscht werden.

- `docker push` und `docker pull` legen Docker-Images in einer Registry ab oder laden sie aus einer Registry. Wenn keine andere Registry konfiguriert ist, wird der öffentliche Docker-Hub genutzt.

Aufräumen

Um die Docker-Umgebung aufzuräumen, gibt es mehrere Kommandos:

- `docker container prune` löscht alle gestoppten Container.

- `docker image prune` löscht alle Images, die keinen Namen haben.

- `docker network prune` löscht alle unbenutzten Docker-Netzwerke.

- `docker volume prune` löscht alle Docker-Volumes, die von keinem Docker-Container genutzt werden.

- `docker system prune -a` löscht alle gestoppten Container, alle unbenutzten Netzwerke und alle Images, die nicht von mindestens einem Container genutzt werden. Es bleibt also nur übrig, was die aktuell laufenden Container benötigen.

Troubleshooting

Wenn ein Beispiel nicht funktioniert:

- Laufen alle Container? `docker ps` zeigt die laufenden Container an, `docker ps -a` auch die terminierten.

- Logs mit `docker logs` anschauen. Das funktioniert auch für beendete Container. `Killed` in den Logs bedeutet, dass zu wenig Speicher zur Verfügung steht. Unter Windows und macOS findet sich die Einstellung dafür in der Docker-Anwendung unter Preferences/ Advanced. Docker sollten ca. 4 GB zugewiesen sein.

- Bei komplexeren Problemen kann man mit `docker exec -it ms_catalog_1 /bin/sh` ein Shell im Container starten.

Index